NELSON PINTO

CB128464

GROENLÂNDIA
(DINAMARCA)
ISLÂNDIA
CANADÁ
ESTADOS UNIDOS
MÉXICO
OCEANO ATLÂNTICO
OCEANO PACÍFICO
REPÚBLICA DOMINICANA
EL SALVADOR
COSTA RICA
PANAMÁ
VENEZUELA
COLÔMBIA
EQUADOR
PERU
BRASIL
BOLÍVIA
PARAGUAI
CHILE
ARGENTINA
URUGUAI
IRLANDA
REINO UNIDO
PORTUGAL
ESPANHA
MARROCOS
MAURITÂNIA
MALI
GUINÉ
LIBÉRIA
GANA
LEGENDAS
PAÍSES VISITADOS
PAÍSES EM QUE TRABALHOU

Locais onde Nelson viajou a trabalho ou a lazer.

Ainda em campo depois dos 80 anos...

Lembrando os tempos de
professor no Cehpar.

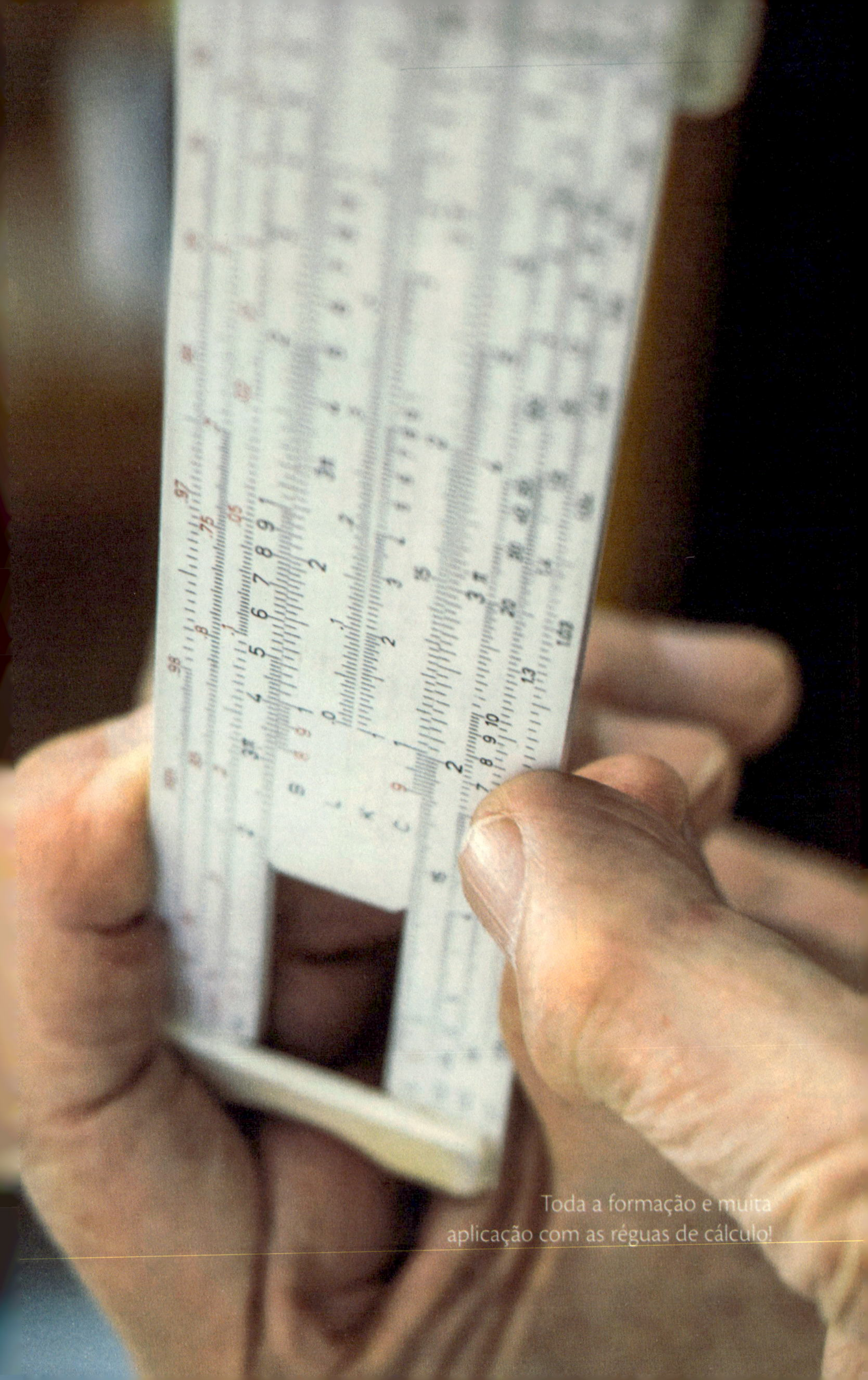

Toda a formação e muita aplicação com as réguas de cálculo!

Nelson Pinto

um engenheiro hidráulico
em grandes projetos pelo
Brasil e ao redor do mundo

Marcelo Candido de Melo

2019

Copyright © 2019 Marcelo Candido de Melo

Todos os direitos reservados: Afigitís Cinema, Arte e Literatura Ltda.
Se quiser a sua história contada e editada conosco, visite nossa página no Facebook em **@afigitis.historiasbemcontadas**.

Preparação: **Hebe Ester Lucas**

Revisão: **Davi Boaventura**

Foto de capa,
abertura de capítulo e internas: **Veronica Cowie** (com exceção das seguintes páginas: 4-5, 22, 30 e 35)

Imagem dos cadernos de fotos: **Arquivo pessoal**

Dados Internacionais de Catalogação na Publicação (CIP)
(Câmara Brasileira do Livro, SP, Brasil)

Melo, Marcelo Candido de
Nelson Pinto: um engenheiro hidráulico em grandes projetos pelo Brasil e ao redor do mundo / Marcelo Candido de Melo. - São Paulo: Afigitís, 2019

Bibliografia.
ISBN 978-65-80357-00-0

1. Engenheiros hidráulicos - Brasil - Biografia
2. Pinto, Nelson. Título.

19-26179 CDD-627.092

Índices para catálogo sistemático:

1. Engenheiros hidráulicos : Biografia e obra
627.092

Cibele Maria Dias - Bibliotecária - CRB-8/9427

Conheceríamos bem melhor muitas coisas se
não quiséssemos identificá-las com tanta precisão.

J. W. Goethe

O estudo tem sido para mim o remédio soberano
contra os desgostos da vida: nunca tive uma aflição
que uma hora de leitura não tenha dissipado.

Montesquieu

Sumário

"Quando me vieram com a ideia de um livro mais biográfico do que técnico, sobre os temas a que me dediquei a vida toda, pensei daí que poderia servir para mostrar que é possível, sim, ser consultor internacional e ter carreira técnica a partir do Brasil. Os amigos diziam que isso não pegava, que precisava migrar para a administração, para a política...
Eu queria ser engenheiro!"

Nelson L. de S. Pinto

Ao longo do texto serão destacadas frases na voz do biografado, que ajudam a apresentá-lo ou reforçam algum ponto da história. Elas vão se inserir nos capítulos, não estando diretamente relacionadas ao assunto tratado na página específica.

A placa singela do seu escritório é a mesma que ornava a casa do pai, Nelson.

Prefácio

Nelson de Sousa Pinto fez parte do núcleo romântico da Hidráulica na Escola de Engenharia e na Copel, liderado pelo professor Pedro V. Parigot de Souza, e do qual faziam parte Isaac Milder, Brasil Pinheiro Machado, Hiram Lamas, Mauricio Schulman, entre outros.

A Escola de Engenharia tinha outro núcleo de alta qualificação no Cálculo Estrutural, com os professores Samuel Chamecki, José de Almendra Freitas Neto e Ernesto Sperandio. E ainda outra área de alta qualificação no Cálculo Infinitesimal, com os professores Olavo Del Claro e Leo Barsotti.

Nelson foi meu professor e companheiro de rede de vôlei em Caiobá, quando desafiávamos os jovens em árduas partidas.

Nós, estudantes, frequentávamos diversas áreas do saber. Assim, a praia dividia conosco lazer e conhecimento. Nelson de Sousa Pinto era objeto de nossa admiração e orgulho, por sermos discípulos de alguém tão notório.

Mais tarde consultor de barragens, Nelson cruzava comigo nos inúmeros compromissos profissionais nos vários países aos quais éramos chamados.

Sempre bem-humorado e pronto a dar soluções adequadas, Nelson abriu um leque de admiradores.

Hoje os grandes problemas das barragens contam com a expertise de um professor que é respeitado mundo afora.

Nelson de Sousa Pinto continua expert nas grandes barragens e nas redes de vôlei.

Viva o Nelson!!!

Jaime Lerner

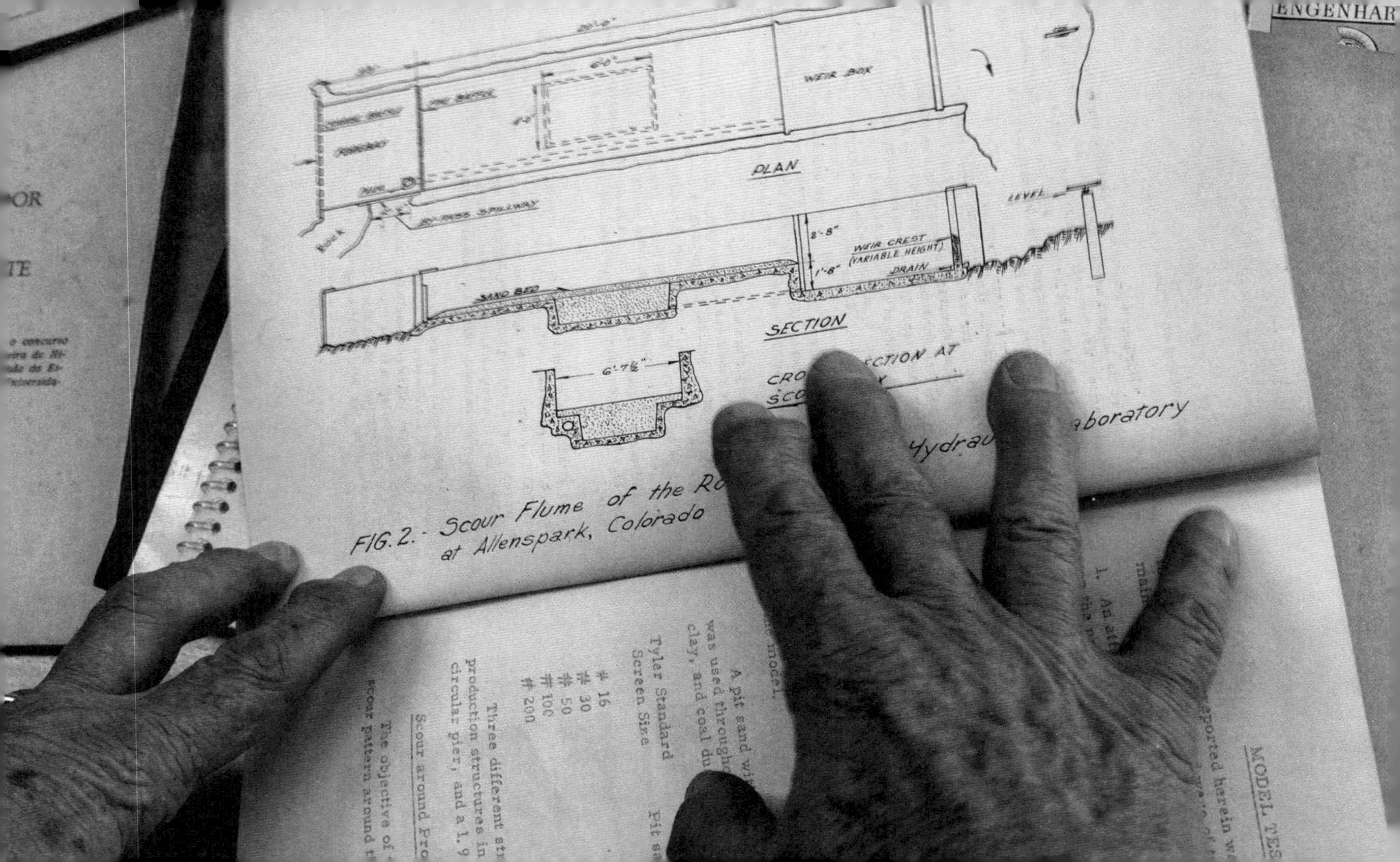

ENGENHAR
WEIR BOX
PLAN
LEVEL
BY-PASS SPILLWAY
WEIR CREST
(VARIABLE HEIGHT)
DRAIN
2'-8"
1'-8"
SAND BED
SECTION
6'-7½"
FIG. 2. - Scour Flume of the
at Allenspark, Colorado
MODEL TES
A pit sand wi
was used througho
clay, and coal du
Tyler Standard
Screen Size
Pit sa
16
30
50
100
200
Three different str
production structures in
circular pier, and a 1.9
Scour around Pro
The objective of
scour pattern around t

Prólogo

Talvez a melhor maneira de apresentar o trabalho concreto do engenheiro Nelson Luiz de Sousa Pinto, cujo nome de guerra é geralmente abreviado para Nelson Pinto ou Nelson L. de S. Pinto, seja fazer uma viagem fictícia no tempo.

Se em vez da Curitiba de 1932 ele tivesse nascido alguns séculos antes na Europa e se desenvolvido na mesma área que o fez, e se as decisões em Florença fossem democráticas, quando em agosto de 1504 Nicolau Maquiavel questionou o engenheiro que supervisionava as obras de desvio do rio Arno, Nelson Pinto seria chamado para expressar a sua opinião como membro do Board de Consultores que avaliaria o porquê do plano montado por Leonardo da Vinci não surtir os efeitos desejados.

Florença já não dominava mais Pisa e o plano de recuperação do acesso ao mar passava por desviar o rio da então república livre em vez de tentar o domínio pela guerra. Para isso, Da Vinci previu a construção de uma vala e de barragens que fariam o rio desembocar no canal construído para ele, como revela Walter Isaacson[1] na recente biografia que escreveu sobre um dos maiores gênios criativos da história.

Da Vinci havia sido milimétrico nos cálculos, previra o deslocamento de mais de 1 milhão de toneladas de solo e fez um estudo preciso de tempos

1 • *Isaacson, Walter. Leonardo da Vinci*. Rio de Janeiro: Intrínseca. 2017. p. 376-379.

e movimentos, chegando a criar uma máquina para remoção de terra. O engenheiro executor, o que foi questionado por Maquiavel, achou tudo aquilo desnecessário e tocou de acordo com sua visão. Em vez de uma vala profunda, escavou duas, mais rasas que o leito do rio Arno. Quando fortes chuvas atingiram a região, em outubro, as paredes das valas se romperam, fazendas próximas foram inundadas e nada de desvio do rio. O projeto acabou abandonado. Eram outros tempos, não foi montado nenhum Board para avaliar as razões do fracasso e, assim, o possível suposto encontro entre Nelson e Maquiavel também não teria acontecido, fato que com certeza teria lhe passado alguns ensinamentos políticos. Se um Board tivesse sido montado, provável seria que ele fosse convocado, por ser um dos maiores especialistas mundiais em barragens.

Avançando no tempo, desta vez sem recorrer à ficção, chovia mais do que o normal na região nordeste da Califórnia naquele fevereiro de 2017. Oroville é uma pequena cidade de 15 mil habitantes do condado de Butte. A origem do nome entrega a importância que teve na corrida do ouro no século XIX. Fica a pouco mais de 100 quilômetros da capital Sacramento e tem a 8 quilômetros de distância o segundo maior lago/reservatório do estado, ao qual dá o nome, e a mais alta barragem dos Estados Unidos, com 235 metros de altura, concluída em 1968. A criação do lago inundou áreas históricas do período da mineração e transformou o rio Feather num importante fornecedor de energia daquele estado quase desértico.

Naquele domingo, dia 12, um clima de apreensão tomou conta das autoridades do estado. Havia um receio de que o vertedouro de emergência, que seria utilizado pela primeira vez desde a sua construção, há quase 50 anos, não resistisse e causasse danos à estrutura da barragem como um todo. Desde que a rápida subida do nível do lago se iniciara, o volume do vertedouro principal já tinha aumentado bastante. A identificação de uma falha no concreto do seu leito, e temores que de início eram apenas de um maior custo na reparação, estavam se transformando na possibilidade de uma grande catástrofe. Na segunda-feira, depois de muita ponderação, saiu uma ordem mandatória de evacuação. As imagens dos congestionamentos das estradas 99 e 70 são chocantes — aproximadamente 188 mil pessoas entraram em seus carros ou outros meios de transporte para deixar a região, experimentando o desespero e a dúvida do que era possível levar consigo. É fácil imaginar o resultado: um verdadeiro caos, tudo travado. Vinte e três mil soldados da Guarda Nacional haviam sido convocados. Mas a natureza e a engenharia entraram em harmonia e no dia seguinte a situação foi controlada, a ordem de evacuação retirada e um desejo de normalidade foi se reinstalando na região. A barragem está sub judice.

Passado pouco mais de um ano desse enorme susto, o engenheiro brasileiro Nelson Pinto embarcou num voo da United para Chicago e de lá foi levado de carro para Champaign, cidade no estado de Illinois, onde integraria uma reunião do Board Independente do Ferc (Federal Energy Regulatory Comission) para opinar sobre as obras em Oroville. Um dos temas das discussões é a necessidade de aeração no vertedouro principal, sua aplicação e custo. Nelson Pinto tornou-se um dos maiores especialistas mundiais no assunto.

O objetivo desta obra é contar um pouco de sua paixão e dedicação à engenharia. É mostrar como uma cidade, capital de um estado que não tinha nem garantia de abastecimento elétrico durante as 24 horas do dia, conseguiu construir um centro de excelência em hidráulica em nível global e realizar estudos de obras hidrelétricas tão importantes como Itaipu. Contar um pouco da história do Nelson L. de S. Pinto é falar de seriedade, de dedicação, de estudo. Este é um livro para mostrar que é possível manter-se engenheiro e técnico e conseguir respeito e reconhecimento. É um livro que se propõe a estimular jovens a estudar e se tornarem especialistas, com capacidade para impactar a evolução de sua própria especialidade.

Vai tratar de Capivari-Cachoeira, de obras hidráulicas no Brasil e no mundo. Vai abranger cavitação, aeração e vertedouro, e mesmo quem não fez engenharia vai entender a equação de Bernouilli (todos terão de entender, era um pré-requisito do professor Nelson). Vai mostrar homens encontrando soluções para os desafios da natureza, e até um pouco do lado humano desse engenheiro que inspirou estas linhas.

Manoel Martins de Abreu e família, 1908, da esquerda para a direita. Em pé: Gabriel e Lydia, Manuel Pedro e Mariquinha, Maria Joanna, Esther e Obino, Teteca e Abilio, e João. Sentados: Rosa, Guiguida, Alice, Mario, o patriarca, Stella, Lulu, Olívia e Maria Antonieta no chão. Helena ainda por chegar.

1 - Os Martins de Abreu e os Sousa Pinto num Paraná que tinha muito a crescer

Quantas vezes o papel de um pai não é inserir um bocado de realidade na vida de um filho, mesmo que numa simples fantasia? Esse deve ter sido o desejo do engenheiro Nelson quando acomodou um cigarro aceso e esfumaçante na pequena chaminé da locomotiva de lata que puxava os vagões pelos trilhos em elipse do brinquedo do garoto de 4 anos. O menino, também Nelson, no fundo sabia que se não desse algumas voltas no mecanismo de corda do trenzinho ele não sairia do lugar, mas preferia imaginar que ali na sala do tio João, em Santo Ângelo das Missões, tinha sua própria maria-fumaça, funcionando igualzinho às grandes que puxavam o trem que os conduzira na longa viagem entre a estação Barão do Rio Branco, em Curitiba, e a casa do tio no Rio Grande do Sul, na segunda metade da década de 1930.

A cena marcou aquele guri, é uma de suas primeiras lembranças. Isso passados mais de oitenta anos do acontecido. Homem maduro e racional, não é dado a grandes lamentações. Quando olha em perspectiva, solta um lacônico "enfim, a vida é a vida" para narrar alguns fatos que vivenciou. A convivência entre eles não se prolongou muito — o pai fora acometido de uma mielite, inflamação da espinha dorsal que primeiro o manteve na cama por mais de dois anos antes de retirá-lo do convívio dos filhos Nelson Luiz e Carlos, então com quase 9 e 7 anos, e da esposa Stella, antes mesmo de ela completar 40 anos. O período da doença fora longo e sofrido. A primeira providência de

Stella foi atender a um convite do João, seu irmão mais velho, que tinha há alguns anos se estabelecido em Santo Ângelo. Precisavam respirar novos ares. Retornariam para Curitiba alguns meses depois, não mais para a casa onde viviam, mas para o casarão da matriarca dos Martins de Abreu, Maria Joanna Braga de Abreu. Era uma família numerosa e unida.

A ausência forçada do pai foi decisiva no espaço que dois outros familiares ocuparam na vida do garoto Nelson. O avô que ele não conheceu, como imagem de patriarca, modelo de coragem, definidor de valores, e um tio que, diferente do pai engenheiro, seguiu a medicina com espírito universitário, esteve sempre próximo e funcionou como uma espécie de estímulo ao estudo, ao olhar para o mundo, à produção intelectual. Para entender o Nelson é importante entender o modelo familiar, os exemplos desses dois homens. Assim, a história do avô Manoel e do tio Mário ganha relevância, é importante mergulhar nessas origens.

Os Martins de Abreu: tudo começou com um imigrante que chegou sozinho aos 14 anos

Brasileiros e portugueses têm uma relação estranha, podendo beirar o amor e o ódio. Não se passa por um processo de colonização impunemente, mas os povos dividem muito mais do que a língua. A história e a economia tendem a definir os fluxos migratórios entre os países. Nos primeiros dois séculos depois de Pedro Álvares Cabral, não passava de quinhentos o número dos que se arriscavam a cruzar o Atlântico. No século XVIII, a média anual aumentou para 10 mil. No início do século XIX, sem saída para o outro lado, a coroa portuguesa transferiu-se para a colônia de mala e cuia, marcando definitivamente a vida por aqui ao enfim tirar aquela enorme área de um esquecimento de séculos e trazer a ela existência própria. Mas não se pôde ficar muito para não se perder de forma definitiva no território europeu. Depois da independência do Brasil e devido a novas dificuldades econômicas na Europa, mudou o perfil dos portugueses que vinham para cá. Em sua maioria buscando oportunidades que não mais encontravam em suas aldeias, tinham um espírito desbravador.

Em 10 de janeiro de 1855 nascia em Guimarães — que apenas dois anos antes deixara de ser uma vila e se tornara cidade, com aproximadamente 7 mil habitantes — Manoel Martins de Abreu. Era filho de Pedro Martins de Abreu e de Maria Martins. Guimarães fica ao norte do país, no distrito de Braga, e ficou conhecida como "o berço da nação portuguesa" porque lá nasceu, no início do século XIII, Afonso Henriques, que se tornou o primeiro rei de Portugal. O fato do jornal *The New York Times*, em janeiro de 2011, 142 anos depois, ter incluído a cidade na sua tradicional lista anual de lugares a serem visitados e ter justificado que, além das muralhas de seu centro histórico, tal decisão se baseava na escolha da cidade como capital cultural da Europa no ano seguinte, em sua reabilitação como centro histórico pela Unesco, e por ter metade da sua população formada por pessoas abaixo de 30 anos, não parecia afetar as duras perspectivas de seus habitantes naquele 1849, ainda abalados pelas invasões francesas e suas consequências, embora os registros já apontassem na região uma nascente indústria têxtil e nos segmentos de couro, ourivesaria, cutelaria, serralheria e fundição. Nada disso foi suficiente para segurar por lá o mancebo Manoel. Sozinho, acompanhado apenas de uma carta de apresentação a um conterrâneo que tinha um comércio no Rio de Janeiro, embarcou para o Brasil.

Além da carta, o adolescente Manoel deve ter trazido alguns medos e sonhos — preferiu estes aos temores — e, como não se incomodava que o país escolhido estivesse em guerra contra o vizinho Paraguai, iniciou, como outros rapazes, imigrantes e migrantes, uma vida no comércio da capital brasileira. Era um comércio que sentia os gastos exagerados do conflito: 614 mil contos de réis nos pouco mais de cinco anos que durou o combate, onze vezes o orçamento do governo para o ano de 1864[1]; não foi investimento, foi um custo improdutivo que desestabilizou a jovem nação. Depois da guerra, o foco político passou a ser as campanhas abolicionista e republicana. Em 1871 foi aprovada a Lei do Ventre Livre, que indicava um caminho e foi um tímido começo para uma disputa que levaria ainda quase vinte anos para ser resolvida.

Pouco se conhece da vida de Abreu em Portugal ou no Rio de Janeiro. No século XX, alguns parentes foram conhecer Guimarães, mas não conseguiram

1 • SCHWARCZ, Lilia; STARLING, Heloisa. *Brasil: uma biografia*. São Paulo: Companhia das Letras, 2015. p. 291.

conexão com os que lá tinham ficado. As histórias no Rio de Janeiro infelizmente também se perderam. A razão concreta da troca de uma capital quente e efervescente por uma região bem mais fria e menos desenvolvida só pode ser pela suposição de melhores oportunidades.

Um Paraná recém-emancipado

No território do que é hoje o estado do Paraná foram encontrados sítios arqueológicos que remontam a 9 mil anos. No litoral existem os sambaquis, enormes montanhas feitas com cascas de moluscos e outros materiais pré-históricos, cuja função os pesquisadores ainda não descobriram, mas que servem como atestado da vida dos povos antigos na parte litorânea do Brasil, muito antes da chegada de qualquer europeu. As pinturas rupestres foram encontradas na região oeste chamada de Campos Gerais, que invade os vizinhos São Paulo e Santa Catarina. Mas, se existiram civilizações antigas e indígenas no território, depois que Cristóvão Colombo, liderando as caravelas Nina, Pinta e Santa Maria, aportou nas Bahamas em 12 de outubro de 1492, após 61 dias de viagem e tendo a certeza de ter chegado às Índias (os GPS só se tornaram operacionais na década de 1990), mas nessa busca de rota comercial ter descoberto um novo mundo, os olhos dos reis europeus se estenderam numa intensa disputa. O Tratado de Tordesilhas, assinado em junho de 1494, foi uma tentativa de pacificar a corrida ultramarina e, por ele, a maior parte do atual território paranaense caberia aos espanhóis, pois ficava a oeste do meridiano que passava a 370 léguas da ilha de Cabo Verde, na altura da cidade de Laguna, ao sul.

Esse tratado nunca foi efetivamente respeitado, como também não o foi o de Madri, assinado em 1750, quando a região do estado ainda era representada como parte de São Paulo. Foi ainda no dia 29 de março de 1693 que Matheus Martins Leme, um capitão-povoador português, seguindo as regras da Coroa, promoveu eleição para a Câmara dos Vereadores e oficialmente fundou a Vila de Nossa Senhora da Luz dos Pinhais. O nome Curitiba — em guarani, grande quantidade de pinheiros — só seria adotado em 1721. A região viveu um difícil período de esquecimento, longe do início da pujança de São Paulo, capital da província. A situação começou a mudar no início do século XIX, com os tropeiros e seus deslocamentos entre a capital e Viamão, nos pampas, e para as Minas Gerais. Ser um ponto estratégico de parada fez a diferença e trouxe investimentos em lojas, armazéns e escritórios de negócios ligados à comercialização dos animais[2]. O suspiro econômico foi logo seguido de movimentos separatistas que poderiam auxiliar ainda mais no desenvolvimento da região.

A emancipação de São Paulo só veio depois de quarenta anos, fruto da lealdade da região ao governo imperial. A Revolução Farroupilha, iniciada em 1835 e que durou uma longa década, deixou o governo preocupado. Temia-se que fluminenses e mineiros pudessem se unir aos gaúchos e desestabilizar o Império. O apoio das forças de Curitiba e Paranaguá passou a ser fundamental. José da Costa Carvalho, o Barão de Monte Alegre, aliado do jovem imperador recém-empossado, e muito habilidoso, previu que era melhor perder os anéis — a região do Paraná — do que os dedos: ser dominado pelos liberais. Ele foi destacado como presidente de São Paulo por um curto período em 1842, com a missão de apoiar dom Pedro II. Império mantido, o político cumpriu a promessa, passando a amparar o projeto do deputado paulista Carneiro de Campos, quando voltou à presidência do Senado[3].

Mas no mundo da política nem sempre as grandes mudanças são rápidas. O imperador finalmente assinou a emancipação do Paraná — em tupi, semelhante ao mar, grande como o mar — apenas em 29 de agosto de 1853 e, em 19 de dezembro do mesmo ano, foi empossado o primeiro presidente da província, o baiano Zacarias de Góis e Vasconcelos. Este ocuparia o cargo por pouco menos de um ano e meio. Até a proclamação da República, em 15 de novembro de 1889, quase 36 anos depois, haveria 54 trocas de comandante da província/estado, tendo assumido o posto 41 políticos diferentes, fato passível de se tornar um pesadelo caso um professor de história dos tempos de exame oral resolvesse exigir dos alunos tal listagem, mesmo que fossem prodígios

2 • Disponível em: <http://www.curitiba.pr.gov.br/conteudo/historia-fundacao-e-nome-da-cidade/207>. Acesso em: 12 maio 2018.

3 • Disponível em: <http://www.gazetadopovo.com.br/vida-e-cidadania/historia/a-discordia-sobre-o-aniversario-de-emancipacao-do-parana-6r7i7qdif024gr9os8xtcl8or>. Acesso em: 12 maio 2018.

de funcionamento cerebral, como são os netos do português de Guimarães, os irmãos Sousa Pinto, que nasceram apenas na década de 1930.

Foi a essa Curitiba agitada, que vinha recebendo uma grande onda de imigrantes europeus, fruto dos incentivos à colonização e passando a ter um aspecto mais multicultural, que chegou Manoel Martins de Abreu para trabalhar na empresa de outro conterrâneo, a J. Barros Fonseca, em 1878, enquanto viabilizava sua vontade de empreender. Se no início eram apenas os portugueses e espanhóis, começaram a juntar-se à cidade alemães, poloneses e italianos, que, naquele mesmo ano, fundaram a colônia de Santa Felicidade. Ainda vieram ucranianos, japoneses, sírios e libaneses, entre outros. A escolha pareceu acertada: em um ano as economias foram suficientes para iniciar na importante Rua XV de Novembro, bem no coração da cidade, no número 58, o seu negócio, a Casa Abreu & Cia, vizinha da Casa Bichels. No térreo começou a funcionar uma loja de aviamentos, em cima ele iniciaria sua família.

Se era agitada, a capital paranaense em nada se mostrava estranha aos portugueses[4]. Mais da metade dos estabelecimentos comerciais que anunciou no jornal *Dezenove de Dezembro* entre 1854 e 1889 pertencia a luso-brasileiros. Manoel de Abreu parece ter seguido os passos de seus patrícios. Veio sozinho e procurou primeiro uma esposa ligada à própria colônia ou então, se procurava uma aliança com a sociedade local, orientou sua escolha de cônjuge para a elite econômica da cidade.

Em 23 de maio de 1883, Manoel de Abreu, aos 27 anos, casou-se com Escolástica Gonçalves, então com 26 anos, filha do comerciante português Francisco José Gonçalves e de Constança Francisca de Paula. O casal teve quatro filhos: o primogênito Abílio Gonçalves de Abreu nasceu em 23 de março de 1884, Lydia Gonçalves de Abreu em 3 de agosto de 1885, Maria Mercedes Gonçalves de Abreu em 24 de setembro de 1887 e Esther Gonçalves de Abreu em 20 de julho de 1889. O casal ainda teria um quinto filho, Manoel, que nasceu em 13 de abril de 1890, mas que viveu pouco mais de um ano. Quem faleceu em 31 de maio de 1890, não se sabe se de alguma complicação originada do último parto, foi a esposa Escolástica, antes de completar 34 anos.

4 • CARDOSO, Milena Woitovicz. *José Fernandes Loureiro: um imigrante português em Curitiba* (1860-1908). 2011. Monografia (Bacharelado em História)–Universidade Federal do Paraná, Curitiba, 2011. p. 22-23.

O trem precisava vencer a serra — mais um pouco de história antes de chegar ao Nelson.

Os negócios na cidade iam bem, mas a base da economia paranaense no século XIX eram a plantação e o comércio da erva-mate. Um imigrante argentino, Francisco de Alzagaray, havia montado no litoral o primeiro engenho de beneficiamento de erva-mate. Outros engenhos se instalaram em Curitiba e no interior do estado. O desafio era levar a produção até o porto e fazer os insumos que a ele chegavam vencerem os 946 metros do acidentado aclive da Serra do Mar. Antes da viabilização da estrada de ferro, inaugurada em fevereiro de 1885, todo o deslocamento se dava por três estradas, ou melhor, três caminhos: Graciosa, Itupava e Arraial.

"Meu avô veio com 14 anos e aqui virou as costas para Portugal, se naturalizou, viajou, veio para Curitiba, fez a vida com muito sucesso. A Casa Abreu era a loja mais importante da cidade no tempo dele. Ficou amigo dos políticos, o barão do Serro Azul ia lá tomar café, tornou-se um homem importante, por conta própria."

As demandas de transporte foram os primeiros grandes desafios da ainda não existente engenharia paranaense. Aliás, a formação superior era restrita a muito poucos membros de uma elite não apenas econômica, como também cultural, que precisava ir até a Europa para estudar. A primeira escola de engenharia brasileira foi a Academia Real Militar, fundada em 1811, e que demorou a aceitar os primeiros alunos civis. A Escola Politécnica do Rio de Janeiro foi criada em 1874, facilitando a vida de quem desejava estudar: agora era possível se mudar para a capital e não mais precisar cruzar o Atlântico.

O caminho da Graciosa era uma picada aberta pelos índios que subiam a Serra do Mar para colher pinhão.[5] E permaneceu com essas limitações até que Zacarias de Góis ordenou estudos para que fosse possível utilizá-la com carroças e outros veículos de rodas. A reforma só ficou pronta em 1872 e ficou a cargo do engenheiro Antônio Rebouças, um baiano que tinha estudado na capital federal e feito especialização na Europa. O trecho era o mais longo dos três e requeria por volta de quatro dias para vencer a serra. O caminho de

5 • Disponível em: <http://www.gazetadopovo.com.br/vida-e-cidadania/especiais/ferrovia-130-anos/index.jpp>. Acesso em: 12 maio 2018.

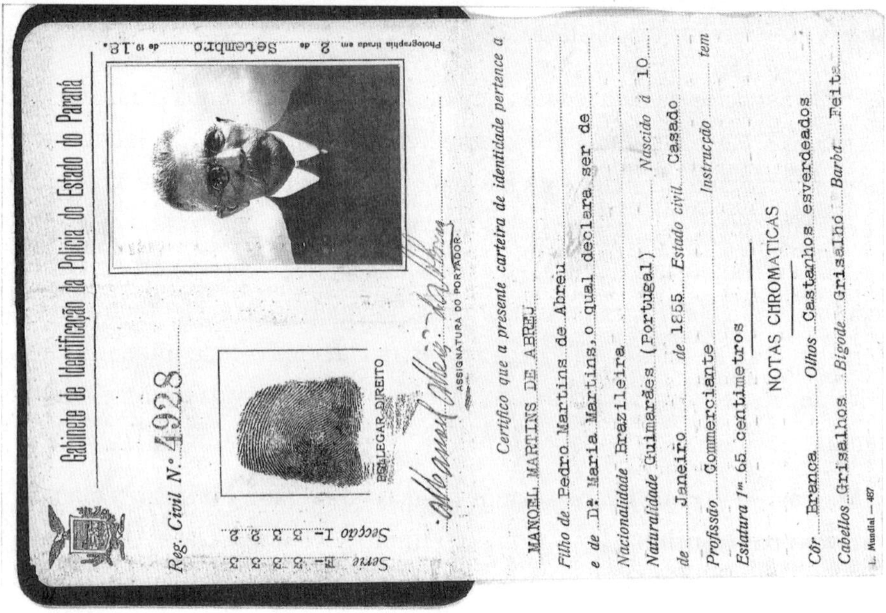

Gabinete de Identificação da Policia do Estado do Paraná

Reg. Civil N.º 4928

Serie E-3 3 3 3

Secção I-3 2 2 2

Photographia tirada em 2 de Setembro de 19 18.

POLLEGAR DIREITO

ASSIGNATURA DO PORTADOR

Certifico que a presente carteira de identidade pertence a

MANOEL MARTINS DE ABREU

Filho de Pedro Martins de Abreu

e de Dª Maria Martins, o qual declara ser de

Nacionalidade Brazileira

Naturalidade Guimarães (Portugal) Nascido á 10

de Janeiro de 1855 Estado civil Casado

Profissão Commerciante Instrucção tem

Estatura 1m 65 centimetros

NOTAS CHROMATICAS

Côr Branca Olhos Castanhos esverdeados

Cabellos Grisalhos Bigode Grisalho Barba Feita

L. Mundial — 487

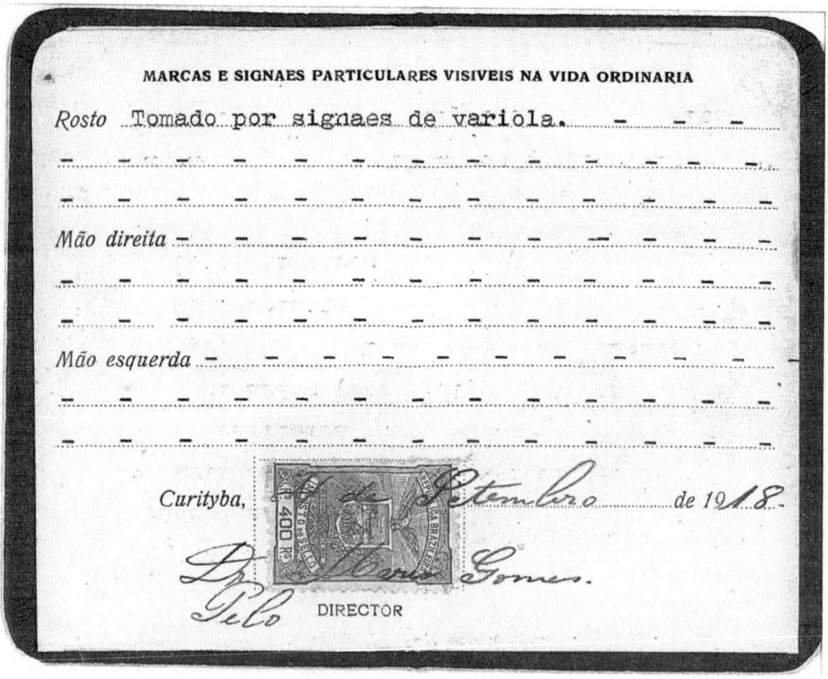

MARCAS E SIGNAES PARTICULARES VISIVEIS NA VIDA ORDINARIA

Rosto Tomado por signaes de variola.

Mão direita

Mão esquerda

Curityba, 4 de Setembro de 1918.

Pelo Dr. Mario Gomes.

DIRECTOR

Itupava era bem mais curto, dois dias, e foi o mais utilizado por dois séculos, embora oferecesse mais riscos. A passagem de animais só foi viabilizada a partir de 1772 e, até a inauguração da ferrovia, foi a mais frequente ligação entre as regiões. O caminho do Arraial demandava três dias, não era nem o mais rápido, nem o mais seguro, e, como quase tudo na vida que não é uma coisa nem outra, não se firmou.

Não era assim tão simples viabilizar os pesados investimentos requeridos pelas ferrovias. O governo brasileiro resolveu essa questão oferecendo remuneração garantida aos investidores estrangeiros para iniciar a construção ou depois, diretamente, passando a ser o dono dos empreendimentos; em ambos os casos, visando também um controle dos preços das tarifas.[6] No caso paranaense, um episódio político atrapalhou um pouco mais. A disputa entre Paranaguá e Antonina vinha desde a emancipação e ficou conhecida como Guerra dos Portos. Ainda no tempo dos caminhos, Zacarias de Góis tinha divergências políticas com Manoel Antônio Guimarães e acabou privilegiando seus aliados, comendador Araújo e Jesuíno Marcondes, de Antonina, fazendo as reformas oficiais na Graciosa. Quando chegou a hora da estrada de ferro, Guimarães já tinha virado barão em 1876 e visconde de Nacar em 1880 — títulos e força política suficientes para recolocar Paranaguá no jogo, mesmo com todo o estudo de Antônio Rebouças, que juntamente com Francisco Monteiro Tourinho e Maurício Schwartz, tinha solicitado a concessão para a cidade, que ficava a 50 quilômetros de distância. Não era só estudo, em 1871 um decreto imperial liberou a ferrovia Antonina-Curitiba, que receberia o nome de Estrada de Ferro Dona Isabel em homenagem à filha do imperador.

A primeira investida de Paranaguá foi conseguir a concessão, em 1872, para fazer uma ligação férrea entre a cidade e Morretes, quando se integraria à Dona Isabel. No ano seguinte, a construção desse trecho foi iniciada e os concessionários do projeto original repassaram os direitos ao barão de Mauá. Em 1874, a morte de Rebouças desestimulou Mauá, que havia se tornado um dos maiores empresários do mundo e já devia pressentir que estava a apenas quatro anos de começar sua autobiografia com uma frase surpreendente para quem tinha

6 • SUMMERHILL, William. *Trilhos do desenvolvimento: as ferrovias no crescimento da economia brasileira (1854-1913)*. São Paulo: Afigitís, 2018.

conseguido tanto: "Na primavera da vida havia eu já adquirido, por meio de infatigável e honesto labor, uma fortuna que me assegurava a mais completa independência [...]"[7]. E por aí vai, num texto que ficou conhecido como "Exposição aos credores" e mostra como o espírito empreendedor nem sempre foi muito estimulado oficialmente no Brasil desde os tempos do Império.

Em 1875 o governo decidiu efetivamente por Paranaguá, encerrando o projeto que partiria de Antonina. A concessão foi dada a Pedro Scherer, mas alguns dias depois Scherer faleceu e, quatro anos mais tarde, foi autorizada a transferência da concessão para a Compagnie Génerále de Chemins de Fér Bresiliens. Esta contratou uma empresa belga, a Societé Anonyme des Travaux Dyle et Bacalan, que contava com o experiente engenheiro italiano Antonio Ferrucci, para a construção. Em junho de 1880, dom Pedro II e esposa participaram do lançamento da pedra fundamental em Paranaguá, mas em dois anos as coisas pareceram mais difíceis, quando o italiano pediu demissão e um jovem engenheiro brasileiro, João Teixeira Soares, se viu à frente de um enorme desafio técnico, numa das grandes obras mundiais de então.

Um novo prazo foi pedido e no dia 2 de fevereiro de 1885 a ferrovia foi oficialmente inaugurada, com autoridades locais e representantes da corte.[8] A princesa Isabel havia participado de uma pré-inauguração no ano anterior, quando as obras estavam embargadas muito perto da capital. A história da ferrovia foi incluída porque ilustra o desenvolvimento da província e também aclara uma espécie de modus operandi das disputas políticas sobre os interesses econômicos desde a formação do Brasil. Mas principalmente porque introduz grandes projetos de engenharia — como lerá neste livro, o Nelson, como Teixeira Soares, também teve de viabilizar soluções para obras que desafiavam a natureza, não mais para garantir o transporte, mas para viabilizar energia e não brecar o crescimento do estado e do País. Um dos lados mais belos da engenharia é saber interagir com o meio ambiente e assegurar as demandas humanas. Para que essa intervenção seja sustentável, é preciso explorar ao máximo o conhecimento. Um dos segredos para se fazer isso é dispor de uma

---

7 • MAUÁ, Visconde de. *Autobiografia: exposição aos credores*. Rio de Janeiro: Topbooks, 1998. p. 95.

8 • Disponível em: <http://www.gazetadopovo.com.br/vida-e-cidadania/especiais/ferrovia-130-anos/a-primeira-ferrovia.jpp>. Acesso em: 12 maio 2018. O site da *Gazeta do Povo* tem uma história muito didática e bem contada do desafio enfrentado.

capacidade de autocrítica elevada. Neste ponto da nossa história, o Nelson ainda não havia nascido, mas já é importante avisar que soube desenvolver de maneira forte a autocrítica como companheira de vida, como um motor para evoluir, como juiz de decisões importantes, como guia na busca de soluções.

Tinha de começar de novo, e agora com mais gente

A Casa Abreu crescia, em termos de negócios, mas também como local influente da sociedade. Mesmo que políticos e homens públicos não consumissem diretamente os produtos que Manoel comprava para revender, eles passavam por lá para uma conversa, para discutir como poderiam se fortalecer como classe, para retornar um pouco do que obtinham ajudando a população a ter melhores condições de saúde, para criar opções de diversão e convívio social.

Em algum momento do passado alguém adentrou a Rua XV de Novembro, 58, difundindo a ideia de Romão Rodrigues de Oliveira Branco e de outros amigos de criar uma alternativa de entretenimento. O comerciante logo se mostrou favorável. Numa segunda-feira, 26 de setembro de 1881, Manoel de Abreu atendeu à convocação e foi até o Salão Lindemann, na Rua São Francisco, a poucos metros de sua residência, que, como era tradicional, ficava no andar de cima da loja. Junto com outros dez homens, dois deles também chamados de Manoel, mas nenhum Joaquim, assinou como membro fundador benemérito do Club Curitybano. A sociedade tinha outros dezesseis cidadãos como membros fundadores, não beneméritos, outro Manoel e aí sim, dois Joaquins...[9] Como presidente foi escolhido, possivelmente pelo peso e representatividade política, Ildefonso Pereira Correa, que estava na trajetória de ser um dos maiores homens de negócios da província, chegando a ser comparado por alguns ao mítico barão de Mauá, com quem, a partir de

9 • Os fundadores beneméritos eram: Ildefonso Pereira Correia, Eduardo Augusto Vasconcellos Chaves, José Carvalho de Oliveira, José Inocêncio de França, José Fernandes Loureiro, José Pereira dos Santos Andrade, Jezuíno da Silva Lopes, Manoel Luiz de Mattos, Manoel Ascenção Fernandes, Manoel Martins de Abreu, Romão Rodrigues de Oliveira Branco. Os fundadores: Agostinho Ermelino de Leão, Alfredo Tramujas, Artur Martins Lopes, Antonio Carlos Ribeiro de Andrade, Edmundo Requião, Francisco de Camargo Pinto, Iphigênio Ventura de Jesus, João Ferreira Leite, Joaquim Antonio Coelho, Joaquim de Almeida Faria Sobrinho, Manoel de Macedo, Narciso Pereira de Azevedo, Nivaldo Teixeira Braga, Pedro da Silva Arouca, Pedro Luís de Souza Rocha e Theolindo de Andrade.

1888, compartilharia o título de barão, ele de Serro Azul, por uma decisão da princesa Isabel.

Ao longo de seus mais de 130 anos, o clube viveu vários ciclos expansivos. A data oficial de aniversário é 6 de janeiro — foi nesse dia do ano de 1882 que a primeira sede social foi instalada, no andar superior da Defesa Social. Passaram no sistema seletivo implantado pelos fundadores 135 homens da sociedade local. Todos podiam receber a alcunha de tradicionais, e preenchiam os requisitos de ser maior de 18 anos, ter uma ocupação honesta, apresentar bom comportamento e ter sido apresentado por outro associado.[10] Era também uma espécie de resposta desses aos imigrantes que formavam associações de acordo com suas nacionalidades. Naquele tempo não se pensava nas piscinas, muito menos nas canchas de peteca, duas práticas esportivas que o neto do Manoel de Abreu usufruiria numa então futura sede campestre que o crescimento da cidade tratou de transformar em urbana e principal. Aliás, em 2018, aos 86 anos, com a disciplina de um engenheiro, todo fim de semana em que está na cidade, o neto Nelson L. de S. Pinto atravessa a rua e se joga na água, não saindo de lá antes de, com braçadas certeiras, movimentar seu corpo por mais de 1.000 metros nas raias da piscina. Eram tempos apenas de curtir "o lazer, enquanto passatempo útil, recreativo e instrutivo. Os primeiros momentos do clube abrigaram atividades como: soirées dançantes, jogos de bilhar, dominó, dama, gamão, trinta e um e xadrez e o serviço de bar, botequim".[11]

Não se sabe se Manoel e Escolástica conseguiram aproveitar os eventos do Curitybano, é bastante provável que não. Por mais estrutura que o sucesso econômico do imigrante permitisse, tinham filhos muito pequenos. A situação ficou ainda mais complexa com a precoce morte de Escolástica, que deixou aquele homem sozinho com a tarefa de educar os rebentos. Abílio, o mais velho, tinha apenas 6 anos; Esther, frágeis 10 meses, e o caçula Manoel, pouco mais de 1 mês e logo viria a falecer. Existia a dor e ainda, naquele tempo, a formalidade do luto. O fato de não possuir parentes no Brasil tampouco ajudava, e o passo natural era contrair novas núpcias.

---

10 • PASTRE, Marcelo. O Clube Curitibano: representações do "plus" de educação. In: X SIMPÓSIO INTERNACIONAL PROCESSO CIVILIZADOR, 10., 2007, Campinas. ***Anais***... Campinas, 2007. p. 3.

11 • Ibidem, p. 3.

ATELIER
DE COSTURAS
CASA BICHELS
68

Passados mais de dois anos de respeito, a escolhida não foi da capital, mas sim da região da Lapa, distante pouco mais de 70 quilômetros de Curitiba. Filha de um abastado comerciante, Maria Joanna da Cunha Braga era 14 anos mais jovem e a história mostra que estava disposta a não apenas cuidar daquela família, como ainda aumentá-la, na vitalidade dos seus 22 anos. Num domingo, 4 de setembro de 1892, Manoel de Abreu recebeu de João Manoel da Silva Braga, descendente de portugueses da cidade que levava no sobrenome, e de Francisca Luiza da Cunha, da família do capitão Francisco Teixeira Coelho — homem de representatividade política e econômica, ativo na transformação do local à categoria de vila, havia sido um dos maiores proprietários de escravos da região —, não apenas a filha, mas também um pouco de tradição e raízes da sociedade local. Um dos irmãos de Maria Joanna era Manoel Antônio da Cunha Braga, cujo futuro neto, Ney Aminthas de Barros Braga, se tornaria um político importante no estado.

"Quando, com a reforma ortográfica, o Brasil passou de z para s, seguindo a lógica portuguesa, penso que meu avô paterno também alterou o sobrenome da família, então a partir do meu pai somos Sousa e não Souza."

O novo casal continuou a morar no piso superior da Casa Abreu. A escada para a residência, de madeira escura, ficava na porta mais à direita. O terreno era comprido, chegava até o outro lado, na Marechal Deodoro. Havia uma sacada curta na frente e um terraço maior aos fundos. A sala de jantar abrigava uma mesa enorme. Nela, além do novo casal, comiam alguns funcionários e os filhos. O imóvel estava preparado para mais, embora crianças demorassem para ter espaço social naquele final de século XIX. Dos treze filhos que Manoel de Abreu gerou e criou, somente três eram homens, um do primeiro casamento. Com Maria Joanna ainda teriam outras sete filhas — isso mesmo! Se fossem gaúchos e vivessem no tempo da Revolução Farroupilha poderiam ter a sua própria casa das sete mulheres. A Abílio, depois de quase dois anos da nova união, juntou-se João Braga de Abreu em 15 de julho de 1894. Nos três anos seguintes o casal não deixou de ver a família crescer: em 2 de novembro de 1895, nasceu Rosa Braga de Abreu; em 20 de julho de 1896, Margarida Braga de Abreu e, em 18 de agosto de 1897, Maria da Luz Braga de Abreu. Por quase dois anos não se ouviram novos choros naquela casa até que em 6 de julho de 1899 nasceu Olívia Braga de Abreu. No ano seguinte, a primeira a nascer no século XX, no dia 2 de julho, foi Alice. Diz a lenda familiar que o nome feminino preferido de Manoel era Isabel. Não se sabe a razão, mas nenhuma das filhas, do primeiro ou do segundo matrimônio, foi assim batizada. Reparar o fato é a explicação dada ao nome que a menina Alice escolheu para sua vida religiosa: Maria Isabel de Sion. Ela foi a única a seguir esse caminho, dentro de uma família muito próxima da Igreja Católica. Maria Joanna era devota de São Luís, o da França, e só viu o nome ser dado a dois netos e entrar como complemento ao nome do Nelson, mas como ficou mais comum no Brasil, grafado com "z".

Voltei ao Nelson porque chegou a vez de sua mãe Stella Braga de Abreu nascer. Foi no dia 14 de fevereiro de 1904. O penúltimo viria dois anos depois, em 25 de abril de 1906, foi Mário Braga de Abreu, destacado no início.

É possível então que o casal tenha decidido ter um breve tempo apenas para si. Rita (Rita Maria de Jesus), uma empregada de extrema confiança, ficou cuidando do operacional da casa e de olho nos menores; os filhos do primeiro casamento já eram adultos. Rita passou a vida toda próxima aos Abreu e está enterrada no mesmo jazigo da família, ao lado dos patrões. Manoel e Maria Joanna embarcaram para Portugal em 1908, ele foi levar a mulher para conhecer o país e a Europa.

O clima andava tenso na terrinha. As pressões contra a família real não eram poucas, e no dia 1º de fevereiro, quando retornavam para Lisboa numa carruagem aberta, sofreram um atentado. Morreram o rei D. Carlos e seu herdeiro, príncipe dom Luís Felipe de Bragança. O irmão mais novo, quase homônimo do visitante, assumiu o trono, como Manuel II, aos 18 anos, e governou por pouquíssimo tempo. Em 4 de outubro houve um golpe militar e a República foi instaurada.

Não se sabe se Manoel e Maria Joanna presenciaram esses acontecimentos, não existem registros fotográficos ou escritos dessa viagem. Pouco depois, no retorno ao Brasil, a caçula Helena Braga de Abreu veio completar a família, em 1º de julho de 1910.

A Santa Casa, o Cerco da Lapa, a visão de Maria Joanna sobre o ser humano

Maria Joanna era uma pessoa forte. Nunca fora fácil criar doze filhos, e recorria à religião e a rígidos princípios morais para manter as coisas em ordem no lar dos Abreu. Não chegava a 1,60 metro de altura, mas se portava como se tivesse mais. Trazia um pouco da história da Lapa para Curitiba. Com ela o neto Nelson conviveu, e lembra que ela costumava dizer: "Não acredite que o brasileiro é um homem amável, cordial e pacífico, eu vi gente ser morta na rua". A dor maior se devia ao fato de ter perdido, no episódio do Cerco da Lapa, não apenas a disputa, mas principalmente um irmão, que nem político era, e denunciado erroneamente, na confusão da contenda armada fora fuzilado na porta do cemitério da cidade em Curitiba. Para ela, foi um período em que as pessoas aproveitaram para matar um ou outro desafeto.

O Cerco da Lapa ficou na memória como um dos momentos mais sangrentos da história do Paraná. O estado fica no meio do caminho entre o Rio Grande do Sul e o Rio de Janeiro. Os federalistas formavam um grupo insatisfeito, contra o governo do gaúcho Júlio de Castilhos, republicano, eleito em 1891 e que não resistiu quatro meses como presidente do estado, embora tenha sido reeleito em 1893, e contra o governo federal, que enfrentava descontentamentos desde que Manuel Deodoro da Fonseca, depois do período provisório, fora eleito pelo Congresso Constituinte, numa eleição rachada. Deodoro acabou tendo um número de votos menor do que o vice-presidente eleito, e sem o apoio dele, Floriano Peixoto, renunciou naquele mesmo 1891, no dia 23 de novembro, portanto muitos meses antes dos dois anos suficientes para que não fosse convocada nova eleição. Acontece que Peixoto resolveu enfrentar os descontentes, nem que fosse com a força, o que lhe gerou o apelido de "marechal de ferro". Decretou estado de sítio, afastou generais da carreira militar e seguiu lutando e presidindo o país. Tinha o Exército a seu favor e a Marinha contra. Os federalistas subiram o tom, Júlio de Castilhos era aliado do presidente, e extrapolaram as fronteiras gaúchas. Liderados por Gumercindo Saraiva, avançaram sobre Santa Catarina e chegaram a tomar Curitiba em janeiro de 1894. Por onde passavam, eram maragatos, eles, contra os pica-paus, os que defendiam o presidente.

A família de Maria Joanna estava alinhada aos federalistas, ou maragatos, como eram conhecidos. O território seguinte à Curitiba, na linha do comércio, era a Lapa. Animada, a tropa de aproximadamente 3 mil homens encontrou uma resistência inesperada. Menos de mil pica-paus, inclusive com poucas reservas de alimentos, seguraram o avanço dos federalistas por exatos 26 dias, dando ao presidente Floriano Peixoto tempo para reorganizar as suas forças e, inclusive com o apoio de São Paulo, sufocar o avanço e depois consolidar a vitória sobre as ambições emancipatórias. O militar mineiro Antônio Ernesto Gomes Carneiro foi quem liderou essa resistência, mas acabou sendo morto. Recebeu a patente de general um dia antes de falecer. Foi enterrado com honras na cidade, seria transformado em nome de praça e ganharia uma estátua. O reconhecimento ao adversário general Carneiro, a perda do irmão e possivelmente também a morte do barão do Serro Azul deixaram Maria Joanna bastante descontente, a ponto dela nunca mais retornar a sua cidade natal.

A morte de Ildefonso Pereira Correia, o barão do Serro Azul, importante empresário, líder e amigo de Manoel Martins de Abreu, foi outro episódio complexo daquele período. Por muitos anos o seu papel não esteve claro. Tentou mesmo foi proteger Curitiba, mas acabou sendo preso e executado no meio de toda a confusão política. O homem que chegou a ser conhecido como o maior produtor de erva-mate do mundo, e com efetiva atuação política, só teria o seu legado resgatado em meados do século XX. Em períodos de enfrentamento, todos os lados perdem.

Além da loja e do clube, Manoel Martins de Abreu teve destacada atuação na Junta Comercial de Curitiba, da qual foi presidente, e na Santa Casa de Misericórdia da cidade, onde atuou como provedor. A história do surgimento do primeiro hospital é interessante e ilustra como era preciso construir as condições para se oferecer à população um mínimo de recursos. Outro fato que assustara muito os habitantes da movimentada Curitiba tinham sido as notícias e os boatos que chegavam sobre a epidemia de cólera, logo após a emancipação da província. O aumento do comércio mundial transportava consigo também doenças. Em 1855, o navio Defensor zarpou do Porto e chegou a Belém trazendo um passageiro clandestino, o vírus cólera-morbo.[12]

12 • Disponível em: <https://agencia.fiocruz.br/estudo-investiga-epidemia-de-colera-morbo-em-pernambuco-

Durante a viagem morreram 36 pessoas e o médico responsável foi alertado para a epidemia, entretanto acreditou ou se deixou acreditar que nada de anormal acontecia, liberando a embarcação. A doença se espalhou rapidamente. Somente na cidade foram relatados mais de mil casos; na província do Pará, mais de 5 mil.[13] A expansão para o Ceará, Pernambuco e Bahia foi rápida, e logo chegou à corte, onde o estrago também foi grande, perto de 5 mil mortes. Esse período marcou a terceira pandemia mundial de cólera; pessoas de várias partes do globo se chocavam ao assistir a doença agir e debilitar as pessoas tão de perto.

A elite que se formava em Curitiba estava bastante preocupada. Como o hospital mais perto ficava em Paranaguá, era hora de agir. Foi sob essa pressão que nasceu o primeiro hospital da cidade, fruto da ação da Irmandade da Santa Casa de Misericórdia de Curitiba, criada três anos antes. O trabalho incansável do médico José Cândido da Silva Murici foi determinante. Ele atendia sozinho na casa com dois quartos na Rua Treze de Maio e ainda encontrava tempo e disposição para buscar doações. Um terreno em frente a um banhado onde décadas depois seria construída a Praça Rui Barbosa só foi conseguido em 1868, e a construção efetiva do hospital levaria doze anos, mais tempo do que o pioneiro teve de vida. O dr. Murici não pôde ver o hospital ser inaugurado, mas inoculou seu espírito de luta naquela obra. O hospital de caridade começou a atender em 1880, com vinte leitos, e cresceu bastante desde então[14].

Esse tipo de instituição sempre conta com a ação da figura do provedor. Quando a instituição celebrou 130 anos, em 2010, o provedor de então, Frederico Unterberger, fez questão de ressaltar a importância dos quarenta provedores anteriores. Manoel de Abreu foi um deles, ocupando o posto durante anos.

-em-1855>. Acesso em: 13 maio 2018.

13 • KODAMA, Kaori; PIMENTA, Tânia Salgado; BASTOS, Francisco Inácio; BELLIDO, Jaime Gregório. *Mortalidade escrava durante a epidemia de cólera no Rio de Janeiro (1855-1856): uma análise preliminar.* Disponível em: <http://www.scielo.br/scielo.php?script=sci_arttext&pid=S0104=59702012000500005-&lng=en&nrm=iso&tlng=pt>. Acesso em: 14 maio 2018.

14 • Disponível em: <http://www.gazetadopovo.com.br/vida-e-cidadania/130-anos-de-misericordia--09m8hr1dgh2clcqopabig31ou>. Acesso em: 14 maio 2018.

O sucesso profissional possibilitava recursos para a vida familiar e para as atividades benemerentes. Os estudiosos da imigração portuguesa destacam que era comum os imigrantes virem para o Brasil em busca de fortuna. Nem todos voltavam, e dos, que voltavam, nem todos tinham alcançado o objetivo. Em algum momento Portugal tentou incentivar a viagem para as outras colônias na África, restringindo a entrada no Brasil. Mesmo depois da proclamação da República, cruzar o Atlântico tinha a sua magia. O Manoel, que levou Maria Joanna para conhecer sua terra natal, além dos fatos já descritos aqui, era também banqueiro. Verdade que numa posição modesta, mas no dia 14 de abril de 1906 estava entre os 110 sócios que fundaram o Banco Commercial do Paraná[15]. Tal instituição, seguindo um movimento de concentração bancária, em algum momento entrou no caminho do Bamerindus, que se tornou o maior banco paranaense, e um dos maiores do Brasil, até enfrentar problemas durante o período de estabilização do Plano Real. Acabou sendo incorporado pelo HSBC em 1997 — "o tempo passa, o tempo voa...".

Precisavam de mais espaço: casa nova antes de mudar para o Rio de Janeiro

Como ditava o costume da época, a primogenitura era aplicada na maioria das famílias. Foi assim que Abílio, o primeiro de Manoel, foi se encaminhando naturalmente para assumir o negócio principal do pai. Ficava claro que a Casa Abreu seria tocada por ele; aos outros filhos se encontraria uma forma de divisão do patrimônio. Ele também passou a morar em cima da loja. Os homens tinham vantagens sobre as mulheres em relação ao estudo. Abílio foi o único deles que não virou advogado, nem engenheiro, nem médico, as ditas três possibilidades para então. João queria estudar e conseguiu apoio do pai para se mudar para o Rio de Janeiro; cursou o Colégio Militar e depois decidiu ser advogado, formando-se no que viria a ser conhecida como Faculdade Nacional de Direito e depois integrar a Universidade Federal do Rio de Janeiro (UFRJ).

15 • WOITOWICZ, op. cit., p. 42. Além de José Fernandes Loureiro, a autora incluiu nominalmente os seguintes sócios: Manoel de Macedo, Augusto Hauer, Manoel Alves Magalhães, Manoel Martins de Abreu, João Egas Garrido, Pretextato Penaforte Taborda Ribas, Guilherme Schack, Antonio Augusto de Carvalho Chaves, Guilherme Xavier de Miranda, Alfredo Tramujas, Augusto Loureiro, Pedro Luiz de Souza Rocha, Agostinho Ermelino de Leão Júnior, André de Barros e Wenceslau Glasser.

Depois de graduado, em vez de voltar para Curitiba, desceu e foi explorar as perspectivas no Rio Grande do Sul, primeiro em Santo Antônio da Patrulha, 80 quilômetros ao nordeste da capital, e depois em Santo Ângelo, que era conhecida como a "capital das Missões", com toda a história do período de domínio espanhol, distante quase 500 quilômetros a noroeste de Porto Alegre.

Em 1915, Manoel, Maria Joanna e os filhos que ainda moravam com o casal mudaram-se para uma casa grande, perto da loja, na esquina das ruas Presidente Faria e Marechal Deodoro, no número 23, na perpendicular de onde em 1934 seria inaugurado um prédio art déco para ser a sede dos Correios e um dos cartões-postais daquele período da cidade.

O casarão tinha um portão de ferro lateral, a escadaria era de mármore branco e as glicínias roxas são lembradas por todos os parentes que viveram ou transitaram por lá. E foram muitos. Eram seis quartos, três salas e outros cômodos. O alçapão na copa levava para um porão habitável e com uma parte destinada a ser depósito de lenha. Do corredor que levava aos quartos saía uma escada para o sótão, também habitável. Era o núcleo dos Abreu, dos residentes e dos que voltavam ou passavam por Curitiba.

O filho mais novo, Mário, seguiu os passos do irmão e foi morar na capital com 13 anos, também para fazer o Colégio Militar e depois a faculdade. Quando perguntado o porquê de escolher a Medicina, costumava brincar: "Papai muitas vezes batia na minha cabeça e emendava 'Como vai, doutor?'". Ficou no Rio de Janeiro até se formar, estudou na Escola Nacional de Medicina, na Praia Vermelha, graduando-se em 1929. Mas Mário não foi sozinho para a capital federal. Manoel de Abreu enfrentava problemas de saúde e, aos 64 anos, cinquenta anos depois, voltava à primeira cidade que o acolhera no País, para procurar um clima mais ameno. Parte da família acompanhou, parte se manteve no Paraná.

O único episódio grave de saúde que encontrei sobre Manoel de Abreu foi uma varíola na infância que deixou marcas no seu rosto, conforme registrado na carteira de identidade que fez em Curitiba, pouco antes de se mudar da cidade. Mas seu quadro se agravou e no dia 6 de abril de 1925, pouco mais de três meses depois de completar o septuagésimo aniversário, aquele moleque corajoso que chegara sem muita perspectiva concreta, crescera longe de seus parentes e tivera que construir uma vida nova e cheia de opções e troca com os outros, faleceu, deixando para Maria Joanna a missão de cuidar do núcleo que tinha criado tão longe de Guimarães. O brasileiro que nascesse na década de 1920 tinha uma expectativa de vida de 34,5 anos, havia muito a mudar no País. Se Maria Joanna nunca voltou para a Lapa natal, voltou para a casa da Presidente Faria, decidiu que Curitiba seria a sua cidade. Duas filhas se casaram na capital federal e por lá ficaram; as duas mais velhas, Rosa e Margarida, as duas com militares. A caçula Helena também se casaria com um aviador militar, João de Almeida, um dos pioneiros da aviação no Brasil e que alcançou a graduação de Marechal do Ar.

"Nós éramos maragatos, perdemos. Como quem conta a história é quem ganha, minha avó nunca mais voltou à Lapa, principalmente porque puseram uma estátua do general Carneiro, que ficou conhecido como herói por resistir ao cerco. Além de adversário, era marido de uma amiga dela que reclamava dele, também porque uma Revolução é um momento em que os olhares pessoais e as perseguições acontecem.
O irmão da minha avó foi fuzilado porque alguém o denunciou, nem político era, coisa de briga local."

A Casa Abreu, sem seu fundador, não conseguiu seguir o ritmo das transformações da cidade e do estado, perdendo importância. O prédio existe até hoje, preservado como patrimônio cultural. Manoel Martins de Abreu consta em alguns registros históricos da cidade e como nome de uma rua num bairro perto do centro. Em reportagem de 2014, o jornal Gazeta do Povo destacou essa via como uma espécie de zona fronteiriça no bairro que foi um dos primeiros a representar o lado menos nobre do progresso, classificando-a como "linha vermelha" de Curitiba. A Vila das Torres foi uma espécie de primeira comunidade carente da cidade, sobreviveu a um esforço de urbanização e voltou a inchar; hoje abriga parte do campus da PUC e outras atividades, mas é também uma região pesada ligada ao tráfico. Nem a bela e empreendedora história do imigrante Manoel Martins de Abreu consegue contribuir, mas, em vida, esse homem fez bastante pela Curitiba que escolheu para receber sua vontade, determinação e espírito de construção. Se o imigrante legou rígidos valores de família ao neto Nelson, este, como se verá a seguir, não incorporou o espírito empreendedor do avô. Nunca sequer abriu uma empresa, mesmo tendo centenas de clientes, e preferiu seguir engenheiro, recebendo pelos serviços prestados, como se diz, como "pessoa física". Mas herdou do avô o gosto por cruzar os oceanos, aventurou-se mundo afora convocado para avaliar uma barragem em algum ponto de algum continente, participar de alguma junta de consultores em outro, e algumas atividades adicionais. Se o avô Manoel saiu de Guimarães para conquistar Curitiba, o neto Nelson saiu de Curitiba para espalhar seus conhecimentos de engenharia em muitos cantos onde o homem utilizou a força das águas na geração de energia elétrica.

Os Souza Pinto, também portugueses, mas não tão próximos

Nas pesquisas descobri que foi escrito um livro sobre uma família Souza Pinto, mas nenhum exemplar foi localizado, nem em tempos de Google. Sequer se sabe se foi uma edição comercial ou algum protótipo, mas a causa do desaparecimento merece algumas linhas. Em determinado momento um Souza Pinto casou com uma Corrêa. Em tempos passados, devido ao pouco rigor dos registros, e ao costume de se casar entre parentes e colocar nomes parecidos, não consegui fazer conexão com os Souza Pinto desta história. A possibilidade de acesso a uma das maiores heranças do mundo fez com que alguém utilizasse o tal livro para tentar provar a ligação com Domingo Faustino Corrêa. Esse português fez fortuna no sul do País e recebeu o título de comendador de dom Pedro II. Casou-se com Leonor Maria, mas não tiveram filhos. O testamento aberto quando da sua morte, em 1873, continha trechos ambíguos, segundo os quais os bens retornariam aos seus descendentes diretos depois que fossem usufruídos até pela quarta geração de suas "crias", como chamava os filhos tidos com escravas. Ou seja, depois de muitas décadas, uma fortuna poderia ser reclamada por descendentes de sobrinhos e outros parentes legais. Para voltar à história do Nelson, basta dizer que o caso foi relatado em vários jornais, tido como o mais longo processo da história do judiciário brasileiro — mais de 130 anos, segundo matéria da *Folha de S.Paulo* de 2005[16], que também estima em mais de 100 mil pessoas se candidatando à herança, além de revelar que o processo ocupava uma sala inteira do Fórum do Rio Grande (RS) e gerava discussões e solicitações em vários países da América do Sul. Um jornal paraguaio chegou a escrever "maior herança do mundo é repartida no Brasil", mas ninguém, nem mesmo o Estado, que vislumbrava alguns impostos, ficou com o que Domingos gerou. A família de Nelson em nenhum momento se envolveu nesta fantasiosa caça ao tesouro.

O avô Constante de Souza Pinto, sim, com "z" — apenas o filho Nelson, e descendentes teriam os seus nomes grafados com "s" —, nasceu no dia 8 de maio de 1853 em Paranaguá. Era filho de Brígida Leondina e do também Constante de Souza Pinto. Casou-se em 16 de setembro de 1886 com Francisca Pereira Corrêa, irmã de Leocádio José Corrêa, importante médico da região. Na sua cidade natal foi agente dos Correios e Telégrafos e fundador do Clube Literário. Vale lembrar que em 1872 a cidade litorânea tinha 11.299 habitantes e Curitiba, apenas 431 pessoas a mais. São José dos Pinhais tinha 10.179 e a cidade mais populosa do estado era Castro, na região dos Campos Gerais e no caminho dos tropeiros entre Viamão e Sorocaba, com 18.777 habitantes. Moravam nos municípios paranaenses 126.722 pessoas, sendo, dessas, 10.560 ainda submetidas ao regime da escravidão. Em dezoito anos a situação mudou drasticamente. A população total quase dobrou para 249.491 habitantes. Paranaguá deixou de ser a terceira cidade mais populosa do estado, com sua população aumentando para 11.794 pessoas, nem 500 pessoas a mais, e Curitiba viu sua população mais do que dobrar, 24.553 habitantes, enquanto a vizinha do Planalto passou a ter 17.122 habitantes, mesmo número do que a Lapa. Castro enfrentou uma migração, contando então com 10.319 pessoas, sendo ultrapassada também por Rio Negro, Guarapuava, Campo Largo e Tibagi.

Constante seguiu essa mudança. Em Curitiba, trabalhou como caixa do Banco Inglês, posição de responsabilidade e prestígio na época, e também fez política, elegendo-se vereador. Foi até presidente da Câmara. Seu nome consta como integrante da Casa entre os anos de 1912 e 1920. A Câmara dos

16 • Disponível em: <http://www1.folha.uol.com.br/fsp/mundo/ft2108200518.htm>. Acesso em: 16 maio 2018.

Vereadores não tinha uma sede fixa; a primeira, junto à prefeitura, foi inaugurada em 24 de fevereiro de 1916. Até então nenhum prédio da cidade possuía elevadores; os de lá atendiam os seus três pavimentos. Em cada uma das duas colunas de uma espécie de torre central havia uma estátua de Hércules, representando os dois poderes municipais, o legislativo e o executivo.

Das medidas tomadas no período, uma importante foi a divisão da cidade em três zonas, como se fossem anéis concêntricos. A primeira, central, era considerada residencial e concentraria as reformas de pavimentação, além de receber maior rigidez na fiscalização e dar preferência às estruturas de alvenaria. A segunda zona era industrial, e a terceira, mais distante do centro, reservada para os operários e sitiantes. Para quem conhece a cidade, no início do século XX, os bairros do Portão, Seminário e Juvevê abrigavam os funcionários das indústrias e quem explorava a subsistência agrícola. Também data daquela gestão, além da doação de um terreno para a recém-criada universidade, outra livre exploração da energia elétrica como força-motriz[17]. Além dessas atividades, Souza Pinto foi ainda coronel da Guarda Municipal.

Constante e Francisca tiveram muitos filhos: César, Constante, Janguinho, Sinhara, Nenê e Lila. César foi um apreciador de ópera e, quando podia, metia-se num trem até São Paulo se deliciar com as árias ou seguia a tradição de no carnaval ir para a terra do pai em busca de um saboroso barreado. Mas o mais folclórico parece ter sido o Janguinho. Funcionário público, na época em que esses trabalhavam apenas meio período, do meio-dia às 6h da tarde, foi um bon vivant. Chegou aos 86 anos, e era adepto de uma mesa de jogo no Curitibano e de uns goles para se divertir. Quem conta é a sobrinha-neta Ilze Eliane Muradás, filha de Mozart Corrêa de Souza Pinto e Ismênia Ribas Pinto. Mozart era um dos filhos de César.

Francisca havia falecido cedo e Constante, depois de algum tempo, casou-se novamente com Agar Pereira. Tiveram mais três filhos: Lili, Dadá e Nelson de Sousa Pinto. Ninguém soube explicar por que o filho passou a ter o nome grafado com "s" e não o com o "z" do pai, mas a mudança se confirmou para as gerações seguintes. O caçula nasceu no dia 5 de setembro de 1902 e era tido como muito inteligente, mas infelizmente não sobraram muitas his-

17 • Disponível em: <https://www.cmc.pr.gov.br/ass_det_print.php?not=26179>. Acesso em: 20 maio 2018.

tórias de sua infância. Apesar da seriedade e da boa presença na sociedade, não se pode dizer que os Souza Pinto tivessem acumulado patrimônio, mas contaram com o suficiente para que Nelson fosse estudar engenharia no Rio de Janeiro. Voltando para Curitiba, foi aprovado para função na prefeitura e se enamorou pela oitava filha de Manoel Martins de Abreu e Maria Joanna Braga de Abreu. Casaram-se no dia 26 de janeiro de 1931 e foram morar a alguns quarteirões do casarão dos Abreu, na Rua Cabral. Em Curitiba quase tudo ainda era perto. Nelson de Sousa Pinto era o pai que brincava de trenzinho com o filho mais velho no início deste capítulo.

Fig. 3. Sand bed after test. View from downstream, at side.
Fig. 4. Typical erosion. View from upstream.
Fig. 5. Waves passing model at right angles to flow. Reflection is minimized by "beach" of inclined boards at far side of flume.
and slop
was then
from both
the by-pass
from upstrea
the desired va
at regular inter
the run the flow
drawn down so as
during the test.
Run 1.
Flow characteristi
Discharge
Depth
Velocity
Duration
Sand feeding at upstream end
The structure was placed with
current and the lower horizontal bars
water level was about 0.03 ft below the
Isolated scour holes developed rapi
stayed isolated up to the end of the run. T
tendency to coalesce around the four central
downstream of the central piers did not prese
depths varied from 0.07 ft to 0.10 ft. Figures
configuration of the scour.
Run 2.
During the second run:

2 – Dois filhos de engenheiro, uma infância que seguia tranquila

A Curitiba dos anos 1920 e 1930 era uma cidade muito diferente da atual oitava cidade mais populosa do País, onde vivem perto de 2 milhões de habitantes orgulhosos por morarem numa referência em urbanismo e sinônimo de integração com o meio ambiente. Uma metrópole pujante que reforçou sua industrialização e a economia de serviços, e, por sediar a 13ª Vara Federal Criminal, especializada em crimes financeiros e lavagens de ativos, ganhou, nos últimos anos, um destaque enorme na mídia num momento em que o País tenta passar a limpo sua história e seus valores.

O estado já havia deixado para trás as atividades de mineração e agricultura de subsistência, que o sustentaram até o século XVII, a ligação com a pecuária e o movimento dos tropeiros dos séculos seguintes, e dependia então da erva-mate, chegando a ser o maior exportador mundial do produto. As estradas de ferro tinham contribuído muito para que o desenvolvimento se espalhasse para algumas regiões, facilitando o transporte dos fardos, que chegavam a pesar 200 quilos, para os engenhos a fim de serem processados. Se, antes da Primeira Guerra, Curitiba tinha 60.800 habitantes, sendo a 33ª mais povoada do Brasil, alguns anos depois de acabar o conflito a população havia crescido para 78.986, subindo à 27ª posição. Eram 5.700 prédios, grande parte deles em madeira, espalhados por 240 ruas, 23 avenidas, 25 praças, dez largos e dez travessas. Dos prédios, apenas 53% possuíam ligação de água e esgoto. Foi numa cidade não muito maior do que isso que o jovem engenheiro Nelson de Sousa Pinto veio a trabalhar. A crise de 1929 também atingira duramente a região, sendo cruel com a economia da erva-mate, que representava cerca de 85% dos negócios. Outro segmento importante, a madeira — os pinheiros nativos da região haviam ocupado o espaço deixara quando, na guerra, o pinheiro de riga deixara de ser importado —, também sofreu, mesmo que novas rodovias tivessem permitido que as serrarias se espalhassem pelo estado.

Questões políticas impediram a realização do Censo de 1930 e, até a década seguinte, a cidade praticamente tinha dobrado de tamanho e já era então a 12ª mais populosa do País, com 140.656 habitantes. Quanto mais gente, maiores são os desafios para oferecer qualidade de vida e racionalização, porque na história do Brasil, de norte a sul, os recursos financeiros sempre foram escassos, embora não tenham faltado recursos naturais a serem explorados. O agito político fez com que a cidade tivesse, durante a curta carreira de Nelson como engenheiro da prefeitura, nada menos do que dez prefeitos, embora ele tenha sido contratado e depois saído de licença sob um mesmo ocupante, o também engenheiro João Moreira Garcez. Este, ao encerrar o seu primeiro ciclo na prefeitura, de 1920 a 1928, iniciou, como empresário, em 1929, a construção do primeiro arranha-céu da cidade, e o terceiro do Brasil. O prédio que leva o seu sobrenome, em estilo *art déco,* transformou-se num dos ícones da capital, e seus nove andares foram um desafio para a engenharia de então.

Décadas para ser reconhecida como universidade

A engenharia e a universidade são dois temas importantes deste livro. Por isso vale a pena ressaltar um tanto da história do pioneirismo na criação da primeira universidade do Brasil. Sabe a disputa entre brasileiros e americanos para definir quem inventou o avião? Santos Dumont ou os irmãos Wilbur e Orville Wright? Há um quê disso no título de primeira universidade do Brasil. Alguns mais práticos insistem que não foi a Universidade do Paraná, criada em 1912, e sim a Universidade do Brasil, criada no Rio de Janeiro em 1920. De toda forma, a história serve para ilustrar que educação nunca foi de fato a prioridade do País. Em termos mundiais, o rótulo de primeira universidade é disputado pela Al-Karaouine, fundada em Fez, no Marrocos, em 859; Al-Azhar, fundada no Cairo em 988 e a Universidade de Bolonha, fundada na cidade italiana em 1088, ou seja, algumas já milenares quando o Brasil passou a se dedicar à formação superior. Verdade que já existiam faculdades pioneiras em alguns pontos do Brasil. No início do século XIX, a capital federal, Salvador, Recife e São Paulo passaram a oferecer cursos superiores.

O historiador e jornalista José Francisco da Rocha Pombo nasceu em Morretes e tinha ido para a capital federal se formar em Direito. Transformou-se num abolicionista e republicano e defendeu esses dois movimentos nos jornais dos quais foi proprietário em cidades paranaenses. Foi político e tentou, em 1892, criar a primeira universidade do Brasil. Não conseguiu, assim como também não conseguiu tomar posse na Academia Brasileira de Letras no ano de 1933, falecendo pouco depois da sua eleição. Mas tal fato permite entender a extensão da sua atuação e prestígio como intelectual. Quando, em 1911, a reforma que levou o nome de Lei Rivadávia permitiu o ensino livre, não oficial no País, ele apoiou Vitor do Amaral e Nilo Cairo e foi lançada, em 19 de dezembro de 1912, a pedra fundamental do edifício que abrigaria a Universidade do Paraná. A guerra atrapalharia a construção do prédio e os planos da universidade. Se a partir de 24 de março de 1913, num prédio alugado à Rua Comendador Araújo, 96 alunos passaram a assistir às aulas proferidas por 26 professores nos cursos de Ciências Jurídicas e Sociais, Engenharia, Medicina e Cirurgia, Comércio, Odontologia e Farmácia e Obstetrícia[1], a partir de 1915, com uma nova reforma federalizando de novo o ensino superior e impedindo a existência dele em cidades com menos de 100 mil habitantes, a luta passou a ser pela preservação das faculdades.[2]

O prédio na Praça Santos Andrade, concluído apenas em 1919, manteve desde sempre a inscrição sobre as colunas: "Universidade do Paraná". Não foi por falta de tentativa, mas tal insígnia só seria novamente verdade em 6 de junho de 1946, quando o interventor do estado, prof. Brasil Pinheiro Machado, e

1 • Disponível em: <http://www.ufpr.br/portalufpr/historico-2/>. Acesso em: 25 maio 2018.

2 • WACHOWICZ, Ruy Christovam. ***História do Paraná***. Curitiba: Editora dos Professores, 1967. p. 138-139.

o ministro da Educação, Ernesto Souza Campos, um dos fundadores da Universidade de São Paulo, restauraram oficialmente a universidade, que naquele momento já abrigava 2.033 alunos. Em 1950, durante a reitoria do prof. Flávio Suplicy de Lacerda, a universidade foi federalizada. Naquele momento, o Nelson Luiz, o menino que brincava de trem com o pai, já ganhava o direito, como primeiro aluno da turma, ao curso gratuito no segundo ano de engenharia, que se confirmou com a federalização e a gratuidade automática, consequentemente, trazendo um alívio bem-vindo às contas da família. Hora de voltar para a história dele. Antes, relevante dizer que o Hospital das Clínicas veio em 1953, o Complexo da Reitoria em 1958 e o Centro Politécnico em 1961, a pouco mais de 5 quilômetros do prédio original e onde seria expandido o Cehpar (Centro de Hidráulica e Hidrologia Professor Parigot de Souza), outro importante componente desta história.

Uma infância simples

A união entre Stella e Nelson se deu num Brasil diferente do que os seus ascendentes portugueses conheceram. Depois da proclamação da República e dos dois primeiros presidentes militares, praticamente se iniciou o período que ficou conhecido como "política café com leite", referência à predominância de oriundos dos estados de São Paulo e Minas Gerais no poder. Alguns pecuaristas eram fortes, mas fortes mesmo eram os barões paulistas do café. Dos onze presidentes eleitos para o que ficou conhecido como República Velha, seis eram de São Paulo e três, mineiros. A crise de 1929 havia piorado o descontentamento. Na presidência de um paulista nascido em Macaé, no Rio de Janeiro, Washington Luís Pereira de Sousa, resolveu-se que não era o momento de um mineiro assumir o revezamento e apostava-se que, dado o enorme peso alcançado pelo estado, nada mais natural que o seu presidente, Júlio Prestes, fosse o candidato da situação. Claro que o mineiro da vez não concordou, aliou-se aos presidentes dos estados do Rio Grande do Sul e Paraíba e foram todos enfrentar o candidato do governo.

Getúlio Vargas havia cumprido um importante papel na consolidação da paz entre os dois lados na nova revolta gaúcha. As disputas entre os maragatos e pica-paus, que chegaram até a Lapa e traumatizaram a mãe de Stella, tinham eclodido novamente em 1923. Antes de ser governador, tinha até sido ministro da Fazenda de Washington Luís e assumira o protagonismo da oposição, tendo João Pessoa, da Paraíba, como vice e, além dele, apenas o apoio de Antônio Carlos Ribeiro de Andrade. O Getúlio de então gestava o futuro líder que seria. Não se intimidou ao chegar ao Rio de Janeiro em 2 de janeiro de 1930 como candidato da Aliança Liberal e discursou para uma multidão estimada em 100 mil pessoas. Leu tranquilamente 31 páginas de discurso, insuficientes para, no dia 1º de março, vencer o candidato da situação. Vargas perdeu para Prestes por quase 350 mil votos num universo votante de 1.900.256 brasileiros. Ele se conformou com a derrota, mas nem todos os seus aliados o seguiram. A situação ficou tensa e eclodiu com o assassinato de João Pessoa, o estopim para a revolução de 1930. Júlio Prestes não assumiu, sequer Washington Luís concluiu seu mandato. Uma junta provisória entregou o poder a Vargas, que estava ciente de que, se convocasse eleição, correria o risco de não levar. Vargas conduziu então o governo de modo a ser reeleito de forma indireta em 1934, prometendo eleições, aí, sim, diretas para 1938. Prometeu e não cumpriu. Após a primeira tentativa de nomear Mário Alves Monteiro Tourinho para governar o Paraná, Vargas foi buscar em Santa Maria, no Rio Grande do Sul, um paranaense que tinha se destacado pela capacidade de gestão. Manuel Ribas assumiu o estado em 30 de janeiro de 1932 e ocupou essa posição até novembro de 1945.

Não foi apenas Manuel Ribas que voltou para o Paraná. Mário de Abreu, após a formação na capital, havia retornado para Curitiba, de onde se ausentaria por cerca de um ano, entre 1937 e 1938, quando decidiu investir o que havia economizado na carreira para realizar um estágio de aprendizado e prática na Alemanha, mostrando o quanto era um médico dedicado à formação e disposto a colaborar com o avanço do estado também no âmbito da saúde. Em julho de 1930 havia sido nomeado médico da Irmandade de Misericórdia da Santa Casa de Curitiba, em 1933 foi um dos fundadores da Associação Médica do Paraná e, em 1936, antes de partir para a Alemanha, foi aprovado como catedrático na Faculdade de Medicina. Ganhou, tempos depois, o apelido de "bisturi de ouro", sendo até os dias de hoje reconhecido como um dos principais médicos da história do Paraná.

Na sexta-feira santa de 1932, num 25 de março, na casa da Rua Cabral, nasceu o primeiro filho de Nelson e Stella. A única hesitação da mãe, que também queria homenagear o marido, é que não existia, e até hoje não existe, nenhum São Nelson. A solução foi um nome composto: o escolhido foi Luís, embora o escrivão tenha grafado com "z". Naquela época existiam dois santos com esse nome, o Gonzaga e o de França, este o antigo rei Luís IX. O mais celebrado no Brasil era o primeiro, de família italiana. Canonizado em 1726 pelo papa Bento XIII, é tido como o padroeiro dos jovens e dos estudantes. E que estudante seria o menino que não incorporou nenhum sobrenome materno: Nelson Luiz de Sousa Pinto. Para Stella e algumas irmãs, sempre Nelson Luiz, para os outros, Nelson.

Naquele fim de semana estreava nos cinemas do País um filme dirigido por William Wyler: *A Casa da Discórdia*. A película tinha como protagonista o canadense Walter Huston. Walter foi um ator importante, ganhador do Oscar de Melhor Ator Coadjuvante em 1948 por sua atuação em *O Tesouro de Sierra Madre*. O filho de Walter, John Huston, seguiu os passos do pai e também se destacou no cinema, como ator e principalmente como diretor. No discurso de agradecimento do prêmio, um orgulhoso Walter se dirigiu à Academia e ao filho, brincando que havia dito ao rapaz: "Se você se tornar um diretor, não se esqueça de me arranjar um bom papel". O garoto nascido em Curitiba não teria hesitado um minuto sequer em encontrar um ótimo papel para o pai, até hoje fala dele com bastante orgulho. Para os que conhecem a história do cinema, Nelson nunca deixou nenhum traço de rebeldia dominar sua ação, muito pelo contrário, como aconteceu com Huston.

O lar dos Sousa Pinto era austero. Havia amor, não se sentia falta de nada, mas tampouco havia grandes sobras. Era uma vida mais dedicada ao trabalho e à família. Antes de completar o seu segundo aniversário, Nelson ganhou um irmão. No dia 19 de dezembro de 1933 nasceu outro menino, Carlos de Sousa Pinto, que seguiria os passos do pai. Não ganhou nome duplo, também ficou apenas com o sobrenome do progenitor e coube a ele homenagear um santo italiano que foi arcebispo de Milão e canonizado pelo papa Paulo V em 1610, São Carlos Borromeu, tido como o padroeiro dos catequistas.

A proximidade no nascimento se manteve ao longo da vida, desenvolvida depois de adultos e pós-graduados em cidades diferentes. Conviviam bem, brincavam juntos, mas o fato de Nelson estar à frente de Carlos na escola fez com que também tivessem amigos diferentes. Os dois são apontados quase unanimemente como possuidores de mentes privilegiadas, sendo o mais velho um pouco mais aberto e extrovertido, na visão de ambos.

Nelson lembra que tinha um vizinho que classificava como rico. A grande diferença era que o vizinho Luís Geraldo possuía uma bicicleta, e eles não. Eram tempos em que o consumo era restrito, as brincadeiras eram em grupo e em família, e na maioria das vezes com coisas simples, inventadas, fantasiadas. As residências também tendiam a ser austeras, não havia grandes luxos. Na casa dos Sousa Pinto, como em outros lares brasileiros, era fundamental receber os "paralelepípedos" de gelo, que eram acondicionados nas geladeiras da época, caixas de parede dupla, para ajudar na conservação de alimentos, além da tradicional banha de porco. Curitiba não dispunha de fornecimento abundante de energia elétrica, Nelson ainda era uma criança...

> "Meu pai foi fazer faculdade no Rio de Janeiro, era um tipo muito capaz, conheci pouco, mas tinha fama em Curitiba, era respeitado, deixou influência grande na prefeitura, foi importante, mas morreu muito jovem para aparecer na história."

As famílias costumavam se reunir diante do eletrodoméstico que levava tanto informação quanto entretenimento: o rádio. Esporte sempre foi assunto para os Sousa Pinto. Um dos ídolos do Nelson na infância foi o piloto italiano, depois naturalizado argentino, Carlo Maria Pintacuda, que arrebanhou torcedores por aqui entre 1936 e 1938. Era piloto da Alfa Romeo e, além do sucesso na tradicional Migle Miglia, disputada entre Roma e Bréscia, sua terra natal, participou de uma prova de rua no Rio de Janeiro que marcou época: o Circuito da Gávea. Por meio de um vídeo no YouTube é possível assistir à edição de 1937[3] e perceber como a prova — se narrada por um locutor que soubesse

3 • Disponível em: <http://ruiamaraljr.blogspot.com/2012/12/carlo-maria-pintacuda.html>. Acesso em: 29 maio 2018.

mexer com os sentimentos das pessoas — proporcionava um bocado de emoção. A largada era em plena Marquês de São Vicente, tudo na rua, sem sequer um *guard rail* extra além dos que a prefeitura julgava necessários para proteger os motoristas que dirigiam seus carros em velocidade bem inferior, e também sem nenhuma proteção adicional ao público que se espalhava pelas calçadas, algumas vezes inclusive invadindo a rua/pista. Eram quase 11 quilômetros de um trajeto que incorporava, entre as suas cem curvas, as que têm o morro Dois Irmãos de um lado e o mar do outro, e vários tipos de piso. Em 1937 Pintacuda era o piloto da Ferrari, a equipe da Alfa Romeo, e venceu, para delírio dos torcedores, o alemão Hans Stuck, da poderosa equipe Auto Union, já então associada ao movimento que mostraria um lado menos nobre do ser humano ao mundo, sob chuva. Pintacuda repetiu a vitória no ano seguinte. O brasileiro Chico Landi detém o recorde de volta mais rápida do circuito — que ganhou o apelido de "Trampolim do Diabo" — e venceu a prova três vezes na década de 1940. Mas na memória do Nelson ficou o Pintacuda. Eu fico me perguntando como teriam sido as disputas entre Senna e Prost num circuito como esse... Depois de adultos, os irmãos Sousa Pinto costumavam assistir às corridas do ídolo brasileiro tricampeão da Fórmula 1 aproveitando esses comentários para fazer o contato telefônico semanal.

Mas acidentes mesmo quem sofria era o Nelson na infância. Não raro ganhava um adorno em alguma parte das pernas, na maioria das vezes uma simples faixa, nunca chegou ao gesso. Não à toa o chamavam de "João Borracha", tanto que caía e se ralava ou machucava, sem parar.

Tempos sombrios: lá fora uma ditadura, uma guerra e, em casa, a doença

Os profundos reflexos da crise de 1929, quando, depois de um período de euforia especulativa a bolsa de Nova York colapsou, quebrando várias empresas e levando a economia americana a uma recessão que durou mais de uma década, impactando todo o comércio global, que entrou num momento de não cooperação e tentativa de defesa de seus mercados particulares, levaram cidadãos de vários países a acreditarem na necessidade de intervenções mais fortes de um estado centralizado. Numa Alemanha anteriormente danificada por uma guerra e sofrendo os impactos de uma hiperinflação, foi possível o crescimento de Adolf Hitler e seu movimento nazista. Na Itália, Benito Mussolini também se impunha sobre um país sofrido. E, no Brasil, tais movimentos faziam eco. Um dos indicativos foi a criação, em 1932, da Ação Integralista Brasileira (AIB), movimento que recebia ajuda financeira da embaixada da Itália e contava com a simpatia de uma classe média preocupada com o rumo econômico da situação e de imigrantes dos países europeus onde o movimento crescia. Não chegou a ser expressiva em números — a estimativa é que em 1937 reunia entre 100 e 200 mil adeptos, num país com uma população de 40 milhões de habitantes.[4] Mas eram barulhentos e vieram num momento em que a Constituição de 1934 havia limitado o poder de Vargas mais do que ele gostaria.

Quem cresceu mais e mais rápido foram antigos aliados, que ou não o tinham acompanhado ou já estavam descontentes com o governo de Vargas. Criaram a Aliança Nacional Libertadora (ANL), uma facção dos tenentes, tementes do crescimento dos fascistas, com outros setores descontentes da população que pregavam: suspensão definitiva do pagamento da dívida externa, nacionalização dos serviços públicos, reforma agrária, aumento dos salários, garantia dos direitos e das liberdades individuais — inclusive a religiosa — e o combate ao racismo.[5]

A plataforma atraía populares. O Partido Comunista era pequeno, mas mostrava capacidade de articulação. Foram anos de manifestações que levaram Vargas, quando o líder Luiz Carlos Prestes sugeriu a tomada do poder por armas, a fechar a ANL e colocá-la na ilegalidade. Se o clima na Europa seguia quente, por aqui também. Depois de movimentos em vários estados, o presidente conseguiu tirar do Congresso um estado de sítio, logo após ampliado para estado de guerra. É claro que as eleições programadas não aconteceram. Para tornar seu plano mais factível, em 10 de novembro de 1937 o presidente outorgou uma nova Constituição e iniciou o período ditatorial conhecido como Estado Novo, ou Era Vargas.

---

4 • SCHWARCZ, Lilia; STARLING, Heloisa. ***Brasil***: *uma biografia*. São Paulo: Companhia das Letras, 2015. p. 368

5 • Ibidem, p. 369.

Na Europa a situação somente se agravava, e em 1939, após a Alemanha ter invadido a Polônia, recebeu da França e dos países do Império Britânico a declaração de guerra. A conjuntura acabou se alinhando em dois grupos, Aliados x Eixo. Os governos não diretamente envolvidos tentavam encontrar alguma maneira econômica de se proteger ou ainda tirar algum proveito. Foi a maior guerra da história humana e o foco deste livro não é explicá-la, apenas dar o seu contexto para a história do Brasil e seus impactos na vida dos Sousa Pinto em Curitiba.

O Brasil seguia sofrendo a distância o choque do conflito, sendo pressionado para participar mais diretamente. A pressão aumentou depois que os japoneses, integrantes do Eixo, atacaram a base militar de Pearl Harbor, no Havaí, colocando os americanos no conflito de forma direta. Os americanos já tinham se transformado nos grandes parceiros comerciais do Brasil e foram intensificando a pressão para que o País também enviasse tropas para o conflito armado, o que acabou acontecendo em 1944.

Se no front externo a guerra era violenta — as estimativas ficam entre 40 e 72 milhões de mortos —, na jovem residência dos Sousa Pinto o adversário — as células infectadas — não dava descanso ao corpo do pai de Nelson e Carlos. A mielite transversa é uma doença neurológica, ainda hoje rara, de natureza inflamatória, que pode ser decorrência de infecções virais ou bacterianas, ou ainda se manifestar isoladamente, sem nenhuma causa correlata ou como um descontrole do sistema autoimune. A inflamação da espinha dorsal, se não debelada, tende a comprometer os movimentos; em um terço dos casos, é o que acontece. Foi um período muito difícil. Nelson foi percebendo seu corpo reagir de forma mais lenta aos comandos cerebrais. Imagino que para um engenheiro é sempre mais complexo não dominar a lógica do problema. Stella viu aumentar sua demanda caseira, foi quem efetivamente deu apoio ao marido, cada vez mais dependente e demandante. Nem o fato de ser cunhado de um médico como Mário de Abreu o ajudou a encontrar uma solução. As crianças, que naquele tempo tendiam a ficar mais distantes das questões adultas, foram poupadas. Passavam poucas vezes por dia no quarto, mais para dar um beijo no pai, e eram estimuladas a tocar a rotina de brincadeiras e bastante estudo. Muito depois se deram conta de que a experiência do pai na engenharia poderia ter rendido muitas conversas e conselhos nas décadas seguintes. Nelson era querido na prefeitura, atuante. Ele e Stella ganharam dos colegas funcionários um presente pouco comum: um corte transversal de trilho, transformado em peso de papel e que foi retirado de um poste em frente ao portão da casa dos Abreu. Isso mesmo, os colegas brincavam que o casal não podia se esconder no escuro, já que o poste de luz ficava bem diante da casa da noiva... Lá eles se apoiavam algumas vezes e alguém teve a ideia, quando os postes foram padronizados para outro material, de serrar exatamente um pedaço daquele que servia de pilar de base da iluminação, em frente à casa de Stella, serrando, polindo e cromando, o que passou a segurar papel ou então um objeto de recordação na biblioteca do filho, como pode ser visto nas fotos deste livro. É guardado com carinho até hoje. Existem presentes de casamento mais sofisticados que não duram muito. O filho mais velho tratou de preservar também a escrivaninha de madeira na qual ainda trabalha, mais de setenta anos depois, no escritório do apartamento, e um jogo de sofá de sala de estar, acolhendo a família e as visitas.

A esperança foi sumindo do horizonte de Stella e dos filhos. No sábado, 8 de março de 1941, enquanto Londres sofria para se defender de novo ataque alemão, o sistema imunológico do engenheiro Nelson sucumbia à doença, levando consigo lembranças dolorosas do período e marcando para sempre a vida daqueles dois meninos que, por afinidade de personalidade, herança da capacidade de processamento mental ou inspiração, também se tornariam engenheiros.

Na tentativa de reorganizar a vida, baixar um pouco a poeira e afastar a dor, Stella pegou os dois filhos e foi enfrentar um clima mais frio em Santo Ângelo, na casa de seu irmão mais velho, João, que tinha desenvolvido uma bem-sucedida atividade advocatícia na cidade. Além da intensa demanda de cuidar de um marido na cama, a doença deixara algumas sequelas de desentendimentos com a família dele. Estes, menos católicos, queriam que Nelson se submetesse a tratamentos espirituais menos ortodoxos, fato que não agradava à religiosidade da família Abreu e acabou por criar uma espécie de barreira entre os dois lados, com o tempo abrandada. A estadia no Rio Grande do Sul foi um respiro oportuno que ajudou a aliviar as tensões e não atrapalhou a vida escolar dos meninos, ainda muito jovens. Nelson estava no terceiro ano primário, Carlos no primeiro. Eram bons alunos e se lá no interior a escola começava no quinto ano, eles frequentaram as aulas com o pessoal mais velho mesmo, para não ficar sem ter aonde ir. Em alguns meses estavam de volta a Curitiba, recorrendo à inteligência para assimilar a matéria dada e com Stella determinada a criar filhos que não se compadecessem de si mesmos, que não se sentissem inferiores por terem perdido o pai. Estava disposta a fazer de tudo para que eles seguissem vida normal, até mesmo a abrir mão da sua própria individualidade — ela se fechou emocionalmente. Nelson fez falta. Além da saudade na família, do vazio nos filhos, deixou, tempos depois, seu nome impresso nas placas de uma rua com quase 2 quilômetros de extensão no bairro de São Lourenço. É uma via pacata, não muito larga e que, para quem a pega vindo da extensa e agitada Mateus Leme, a primeira placa que vê é a limitação para o tráfego de caminhões acima de 10 toneladas.

ASCE ENERGY DIVISION OCT. 1980
NO.EY2. ASCE ENERGY DIVISION MAY 1981
L. 107 NO.EY1. ASCE ENERGY DIVISION
VOL.99 NO.PO1. ASCE POWER DIVISION MAY 1973
VOL.104 NO.PO2. ASCE POWER DIVISION APRIL
ASCE POWER DIVISION JULY
ASCE POWER DIVISION JAN.
ASCE POWER DIVISION NOV.
ASCE POWER DIVISION MAY
POWER DIVISION OCT.
POWER DIVISION MAR. 1967
NO.PO2. ASCE POWER DIVISION JUNE 1972
L.98 NO.PO1. ASCE POWER DIVISION JULY
OL.97 NO.PO3. ASCE POWER DIVISION
ASCE POWER DIVISION MAR. 1971

3 – Tempos de recuperação — juventude na casa da vó

Quando Stella, Nelson Luiz e Carlos retornaram de Santo Ângelo, já estava decidido que iriam morar no casarão de Maria Joanna, na esquina da Presidente Faria com a Marechal Deodoro. Seria mais sensato para aquela família, não eram tempos em que as mulheres tivessem o costume de sair em busca de renda, ainda mais com filhos pequenos, de 7 e 9 anos. A ajuda de João tinha sido importante. Agora, de novo em Curitiba, dois tios se aproximariam bastante: Mário, o irmão mais novo dela e Othon Mader, marido de Olívia. Othon era de uma família tradicional da cidade, de origem suíça; também tinha se formado em engenharia no Rio de Janeiro e, na volta, aberto um escritório de topografia, entre outras atividades. Os Mader e os Abreu eram próximos. Os filhos de Nicolau Mader, entre eles Othon, brincavam com os filhos de Manoel de Abreu, entre eles Olívia. Acabou dando casamento só entre esses dois, mas as crianças brincaram juntas por mais de uma geração. O sítio dos Mader não cresceu, mas a cidade sim. Foi estrangulando a propriedade que ficava no centro, quase em frente de onde hoje é o Santuário de Nossa Senhora de Guadalupe, na Praça Senador Corrêa. Aos poucos o sítio virou lucro.

A cidade tinha crescido; a população, quase dobrado. Os registros apontam que os mais de 33.000 metros quadrados de calçamento de paralelepípedo serviam de leito para 2.047 automóveis, 713 caminhões, 182 ônibus, 256 motocicletas e 6.918 veículos como carroças, charretes, bicicletas e carrinhos de mão. A pavimentação total alcançava mais de 1 milhão de metros quadrados[1]. Se por um lado esses números demonstram vigor e crescimento, por outro asseguro que não são exatos e, que apesar de todo o progresso, Curitiba ainda era uma cidade onde os meninos podiam pilotar os seus patinetes e os seus remos em plena rua, sem nenhum acidente. Ora usavam as calçadas, ora o leito das vias mesmo, estivessem se deslocando de maneira mais recreativa, estivessem competitivamente disputando entre eles. É possível que o tal remo do Nelson — um veículo de quatro rodas cujo mecanismo de movimento era um par de remos e uma engrenagem — na cabeça dele estivesse mais para o Alfa Romeo do Pintacuda. Ele não lembra quem era o mais veloz da turma, mas acredita que as disputas eram equilibradas. O equilíbrio também era visto no maior luxo da juventude, a mesa de pingue-pongue montada no quarto da esquina, no porão. Era usada nos horários de folga e quando alguns fugiam da aula para treinar e se divertir, até nos tempos da universidade. A desculpa era que as raquetadas na bolinha desenvolviam concentração e acuidade visual, aspectos fundamentais na juventude...

Também chutavam bastante bola — ele faz questão de dizer que não era jogo de futebol. Se a casa era grande, o quintal era pequeno, faziam joguinho com os primos. Nelson diz que os meninos bons de bola eram os que moravam mais afastados do centro, perto das praças que serviam de campo ou dos próprios campos de várzea. O deles era "futebol de araque", daqueles em que a solução muitas vezes era fazer tabela com as paredes.

Essa falta de base acabou prejudicando o rapaz no time do colégio. Ele e Carlos foram estudar no Santa Maria, dos Irmãos Maristas, próximos à família e que, na volta do Sul, os ajudaram com bolsa. Era mais uma razão para os filhos de Stella se dedicarem aos estudos e justificarem o apoio recebido. Mas, voltando ao futebol, Nelson lembra com ironia que sua equipe foi pentacampeã na escola, tinham os melhores jogadores. Quando fiz uma cara de não estar entendendo, já que havia me dito que nunca fora bom no futebol e sequer chegou a ter chuteiras, ele riu e disse que era reserva, daqueles que só

---

1 • Disponível em: <https://asvirtudesdobemmorar.wordpress.com/obras-de-eduardo-fernando-chaves-2/>. Site do belíssimo trabalho de pesquisa publicado no livro ***As virtudes do bem morar***, de Zulmara Posse e Elizabeth Amorim de Castro. Acesso em: 1º jun. 2018.

entravam em ocasiões especiais, principalmente quando o resultado do campeonato já estava definido. Como era bom em corridas, atuava ou na lateral direita ou na ponta direita. Só essa explicação já serve como exemplo de que o futebol não era o seu forte... Pode ser porque jogavam mais futebol suíço do que o de campo. Suíço é o futebol disputado por equipes de sete jogadores, num campo de dimensões menores, está na origem do futebol hoje conhecido como *society*. A turma do Nelson era muito boa, a ponto de, na última partida do campeonato, quase como uma espécie de gozação com os outros — não eram tempos politicamente corretos —, com o título assegurado, lá entrou ele como titular, ele e outros amigos não tão craques assim. Ele se diverte ao lembrar. Como alunos, nunca deram trabalho. Com os números, se viravam sozinhos. Para Nelson, nem era muito mérito dele e do irmão, era algo natural. Os méritos vieram depois, quando se dedicaram, e bastante, a alguns projetos. A mãe ajudava em geografia, eram tempos em que era necessário decorar as capitais dos países globo afora. Stella preparava a lista e tomava a lição, mas Nelson e Carlos também eram bons nisso. Por mais que a mãe partisse para um exótico país da Ásia ou da Oceania, os filhos vinham com uma resposta. Se hoje, mesmo com tanta conversa sobre felicidade e o tal Índice de Felicidade Interna Bruta, é difícil saber a capital do Butão, pequeno país no sul da Ásia, aposto que em meados dos anos 1940, quando Stella perguntava para qualquer um dos dois filhos, a resposta vinha certeira: Punakha. Se você é um dos poucos leitores que acha que eles estavam errados, cuidado. Thimbu passou a ser a capital somente a partir de 1955.

Stella ajudava na dinâmica da casa da mãe. Como forma de ganhar algum dinheiro, utilizava o piano da sala, instrumento comum em casas de famílias, para receber algumas alunas. Ela tinha feito a formação completa, Nelson não se recorda se eram oito ou nove anos, e tocava bastante bem. Não sobrou nenhuma música específica na lembrança dele. O filho absolve a mãe ao dizer que isso é porque ele não é dado aos dons artísticos. Até tentou o piano, mas logo entendeu que não era a sua praia, nunca encontrou nada nem parecido com ouvido musical. Por isso, nas reuniões de família, preferia observar as primas e primos cantarem. Daltônico, tampouco se interessou em observar obras de arte. Mas lembra que os domingos eram animados naquela residência. Se a rotina à mesa era de arroz, feijão, bife, batata e salada, aos domingos as duas empregadas da casa, famosas entre os Abreu pelo tempero, não se assustavam com a quantidade de pessoas que chegava. Era comum filhos, agregados e netos de Maria Joanna virem ao ritual, que então costumava ter um cardápio especial: uma bela massa feita em casa, galinha recheada, e nos meses que não têm "r", quando se pode pescar, as tainhas recheadas. Era uma casa portuguesa, a mesa e a comida tinham papel importante.

No restante do dia era comum que as pessoas se colocassem em torno do piano e cantassem ou ouvissem música. Quando os artistas familiares cansavam ou tinham faltado, era comum Abílio e outros filhos do primeiro casamento de Manoel aparecerem. Apelava-se também para o rádio, o meio pelo qual aqueles garotos seguiam uma novela que os deixava com os ouvidos totalmente ligados: *As Aventuras do Zorro*. Ouvir aqueles três trinados do movimento da espada no ar fazia não apenas os ouvintes imaginarem o "Z" que o discreto Don Diego de La Vega executava nas conclusões de suas aventuras mascaradas, como também os deixava quietos e concentrados. Alguns anos mais crescido, foi do rádio que Nelson ouviu uma das piores narrações da sua vida. Os primeiros 45 minutos acabaram sem gols. Logo no início do segundo tempo, aos dois minutos, o atacante Friaça fez as pessoas pularem na sala dos Abreu, e de praticamente todos os lares brasileiros, além de quase a totalidade das 199.854 pessoas que se amontoavam no recém-construído estádio do Maracanã. Nem 20 minutos depois os uruguaios mostraram que não estavam mortos e precisavam ser respeitados. Tinham sido os primeiros campeões do mundo em 1930 e estavam invictos nesse tipo de torneio. Mas o empate era nosso, o título se aproximava e de repente Nelson ouviu o radialista, depois de indicações de que Ghiggia oferecia perigo, soltar o fatídico: "Gol do Uruguai!". Nem quem vivenciou aquele 16 de julho de 1950 consegue fazer uma comparação efetiva com outra frase fatídica, essa, ouvida mais vezes e longos 64 anos depois, em 8 de julho de 2014, ecoando de Belo Horizonte: "Gol da Alemanha!". Esse esporte tem a capacidade de mexer com os sentimentos das pessoas por estas terras.

Mas não fazia o menino Carlos sequer tentar levar um pouco mais a sério. Participava do jogo com o irmão e os primos na casa da avó para não ser um desmancha-prazeres. Bolas de meia eram comuns, alguém preenchia e costurava uma meia velha e estava valendo. Com bolas, preferia usar as de gude. Aqueles meninos saíam armados com facas, cravavam-nas no chão para marcar o roteiro do jogo, quando não se podia avançar mais do que um palmo e meio e o objetivo era contornar o instrumento, ou então usavam a faca para abrir os buracos, uma variação do jogo, as búlicas, e aí era deixar o polegar e o indicador demonstrarem o senso de direção e autocontrole. Usavam o canteiro em frente à casa da avó, onde o pai tinha plantado as magnólias, da árvore que a sogra tinha escolhido, de flores brancas e vistosas, e lembra que só brincavam com as bolas de gude, ou as que serviam para o futebol, depois que ia chamar o tio Othon para o lanche da tarde. O escritório dele ficava a um quarteirão de distância. O cardápio era um chá ou café com leite, mais pão com manteiga ou um bolo. Quando mudaram para a casa da avó, os meninos passaram a dormir em quartos separados. Tal medida era necessária porque Carlos gostava de dormir e acordar mais cedo do que Nelson, hábito que manteve por toda a vida. Hoje, para lá de 80, acorda ainda às 5h30 e não pode ligar para nenhum neto porque todos ainda dormem. Se sozinho, almoça às 11h30 e janta às 17h30. Esse senhor ri e fala de si mesmo: "Sou um lapeano", fazendo referência à origem interiorana da família. Carlos lembra que havia uma casa colada à da avó que, dependendo do número de visitantes, se integrava. Com o porão, ele contabilizava trinta cômodos.

O ânimo no pós-guerra

Apesar de cindido, depois de tratadas as feridas mais graves, restava ao mundo buscar o crescimento, a recuperação. Logo depois do término da Segunda Guerra, a Alemanha havia sido dividida em quatro zonas, assim como a capital Berlim; três delas, a princípio controladas por Estados Unidos, Inglaterra e França, se uniriam, formando a Alemanha Ocidental, e a quarta, comandada pela União Soviética, a Alemanha Oriental, que anos depois iria impor um muro na sua capital, separando a cidade e famílias que lá moravam, marcando a divisão do país e praticamente do mundo em dois blocos: capitalistas x comunistas. A disputa que ameaçaria o mundo por décadas só era fria no nome. Embora de fato nunca tenham se enfrentado diretamente, em tudo que pudessem tentar mostrar superioridade, os dois lados não hesitavam. Muitas obras seriam construídas, o mundo iria precisar de energia.

Os Estados Unidos se consolidaram como grande potência e se autoproclamaram defensores do capitalismo. No dia 5 de junho de 1947, o general George Cattlett Marshall, que ao voltar da guerra foi transformado em secretário de Estado do presidente Harry Truman, anunciou na Universidade de Harvard um plano de auxílio econômico para a recuperação da Europa. O plano injetaria alguns bilhões de dólares da época — mais de 100 no dinheiro de hoje — na reconstrução dos territórios onde a guerra aconteceu fisicamente, auxiliando os países que precisavam e também criando um mercado para os produtos americanos. Eram tempos de bonança

No Brasil, Getúlio Vargas percebeu que não manteria o poder. Marcou eleições, mas não conseguiu ficar até o final do mandato. Mesmo com o povo indo às urnas votar em 2 de dezembro de 1945, ele foi deposto por uma junta militar no final de outubro e José Linhares fez a transição para Eurico Gaspar Dutra, antigo ministro da Guerra, que conseguiu reverter o crescimento e a arrogância da UDN. O candidato brigadeiro Eduardo Gomes, cuja aparência despertava admiração das recatadas senhoras da época, cometeu a heresia política de declarar que dispensava os votos dos getulistas. Eduardo Gomes não levaria também a eleição seguinte, essa perdida para o próprio Getúlio, que finalmente ocuparia a presidência com votos, mas deixaria outros legados para o Brasil, além da lição de que político não despreza voto. O doce mais popular das festas de aniversário surgiu porque simpatizantes do candidato o criaram e fizeram para vender nos comícios e arrecadar fundos para a campanha, mas o "Vote no Brigadeiro. Ele é bonito e é solteiro" não vingou.

Dutra não conseguiu deixar marcas mais fortes no País. Logo rompeu com Getúlio e, se não conseguiu se articular bem politicamente, em termos econômicos pouco fez. Depois de uma abertura comercial que não contribuiu em nada para o desenvolvimento, lançou em 1948 um plano que não saiu totalmente do papel, mas é importante para a nossa história: o Plano Salte (Saúde, Alimentação, Transporte e Energia), tentando definir o papel dos investimentos públicos nas áreas essenciais[2]. A grande mudança que Dutra fez foi comportamental, proibindo os cassinos e o jogo no Brasil, desempregando 40 mil pessoas e abrindo espaço para a ilegalidade, mas ele foi fiel aos rígidos costumes de sua esposa, dona Carmela, que ficou conhecida como dona Santinha.

No Paraná, com a saída do interventor Manoel Ribas, nomeado por Vargas, houve uma sequência de quatro outros até a eleição de 1947, quando Moisés Lupion venceu Bento Munhoz da Rocha, filho do ex-governador Caetano Munhoz da Rocha e genro de outro político tradicional do estado, o também ex-governador Afonso Camargo, e que, como deputado, havia efetivado a emenda que extinguira o Território Federal do Iguaçu, criado com parte das terras do estado e parte de Santa Catarina, devolvidas no papel às fronteiras de origem.

> "Quando meu pai faleceu, o tio mais moço, Mário de Abreu, foi o homem da família. Nos orientou, aconselhou, teve muita importância na maneira como conduzimos nossos estudos. Com dinheiro próprio, acumulado nos primeiros anos de atividade profissional, se aperfeiçoara em estágio na Alemanha. Era cirurgião-geral, um médico de antigamete, tinha prestígio enorme no Paraná.
> "Havia uma frase que a minha avó não se cansava de repetir em francês para nós e que transformei numa espécie de guia: 'Ce qui se conçoit bien s'énonce clairement et les mots pour le dire arrivent aisément', ou seja, se você não sabe explicar é porque de fato não domina! Procurei sempre ser claro."

Os anos 1940 foram de enorme transformação no norte do estado. A região que ficara isolada da capital e sem acesso para escoar a produção ainda tinha terras baratas. Uma companhia inglesa, a Paraná Plantation, decidiu investir numa estrada de ferro ligando Ourinhos, em São Paulo, a Cambará, possibilitando depois uma política mais agressiva de colonização da região. Olhando para a história é possível perceber que, das vinte cidades que em 2016 possuíam população acima de 100 mil habitantes, nada menos do que oito são mais novas

2 • SCHWARCZ; STARLING, op. cit., p. 399.

do que o meu biografado, e sete delas são fruto desse esforço para ocupar todo o estado: Londrina, Cascavel, Toledo, Apucarana, Arapongas, Umuarama e Cambé. Isso sem falar nas outras que também foram fundadas nesse esforço e têm população inferior. O estado crescia, e precisava de infraestrutura. Era comum que muitas cidades ainda tivessem luz elétrica apenas em parte do dia.

As férias inesquecíveis dos dois irmãos aconteceram em 1947. A tia Margarida, chamada de Guida ou Guiguida, e seu marido, o almirante Manuel Nogueira da Gama, levaram os meninos para um mês todo na capital federal, com direito não apenas à praia, mas a passeios turísticos nos principais pontos da cidade. O almirante aposentado tinha muito orgulho do Rio de Janeiro, assim, todos os dias, levava os meninos para conhecer um local diferente, sempre narrando, explicando. Era ver *in loco* o que se ouvia no rádio ou se lia nas revistas e jornais que se popularizavam, mas com o adicional da narração do tio, fosse no zoológico, fosse em outro destino típico de turista, mas sempre ele fazia questão de contar a história dos principais personagens homenageados pelas estátuas ou bustos militares incluídos no roteiro. Os dois lembram dessas férias com muito carinho, o Rio de Janeiro sempre encantou. É uma pena que o tio almirante tenha falecido em 1º de dezembro de 1950. Nogueira da Gama é considerado o pioneiro e um dos criadores da hidrografia brasileira contemporânea, e foi devido aos seus esforços que cursos de Hidrografia e Navegação foram introduzidos na formação dos oficias da Marinha[3]. Conversas sobre utilização de rios, para navegação ou potencial hidrelétrico, poderiam ter surgido na relação futura dele com o sobrinho. O que deixava os sobrinhos também orgulhosos em relação ao tio era que ele era sobrinho neto do Duque de Caxias, um herói do exército brasileiro na Guerra do Paraguai e em outras disputas.

A paixão pelo Furacão[4]

O futebol do Paraná poderia se transformar num caso de fusões e aquisições para jovens estudantes de escolas de negócios ou profissionais de

3 • Disponível em: <http://www.naval.com.br/ngb/N/N010/N010-NB.htm>. Acesso em: 9 ago. 2008.

4 • A partir de dezembro de 2018, com este livro já escrito, o clube resolveu acrescentar a letra h ao seu nome, como era no início, voltou a ser Club Athletico Paranaense. No texto optou-se por manter a grafia sem o h.

fundos. É preciso muito cuidado para investigar a história, a sequência de títulos dos times — nem todo o Paraná é o mesmo Paraná — e as junções de clubes, comuns em muitos estados brasileiros no início do futebol nas décadas de 1910, 1920 e 1930. Por lá continuou acontecendo até o final do XX. Assim, uma discussão de bar sobre os títulos e glórias do esquadrão do coração, por definição sempre acalorada, para os paranaenses pode render ainda mais. Pode ser tão controversa quanto a origem do barreado e durar horas, como o seu preparo.

Em termos gastronômicos, o Paraná está para o barreado assim como o Japão está para o sushi. Existem versões "modernas" em panela de pressão, mas a tradição litorânea, que se espalhou pelo estado, recomenda uma boa panela de barro lacrada com uma massa de farinha e água e muitas, muitas horas de fogo, para ter sempre a temperatura elevada, assim como as discussões futebolísticas. A receita leva carne bovina magra, geralmente de segunda, muito tempero e farinha de mandioca. A tradição manda servir com arroz e banana da terra, e reza que em torno dele é até possível que coxas e atleticanos se concentrem apenas na alimentação.

Millôr Fernandes, que não era marxista, costumava dizer que "futebol é o ópio do povo e o narcotráfico da mídia", ou seja, é difícil escapar ileso a todos os reflexos das movimentações que acontecem nos gramados, seja o brasileiro apaixonado ou não pelo esporte. Este é um livro atleticano. Nelson declara: "nós nascemos Atlético Paranaense". É uma família atleticana, mas aí o biografado é obrigado a fazer uma ressalva: "Eu não quis fazer condicionamento, o meu filho é coxa". Muito cedo para falar dos filhos do Nelson, que nesta história ainda é um garoto, mas o tal *bullying* ao filho coxa não poderia faltar neste livro...

A disputa pela hegemonia futebolística no estado é grande. O Coritiba foi fundado em 1909 e consagrou-se campeão brasileiro em 1985. Longos dezesseis anos à frente do Atlético, fundado em 1924 e que igualou a marca do rival em 2001: são os dois títulos nacionais da história do Paraná. Com relação aos estaduais, o Coxa tem até o momento 38 vitórias e o Atlético, 24. Isso sem contar, é claro, com os dois títulos de seus times predecessores, o Internacional, campeão em 1915 e o América, campeão em 1917. Todo Atletiba, como ficou conhecida a disputa entre os dois, é sempre tenso.

José Américo Guimarães era dirigente do Internacional e resolveu alugar a chácara da família Hauer, ainda em 1912, para construir a primeira praça futebolística do estado. Em 1914 inovou e construiu arquibancadas de madeira, segundo o site do Atlético, para que as donzelas pudessem prestigiar os jogos, no que se passou a chamar "Baixada da Água Verde". Os clubes se fundiram e os jogos seguiram acontecendo por lá. A história é longa, mas outro terreno foi doado e em outra ação com o governo viabilizou-se que aquele passasse a ser a casa definitiva do clube. Já no final do século XX houve uma tentativa de mudar para um novo estádio, até que a decisão final foi derrubar e construir um moderno, com instalações compatíveis com os campos que encantavam os torcedores na Europa. Os torcedores puderam ajudar comprando pedacinhos de tijolos, e o novo estádio foi inaugurado em 1999. Por alguns anos da década seguinte o clube também foi pioneiro na venda dos direitos do nome do estádio. Para atender aos padrões da Fifa, a discutida federação de futebol e suas regras também passíveis de discussão, o estádio foi escolhido para ser uma das doze sedes da Copa de 2014. Acabou sendo a segunda arena mais barata, demandando apenas 391,5 milhões de reais, 1 bilhão a menos do que o estádio de Brasília, tradicional palco do futebol brasileiro.

Mas não são essas histórias de estádio que motivam o Nelson. Ele ia satisfeito às arquibancadas de cimento, que já não existem mais e substituíram as de madeira lá na Água Verde, ou então ao estádio Couto Pereira, que se chamou Belfort Duarte até a década de 1950 e, apesar de ser do grande rival, era utilizado para jogos importantes. O que o motivava era o time. O grande ídolo dos atleticanos foi Caju, ou Alfredo Gottardi, o primeiro jogador do estado a ser convocado para uma seleção brasileira, sendo inclusive titular das traves canarinhas no Sul-americano de 1942 e eleito o melhor goleiro da competição. Eram outros tempos. O terceiro lugar do Brasil na Copa de 1938 sinalizou que o país tinha, sim, futuro no esporte até então dominado pela bicampeã Itália. As condições do mundo impediam o foco global no futebol, mas ainda demoraria para a camisa do Brasil impor respeito. Aliás, as camisas de seleções foram as únicas que Caju se permitiu vestir além da do Atlético: foram dezessete anos de muitos saltos e perfeita colocação que lhe renderam o apelido de "Majestade do Arco" e muitas recusas de propostas de times de outros estados.

Depois do título de 1945, foram três anos seguidos amargando uma colocação atrás do Ferroviário (clube que chegou a vencer oito vezes o estadual e hoje está nas raízes do atual Paraná Clube), os dois primeiros, para piorar, ainda tendo o Coxa campeão. No vice-campeonato de 1948, o time era bom, era hora de mudar, e a temporada quase perfeita aconteceu em 1949. Seria um ano comemorativo, 25 anos do clube, e o escolhido para o jogo no dia 27 de março foi o Fluminense. O tricolor carioca era o grande bicho-papão em títulos da capital federal até então e nos dois jogos anteriores tinha batido os atleticanos por incontestáveis 4 *x* 0. Se era para mudar, aquele seria um ótimo momento, não se podia deixar dúvidas. Os atleticanos foram impiedosos, Caju não conseguiu evitar dois gols, mas o ataque balançou a rede de Tarzan nada menos do que cinco vezes. Vale colocar a escalação das duas equipes pelo inusitado dos nomes. Os cariocas perderam a sua invencibilidade com Tarzan; Hélvio e Pindaro; Índio, Pé de Valsa e Ismael; 109, Santo Cristo, Cilas, Rubinho e Rodrigues. O Atlético começou a mudar a sina do ano com Caju; Nilo e Waldomiro; Valdir, Wilson e Sanguinetti; Viana, Rui, Neno, Jackson e Cireno. O ponto-e-vírgula serve para mostrar o esquema da época, o tradicional 2-3-5, também chamado por alguns de pirâmide. Eram tempos de menor variação tática. Uma manchete no dia seguinte deu início à lenda: "Tufão sacudiu a Baixada".[5]

O ano prometia. O campeonato começou em maio contra o Água Verde. Laio ganhou a posição de Caju, e também tomou dois gols, mas o ataque fez quatro. Aliás, a alcunha Furacão colou em definitivo depois do jogo contra o Coxa. Era a partida final do primeiro turno, a torcida estava confiante, nos cinco jogos anteriores tinham feito 22 gols e sofrido apenas seis. Acabaram o turno contabilizando 27 x 7 e nunca mais deixaram de ser Furacão. No segundo turno parecia que ninguém segurava aquela máquina de gols. Nos quatro primeiros jogos, nenhuma entrada em campo e menos de quatro comemorações. Veio de novo o Coxa, aí já com o título assegurado na semana anterior nos 4 x 0 sobre o Juventus. O rival não queria ser coadjuvante para mais um show, se esforçou, mas não teve jeito, Atlético 3 x 2. O jogo final seria na Vila Capanema,

5 • Disponível em: <http://www.atleticoparanaense.com/site/noticias/detalhe/8071/Veja-fichas-tcnicas-do--Paranaense-de-1949>. Acesso em: 1º jun. 2018.

casa do Ferroviário. Já era dezembro, a única derrota do adversário havia sido para o próprio Furacão no primeiro turno, 2 x 4, mas tinham empatado cinco jogos e o vice-campeonato estava assegurado. Entraram em campo dispostos a carimbar não apenas a faixa, como também a história. Conseguiram, 2 x 0. Neno foi o artilheiro do torneio, com 19 gols; Rui fez outros 12 e Jackson, dez. O Furacão acabou com o título, o apelido, 11 vitórias em 12 jogos, 49 x 19 em termos de gol, mas sem a invencibilidade, um capricho da história!

Nelson cita ainda Zanetti, Urias, Joanino, Joaquim e Joãozinho como outros jogadores que ficaram na lembrança. O Furacão alternou ótimos momentos como esse com alguns períodos grandes de jejum. Preocupou-se com o estádio e começou o século XXI deixando a torcida pensando grande. Foi campeão brasileiro em 2001, vice em 2004 e quase deu seu maior passo em 2005, quando chegou à final da Copa Libertadores da América, último degrau para a disputa do título mundial.

Depois de eliminar o Cerro Porteño, o Santos e o Guadalajara do México, o Furacão enfrentaria o São Paulo numa decisão de dois jogos. Antes de entrar em campo, houve uma disputa de bastidores, tendo o regulamento como pano de fundo. A Conmebol (Confederação Sul-Americana de Futebol), órgão do esporte no continente, determina que os jogos da final sejam em estádios com capacidade acima de 40 mil lugares. O estádio do Atlético não tinha essa dimensão, mas a diretoria agiu rápido assim que o time se classificou para a final. Na verdade, depois de ganhar do time mexicano em casa por 3 x 0, a confiança e a possibilidade da final eram grandes. O empate em 2 x 2 e a classificação confirmaram o gostoso problema a ser resolvido. A diretoria conseguiu alugar o terreno ao lado do estádio e contratar a instalação de uma arquibancada provisória de 16 mil lugares para que a casa pudesse receber 41 mil torcedores. O Coritiba já havia dado um jeito de avisar que não seria possível utilizar o seu estádio. Para inconformismo dos torcedores, a federação se manteve irredutível e o Furacão teve de mandar o primeiro jogo no Beira-Rio, estádio do Internacional, em Porto Alegre. Perdia-se assim a vantagem e o tabu de nunca ter perdido para o São Paulo em casa.

O primeiro jogo deixou os torcedores apreensivos. O Furacão saiu na frente e virou em vantagem no intervalo. Com menos de 10 minutos no segundo tempo aconteceu um lance esquisito. Falta no ataque do São Paulo, o jogador cobra, um defensor do Atlético tenta cortar, mas manda na direção do gol. Numa defesa difícil, o goleiro Diego rebate à queima-roupa, mas a bola bate em outro defensor e entra, sorte do São Paulo. E o jogo acaba em 1 x 1. Na partida da semana seguinte, no Morumbi, o time da casa abriu o placar aos 16 minutos. Os torcedores atleticanos sofriam e viram a esperança renascer com um pênalti marcado já nos acréscimos do primeiro tempo; era a chance de igualar tudo. Fabrício bateu e a bola estourou na trave direita do goleiro adversário, a sorte parecia não ajudar. No segundo tempo foi impossível segurar o São Paulo e sua torcida de mais de 70 mil pessoas. Furacão vice-campeão da Libertadores. A questão do estádio se repetiria, tanto do finalista que não pôde mandar o jogo em casa por não ter o limite mínimo, como as disputas entre rivais inviabilizarem o uso do estádio do outro. Futebol é paixão e superstição.

Mas, se a sorte não ajudou o Furacão naquela final, já havia ajudado alguns anos antes para eternizar a camisa do clube em termos mundiais. Cápsulas do tempo são uma espécie de fantasia humana na comunicação através da história. A Westinghouse, empresa que será citada neste livro por sua ligação com a questão da eletricidade, já havia criado duas dessas cápsulas, uma para cada uma das feiras mundiais — ou Expo, como passaram a ser chamadas por aqui — que aconteceram em Nova York, em 1939 e em 1964. Estão enterradas no Corona Park em Flushing Meadows, perto de onde acontecem as transmissões das partidas do US Open a que Nelson gosta de assistir, com instruções para serem abertas apenas depois do ano 5.000. Na primeira estão incluídos exemplares da revista *Life*, do livro *E o vento levou*, um bilhete de Albert Einstein, além de amostras de muitos materiais característicos daquele tempo. Na de 1965 — sim, a feira começou no ano anterior — estão um biquíni, uma pílula anticoncepcional e outros materiais e textos importantes do período.

Na virada do século XXI, o jornal *The New York Times* decidiu repetir a iniciativa. Pediu para o arquiteto Santiago Calatrava, que projetou o Museu do Amanhã no Rio de Janeiro, criar uma cápsula e a colocou perto do Museu de História Natural de Nova York, essa para ser aberta no ano 3.000. Quem tem algum projeto de Calatrava na cabeça pode supor que as linhas da cápsula não têm nada de convencionais, nada que lembrem um remédio nesse tipo de apresentação. Acredito que poucos torcedores do Atlético Paranaense conhecem o que mais está dentro da cápsula além da camisa do clube. Isso mesmo, se você não torce para o Furacão ou não se lembra, dentre os itens essenciais para contar ao futuro como era a vida na Terra no ano 2001 está a camisa rubro-negra. Porque foram escolhidas cinco cidades do mundo que teriam uma população e hábitos capazes de representar de forma ampla a existência e o período. Fountain, nos Estados Unidos; Bharatpur, na Índia; Mantes-la Jolie, na França; Bulawayo, no Zimbábue e Curitiba, no Brasil. O correspondente do jornal em São Paulo foi escalado para passar algumas horas na capital paranaense e enviar as sugestões. Foi recebido pelo governador, perambulou pela cidade e resolveu acatar a sugestão de um dos motoristas que o ajudaram, a camisa do clube. Não sei explicar as razões que fizeram a camisa estar entre as finalistas, mas, como já disse, no futebol nem tudo se explica.

Pergunte ao tio Mário

Outro atleticano da família era Mário de Abreu, mas a medicina o impedia de acompanhar o time. O tio que participou de forma ativa na vida dos sobrinhos, aconselhando-os a focar os estudos e pensar para fora, era uma espécie de segurança para todos os Abreu. Eram tempos em que os médicos de família tinham uma importância enorme e Mário contava com uma disposição ainda maior, uma dedicação abissal à carreira, à comunidade de Curitiba. Mas sempre encontrava tempo para a família. Os pacientes não tinham os celulares dos médicos, mas sabiam onde moravam. Nelson conta que não apenas as dúvidas de saúde dos Abreu chegavam ao tio Mário — a possibilidade de chamá-lo de tio e não de doutor fazia com que questões familiares das mais variadas origens acabassem sendo levadas a ele.

Um homem de cultura extensa e variada Mário, foi eleito para a Academia Paranaense de Letras em 1965, com o hábito de incluir citações em seus textos e discursos, como esta do filósofo francês Henry Bergson, quase um contemporâneo dele, num pronunciamento em que defendeu a importância da formação intelectual do médico e insinuou alguma matreirice da vida:

"Há coisas que só a inteligência é capaz de pesquisar, mas que por si mesma não encontrará. Essas coisas só o instinto as acharia; mas não as procurará".

Mário demonstrava, nesses posicionamentos, uma serenidade em encarar a vida e a posição e os desafios do médico diante dela. Adicionou ao lado humanista muito da disciplina e da rigidez aprendidas no Colégio Militar, e conversar com o Nelson é reconhecer um pouco da gratidão e admiração que sente pelo tio, bem como um tanto da sua influência no modo direto e prático de lidar com a vida. Na última das inúmeras vezes em que foi paraninfo de uma turma de Medicina — a primeira fora ainda em 1937 —, em 1973, para alunos da PUC, compartilhou as seguintes reflexões:

"No hospital, o drama é de todos os dias; o ânimo próprio e a bondade são os maiores instrumentos; a compreensão mútua dos direitos humanos, o maior fator de aproximação; o discernimento das imperfeições próprias e alheias, a maior razão de execução.

O médico vive essa contingência intimamente e ela desperta a todo momento uma necessidade de cooperação e de solidariedade. O aperfeiçoamento espiritual do homem que também é médico nunca foi tão necessário como na época atual. A formação interior, que domina o gesto, é tão importante quanto a competência profissional. Criar este condicionamento de autoeducação e ambiental é trabalho diuturno e árduo, indispensável neste regime de violência em que vive o mundo".[6]

Ou então neste parágrafo, que se não tivesse a inclusão de algumas características de um médico, poderiam ter sido ditas pelo engenheiro Nelson:

"Viver este mundo não é melhor, nem pior. É a vida — não é fácil, não, é difícil. É penosa, é cruel, é alegre, é compensadora. É a vida. Tem deveres e obrigações, tem direitos e privilégios, tem prazeres e sofrimentos. Esperança e desespero. Crença e descrença. É a vida. O médico se obriga a desempenhar um papel relevante, porque ele auxilia a viver".[7]

Mário de Abreu foi um batalhador da universidade e nunca aceitou nenhum cargo político, nela ou nos governos municipais ou estaduais. Construiu uma imagem de destaque no Paraná, pela forte atuação na Santa Casa

6 • ABREU, Mário Braga de. *Um médico adiante do seu tempo*. Curitiba: Ed. Vicentina, 2006. p. 156.

7 • Ibidem, p. 158.

de Curitiba, onde relata que em determinados períodos os médicos pagavam do próprio bolso os materiais para evitar a interrupção de serviços, e onde é comparado em importância ao dr. Murici do Capítulo 1. Foi presidente algumas vezes da Associação Médica do Paraná e viajou pelo interior do estado fazendo palestras e estimulando profissionais a conviverem na Associação. Em 1964 foi o terceiro médico do País a receber a medalha de São Lucas, santo padroeiro dos médicos, honraria aos que contribuíram para o desenvolvimento da cirurgia no País e que motivou a imprensa paranaense a se referir a Mário como "Bisturi de Ouro". Se era um *expert* em intervenções cirúrgicas, mostrava habilidade também nas conversas e na serenidade do raciocínio. Se pacientes o procuravam para receber um diagnóstico, entregar a esperança de uma boa cirurgia, os parentes esperavam dele receitas que os ajudassem a compreender melhor as questões, quase uma espécie de oráculo.

O médico casou-se com Denise Lombardi em 30 de dezembro de 1940, aos 34 anos, e tiveram quatro filhos. O menino Mário e as três Marias: Isabel, Cristina e Cecília. Participou com destaque em vários congressos de medicina e em bancas pelo País, sendo inclusive membro da banca que avaliou o professor Euclydes de Jesus Zerbini, seis anos mais jovem e um dos pioneiros das cirurgias de transplante de coração no Brasil e no mundo. O investimento para fazer os estágios de cirurgia geral com o prof. Rutz em Berlim, no hospital onde o mais difícil era repetir o nome, Rudolf Virchowkrankenhaus, em Heidelberg com o prof. Kirschner ou no Unfall-Krankenhauses, em Viena, com o professor Böhler, veio de suas próprias economias e da determinação de ajudar a medicina do Paraná a evoluir. Além da Alemanha, num clima quente de inflação e política, no final dos anos 1930 passou pela antiga capital do antigo Império Austro-Húngaro, Viena, e também por Paris, onde fez visitas e trocou experiências em dois hospitais. Tudo isso aconteceu depois de ele ter se tornado livre-docente em 1935 e catedrático de Clínica Cirúrgica em 1936.

Nem a imensa ficha de serviços prestados e a contribuição para o desenvolvimento da medicina e da faculdade foram suficientes para que a aposentadoria acontecesse de forma correta. Talvez o fato se deva a ele não ter feito política na universidade. Sim, a academia é um ambiente político, e bastante. O Nelson, que a essa altura do livro nem faculdade fez, também se dedicará por décadas à universidade e a seus órgãos de pesquisa e encontrará algumas barreiras, talvez mais um possível paralelo entre a vida do tio e a do sobrinho. Mário não queria privilégios, tampouco se dispôs a aceitar calado o que julgou ser injusto com suas realizações e esforço, além de discordar da orientação para transformar a matéria de Clínica Cirúrgica em Cirurgia Geral e Anestesiologia. O fato o irritou e ele não se calou. No dia 8 de março de 1976, pouco antes de oficialmente se aposentar da Universidade Federal do Paraná, –continuou ativo por alguns anos em outras atividades – ao ser "escalado" para dar a aula inaugural do ano, a que ficou conhecida como "A última aula", desde o início, sempre educado, mostrou que tampouco era de se calar, de deixar um bisturi, uma agulha ou qualquer coisa atravessada na garganta. Fiz uma edição de alguns poucos trechos do discurso, que se inicia exatamente como ele iniciou. Aulas inaugurais foram criadas para serem momentos festivos e solenes, claro que o Mário sabia:

"Em virtude das circunstâncias, peço desculpas por ser obrigado a me pronunciar deste modo.

Eu sou o professor que está na escola e na universidade há mais de quarenta anos, e que, durante esse período, sempre teve um contato muito chegado aos problemas do ensino, aos estudantes, ao progresso da universidade e à vontade de que ela representasse, dentro do âmbito intelectual e científico do País, alguma coisa de concreto, de objetivo, de sério e, razoavelmente, de bem executado.

[...] Por que se fez isto? Por que se designou a mim como professor de Cirurgia Geral e Anestesiologia? Um casamento esdrúxulo, que não se pode de forma alguma compreender e que, no meu caso pessoal, considero como sendo algo que me diminui, porque não é possível que, após quarenta anos como professor, me veja obrigado a ensinar na conceituação da Cirurgia Geral. E se diz então que essa Cirurgia Geral compreende alguns poucos assuntos da antiga Clínica Cirúrgica, aos quais nós devemos nos cingir. É evidente que isso não pode caber no conceito comum, e que eu não posso, de forma alguma, sentir uma humilhação desse tipo sem que diga, de viva voz, que isso está errado...

[...] Eu quis que este testemunho se tornasse público a fim de que se perceba o que isso possa ter de ofensivo a alguém que se dedicou durante toda vida à universidade, ao conceito da universidade, e, em boa parte, aos alunos.

[...] Eu não pus o avental branco de propósito, porque faz alguns anos que eu vivo de luto e quis que vocês tivessem a minha imagem de luto, porque é enlutado que estou por ter que falar desse modo... contra uma coisa que nunca deveria ter sido pensada, quanto mais executada. E foi propositadamente executada...

[...] Peço desculpas pela necessidade que eu tenho de falar como estou falando, mas a responsabilidade é toda minha... Mais uma vez agradeço a todos e peço um milhão de desculpas por terem tido a necessidade de ouvir o que ouviram. Muito obrigado pela presença de todos". [8]

Este subtítulo, "Pergunte ao tio Mário", foi retirado do miolo do depoimento que Nelson deu ao livro *Mário Braga de Abreu – Cirurgião emérito – Médico sacerdote,* publicado em 1986 pela Fundação Santos Lima. Além dos textos do próprio Mário, foram incluídos sete depoimentos. Nelson utilizou as técnicas de escrita que aprendeu na fria cidade onde foi estudar depois de Curitiba, tão fria que de dezembro a fevereiro as temperaturas médias em Iowa City são negativas — no inverno curitibano as médias não baixam de 13°C, chego lá. O que importa agora é que o papel do Mário de Abreu para os sobrinhos, a família e a comunidade tenha ficado claro. Nelson tem um exemplo significativo para ilustrar. Foi convidado pelo tio para em 1957 juntar-se a ele e dois amigos de São Paulo numa visita às Cataratas do Iguaçu, a não desprezíveis mais de 600 km de distância de Curitiba. Mário tinha especial apreço pela paisagem, porque, além da beleza natural, foi lá que se enamorara de Denise. A tal camionete Jeep, as pás e as picaretas pareciam suficientes para encarar a estrada depois que o asfalto terminava. Sabiam que havia chovido bastante, mas não imaginavam que estaria tão crítico. Depois de saírem de um encalhe, resolveram que a próxima poça também seria vencível. Estavam se divertindo, mas a água acabou atingindo uma parte do motor que apagou e não pegou mais. Descer no lamaçal já era parte do jogo, os minutos sem viva alma a passar eram menos divertidos. Até que finalmente um passante a cavalo informa sobre um acampamento a alguns quilômetros de distância em que poderiam

8 • Ibidem, p. 159-164.

encontrar ajuda. A apreensão tomou conta dos três, menos de Mário, que pensou que possivelmente haveria lá alguém que já teria sido tratado ou operado por ele. Pediu e o cavaleiro aceitou levar um bilhete dizendo quem era e solicitando ajuda. Em meia hora chegou um verdadeiro comboio: um caminhão, um carro e mais de uma dezena de pessoas vieram para garantir que o problema fosse resolvido. Foi. Só médicos competentes e de grande coração sabem do que são capazes seres humanos gratos por terem suas vidas salvas.

CEHPAR
CENTRO DE HIDRÁULICA E HIDROLOGIA
PROF. PARIGOT DE SOUZA
BIBLIOTECA
PROF. NELSON LUIZ DE SOUSA PINTO
Curitiba, abril de 1998.

4 – A VIDA UNIVERSITÁRIA — EU TAMBÉM VOU SER ENGENHEIRO

Nelson e Carlos eram uma espécie de protótipos perfeitos de bons filhos. Iam bem na escola, muito bem, e não foram acometidos de grandes rebeldias. Embora o Nelson até hoje se lembre da prima Regina, primogênita de Othon e Olívia, onze anos mais velha do que ele e que em alguns momentos se incumbia da educação dos primos, ou pelo menos aliviava as tensões, dando beliscões nele com a esperança de que a torção da pele botasse o menino para estudar matemática. O fato é que o plano de Stella de criar os filhos sem complexos por terem perdido o pai cedo deu certo. Ele reforçou algumas vezes não o mérito de serem bons alunos, mas sim o de muita dedicação ao trabalho, que chegaria depois.

Este é um bom momento para contar uma história que o Nelson gosta de lembrar. Ele está entre os brasileiros que não se cansaram de torcer pela seleção de basquete que tinha o ala Oscar Schmidt quase sempre como cestinha. Verdade que essa geração não conseguiu acompanhar os feitos da anterior, que se apresentou em Curitiba — o Nelson estava na plateia — e atingiu o topo do mundo, mas a vitória sobre os Estados Unidos na final dos Jogos Pan-Americanos de Indianápolis em 1987 foi histórica. O time chegou a estar perdendo por 20 pontos, acabou o primeiro tempo 14 pontos atrás. O time americano era fortíssimo e estava seguro da vitória. Os brasileiros estavam conformados, mas as bolas do Oscar começaram a cair, muitas da linha de três pontos, e de repente a vibração foi tomando conta do time brasileiro, que acabou com a medalha de ouro depois de cravar 120 *x* 115. Dos 120 pontos brasileiros, Oscar assinalou 46 e Marcel, 31. Àquela altura a imprensa já o chamava de "Mão Santa", apelido dado por Álvaro José e Juarez Araújo, porque havia um jogador mexicano que a imprensa dizia ser o Mano Santa. O apelido pegou, mas Oscar sempre fez questão de contestar. Encerrada a carreira, que extraoficialmente lhe deu o recorde mundial de pontos, virou palestrante e não se cansou de explicar que de santa a mão dele não tinha nada, era treinada mesmo, muito treinada. O jogador costumava brincar que brasileiro gosta de acreditar em milagre, mas ele treinava mais do que todo mundo mesmo, a vida toda: "Se deixar a peteca cair, alguém vai pegar o seu lugar", disse o grandalhão numa entrevista que pode ser acompanhada no YouTube. O Nelson tampouco se cansa de repetir essa história, tem a mesma humildade do Oscar, horas e horas de dedicação, ao estudo. Se foram os milhares de arremessos diários que fizeram o Oscar encestar, foram as horas de estudo e dedicação que fizeram o Nelson primeiro ser um bom aluno, depois se tornar um engenheiro/consultor no nível do Oscar. Verdade que ele treina e se dedica, mas o software cerebral é de primeiríssima linha.

Voltando ao colégio, tudo caminhava dentro do esperado. A dúvida não era se iria passar no vestibular, a pergunta era em que lugar passar. Eram tempos de exame escrito e oral, alguns catedráticos vinham participar da seleção. Os irmãos do Santa Maria apostavam nele. Isso pelo desempenho escolar, porque já tinham percebido que aquele moleque deixava claro que obteria êxito na carreira que abraçava.

Desse período vale a recordação do irmão Vicente. O irmão Ivo foi também um bom professor, lembrado pelo Nelson, mas o espanhol Vicente foi o responsável por quase toda a turma ter escolhido Engenharia. No terceiro ano do ginásio, a matéria crítica era a álgebra; o professor, um novato que não apenas não sabia ensinar, como tampouco simplificava ou resolvia os símbolos, sequer impunha disciplina. A turma já estava bastante preocupada. A salvação foi o exército nacional! Convocado o jovem irmão, a turma ficou sem professor. A solução foi o irmão Vicente, um hispano que tinha vivido a guerra de perto e que, se não trouxe sotaque para o Brasil, empacotou toda a rígida disciplina e cruzou o Atlântico. Logo no primeiro dia de uma classe acostumada à bagunça avisou que não queria nada sobre a mesa e que iria ensinar todos os pontos do programa, aproveitando para avisar que estaria à disposição dos alunos em qualquer horário, recorrendo, logo a seguir, a um pouco didático, para os dias atuais, murro na mesa, seguido por um "olhar fulminante" e um "eu disse nada!!!" para um dos meninos. O garoto que deixara o lápis quase teve um treco, mas a turma toda entendeu o recado e percebeu que eram novos tempos. Novos mesmo. Embora disciplinador, o irmão Vicente era um ótimo professor, didata e estimulante. Eles ficaram craques em álgebra e abraçaram a matemática para o resto da vida.

Os meninos também não se rebelaram na política. Parte do mundo vivia a sedução da ideologia comunista, da luta pela igualdade e de melhores condições para todos. O tio Othon Mader, que já havia cumprido duas curtas missões como prefeito nomeado de Foz do Iguaçu e Ponta Grossa, tinha participado da fundação da UDN paranaense e, em paralelo às atividades empresariais, mantinha ambições políticas. Na eleição para senador, em 1950, ele recebeu 147.763 votos, ou 65,07% dos votos válidos. Passaria cada vez mais tempo na capital federal. Em 1955, na eleição para governador, ele tentaria o executivo. Os 66.207 votos foram suficientes apenas para deixá-lo na terceira colocação, quando Moisés Lupion repetiria a vitória que havia tido em 1947. Outro papel importante do tio foi o de ter incluído os sobrinhos como filhos de sócios no Graciosa Country Club, o que lhes permitiu aprender a nadar. Com frequência pegavam o bonde e iam do centro até as piscinas do clube no Bacacheri. Perguntado se fez aulas de natação lá, Nelson exibe uma expressão de "sabe nada", sem nenhuma arrogância, apenas reforçando que não existia professor de natação naquela época. O que ele fazia era ir até uma biblioteca, aprender a teoria e praticar na piscina, procurando imitar os nadadores mais velhos. Falando em livro de esportes, ele não se esquece de um sobre as Olimpíadas de 1936.

Todo mundo que gosta de esporte sabe o que aconteceu nessa disputa em Berlim. Hitler pretendia usar o evento para que o mundo se maravilhasse com o ressurgimento da Alemanha, mas também queria provar a supremacia ariana. Há controvérsias sobre se ele parabenizou ou não o grande herói daqueles jogos. Em teoria, já tinha decidido parar de descer para não causar mais confusão e atraso, e acabou acenando para Jesse Owens. Esse americano de não mais do que 1,78 metro estava prestes a completar 23 anos, era de origem humilde e encantou o mundo ao levar quatro medalhas de ouro e quatro recordes, nada menos ariano. Nos 100 metros atingiu a melhor marca até então, com 10,3 segundos. O recorde, mais de oitenta anos depois, pertence a Usain Bolt, 20 centímetros mais alto, correndo em pistas e com materiais tecnologicamente avançadíssimos, treinando e recebendo alguns milhões de dólares para tanto e efetivamente baixando a marca de Owens em 62 centésimos de segundo. Nenhum brasileiro conseguiu ainda correr abaixo dos 10 segundos. Mas Owens não era um desconhecido — um ano antes havia estabelecido o que ficaria depois conhecido como o "Grande Dia", numa disputa da Conferência Big Ten (você vai ler um pouco mais sobre ela no capítulo seguinte), defendendo a Universidade de Ohio, bateu quatro recordes mundiais em 45 minutos, isso mesmo, 45 minutos! Naquele dia ele venceu os 200 metros rasos, os 200 metros com barreiras, as 100 jardas e o salto em distância.[1]

No salto em distância, Owens era o recordista mundial, com 8,13 metros. Naquele dia Hitler acreditava no seu atleta, Luz Long, recordista europeu. Long saiu na frente, quebrando algumas vezes o recorde olímpico. Owens queimou alguns saltos e parecia desanimado, o alemão se aproximou e deu alguns conselhos. O americano não apenas se classificou, como voltou a saltar acima dos 8 metros e levou o recorde olímpico e a medalha. Ficaram amigos. Long morreria na guerra e Owens, mesmo se tornando um herói mundial, teve de reclamar que no próprio país ficava segregado à parte de trás dos ônibus.

O tal livro sobre as Olimpíadas contava algumas das técnicas de treinamento de Owens. Virou uma espécie de bíblia do Nelson. Ele competiu pela faculdade e pelo DER (calma, já introduzo isso na história), e teve no atletismo seu melhor desempenho esportivo, ainda que modesto (acrescentado por sugestão dele). De todas as nossas conversas, poucas vezes o ouvi reclamar de algo, mas as vivências nas pistas o fizeram soltar um "fiquei louco da vida" para os 100 metros e um "fiquei chateado, aquele troço na garganta por anos" para os 4 x 100. Conto. Nelson estava bem preparado para os 100 metros, no

1 • Disponível em http://esportes.estadao.com.br/noticias/geral,ha-80-anos-jesse-owens-batia-4-recordes-mundiais-45-min. Acesso em: 15 jun. 2018

melhor da forma. Quando perguntado se era bom, diz que corria abaixo de 11 segundos e qualquer coisa, o tempo mínimo para ser competitivo no meio universitário, com algumas chances de vitória. Quando chegou, foi informado que a turma do salto em altura estava incompleta e questionado se não poderia também saltar altura. Mesmo sem ser sua "especialidade", imbuiu-se de espírito de equipe e foi para a pista, encarar a caixa de areia. Sim, naquele tempo não havia colchão macio para amenizar o impacto. Ele lembra que pior era saltar com vara, acima de 4 metros, e cair na areia, e isso ele nem tentava. Não foi mal, saltou 1,65 metros e voltou correndo para a prova dos 100 metros. Nem tinha colocado o taco no chão e a largada foi dada. Saiu muito atrás, deu tudo de si, emparelhou com o terceiro, mas naquele dia classificavam-se apenas os dois primeiros. Sentiu-se injustiçado.

O outro treco na garganta foi na prova de 4 x 100. A equipe tinha o melhor corredor dos 100 metros, Nelson, que era razoavelmente bom, e dois medianos. O melhor largaria e abriria vantagem, os outros dois se esforçariam para manter e o Nelson ou fecharia ou correria atrás da diferença, até os adversários os colocavam como favoritos. A prova começou e o companheiro dele, conforme esperado, foi abrindo vantagem, a estratégia parecia perfeita. Ele já estava em concentração total quando o bastão que teria de agarrar se espatifou no chão numa troca anterior. Não foi só o bastão que caiu. Ficou a lição da importância de treinar também os detalhes. E o Nelson, senhor maduro, brinca e revela humor: "Meu esporte era mais de autodefesa, treinava corrida e saltos!"

Os anos de Federal

Apesar de todo o bom histórico do colégio, Nelson resolveu não arriscar e encarou também um cursinho, o único que existia na cidade. Lá se aproximou de Maurício Schulman, amizade que perdura desde então. Maurício é dois meses mais velho do que Nelson, de 21 de janeiro. Outro dos resistentes amigos da Engenharia, que estava no cursinho, mas só conheceria mesmo o Nelson no trote, é o Bernardo Fedalto. Ele é do ano da crise, de 17 de dezembro, mas o pai não fez o registro e, para não pagar multa, fez o filho mudar de signo no zodíaco, registrando-o em 4 de janeiro de 1930. Fedalto era bom com os números, mas, seguindo os conselhos da irmã, que argumentava que os médicos trabalhavam menos horas e ganhavam mais — caros médicos leitores, essa era a opinião da irmã do Bernardo —, foi tentar o cursinho para Medicina. Algumas aulas foram o suficiente para ele desistir e voltar correndo para os números.

Dois amigos muito queridos com quem a vida me impediu de conversar e saber a opinião sobre o Nelson foram Osíris José Parolin e Carlos Massucci. Parolin só cruzou o caminho dele na universidade, antes estudava com os maristas, mas em internato, eram os maristas do sul, verdadeiros rivais da turma do Santa Maria, que era dos "maristas do centro". Se o Nelson fosse craque no futebol, poderia ter se estranhado com ele em alguma disputa no campo. Também nunca trabalharam juntos, serviram de ouvido, ombro e estímulo para os momentos duros e também para os momentos de celebração. Talvez o maior reconhecimento esteja no fato de que, ao conversar com os filhos do Nelson, o "tio Parolin" tenha aparecido nas três conversas. Foram companheiros de viagem. Já o Massucci, que começou a aparecer nas fotos do Santa Maria, ainda no ginásio foi também companheiro da Engenharia e depois da Copel. Com ele tem uma passagem interessante em um capítulo futuro. O Munir Saab também foi bastante próximo desde os tempos de Santa Maria e acabou ensinando para o Nelson sobre determinação. O pai vendia palmito na rua, era do tipo bem prático; o menino, também colega desde o terceiro ano do ginásio, era menos comportado do que o Nelson, bem menos, mas tinha uma ótima cabeça e sabia se defender quando alguém pisava no seu calo. Expulso do Santa Maria, não aceitou, defendeu-se pessoalmente perante o reitor, argumentou e permaneceu. Cursou Engenharia e também virou professor de Hidráulica e membro do Cehpar, além de ter sido presidente da Sanepar no governo do Parigot. Mas ainda não cheguei lá...

Na hora da inscrição para o vestibular não havia dúvidas, praticamente toda a turma "optou" por Engenharia Civil, a única engenharia disponível na época. O vestibular compreendia duas etapas, a escrita e a oral, inclusive com alguns catedráticos da faculdade participando do processo. Ser aprovado para o curso que ainda funcionava no prédio central — o acesso para a Engenharia era pela XV de Novembro — requeria esforço, mas o mais difícil era sair. Eram aproximadamente 150 vagas que produziam não mais do que cinquenta engenheiros. Alguns anos depois, o já professor Nelson Pinto, apesar da fama de rígido, de não parecer o mais interessado na aprovação dos alunos, fez um estudo para entender o fenômeno. Como bom engenheiro, queria otimizar o sistema. Conversou com alunos, levantou hipóteses, apresentou sugestões. Não fez isso sozinho, entendia que com um grupo é sempre melhor, não apenas pela amplitude de visão, mas também pela possibilidade de multiplicação de apoio. Não lembra muito bem como era o tal Grupo dos 11 na política. Nas minhas pesquisas encontrei um liderado pelo Leonel Brizola, que nunca pareceu ser o de maior proximidade ideológica com o do Nelson, mas o nome era bom. Tinha a associação com um time de futebol e ele convidou o que, na visão dele, eram os onze melhores professores da Engenharia, e coordenaram o projeto. Perguntado do efeito, sorriu e emendou: "Nulo, agradeceram e engavetaram!". Se tem uma coisa com a qual o Nelson nunca se conformou é com a burocracia. Sempre exigiu de si e dos outros uma intensidade de propósitos; também soube, pela proximidade com o tio Mário, que não tinha o que considerava um "temperamento de médico", a profissão não o atraiu.

> **"Sempre preferi perguntas específicas. Sofria quando não era isso. O engenheiro é diferente do arquiteto, que tem imaginação, concebe, bola, daí vem o engenheiro e calcula. A minha cabeça é mais para resolver problemas, não tão boa para imaginar problemas."**

A aprovação era tão certa que o prêmio oferecido pela família — ele já não tem certeza de quais tios patrocinaram uma viagem para São Paulo — foi usufruído antes mesmo da divulgação da lista. Ele gostava de fotografia. A primeira máquina era um caixote, e com uma mais compacta embarcou num ônibus, mesmo meio de transporte com que passou a explorar e registrar as imagens da cidade que ao longo daquela década iria ultrapassar em tamanho a capital federal. Cita o Museu do Ipiranga, o bairro da Lapa e outros pontos. Veio a lista e uma surpresa: ele não fora o primeiro colocado e, portanto, não ganharia a bolsa de estudos. O primeiro lugar coube ao Maurício, ficou mesmo em terceiro. Essa classificação excluía dois ou três alunos militares que eram uns dez anos mais velhos e iam direto para o terceiro ano, eliminando matérias já cursadas na formação das Forças Armadas. No primeiro ano a faculdade ainda não era federal, era particular; a mudança ocorreu no decorrer daquele ano letivo. A prefeitura, em respeito ao nome de seu pai, resolveu patrocinar sua matricula no primeiro ano. Não lembra se o salário ganho no escritório de topografia do tio Othon era suficiente, acredita que não. Por isso, e para ter uma experiência num lugar maior, candidatou-se a uma vaga no DER (Departamento de Estradas e Rodagem). Eram tempos em que o funcionalismo público trabalhava das 12h às 18h, tudo parecia ir muito bem. Encaixava com o curso, que tinha a maioria das aulas pela manhã.

Assim, no dia do trote, existiam muitas razões para o Nelson estar animado e foi ali que efetivamente começou a amizade com o Fedalto. Todos já estavam de cabeça raspada, como era o costume. O dia do trote era para celebrar, de forma inusitada, com um desfile fantasiado pela Rua XV de Novembro. A foto desse instante, em que estão o Nelson, o Fedalto e o Odilon Barciek, é uma demonstração de um lado menos formal do Nelson. A amizade com o Fedalto se manteve ao longo da vida, além de um acompanhar a carreira do outro.

Estudante é estudante em qualquer lugar do mundo, e estudante que é estudante procura se ajudar um ao outro durante as provas. Não era diferente na Engenharia de Curitiba. Nelson fazia parte de uma "Panela" que, quando possível, se distribuía estrategicamente nas salas de prova para facilitar essa ajuda mínima. Outra era a "Sinagoga", formada pelo grupo do Maurício. A ideia era ver quem tinha mais chances de resolver as questões e então passar para os colegas. Não raro os dois líderes, Nelson e Maurício, sentavam um ao lado do outro. Se os dois chegavam à mesma resposta, virava gabarito. Algumas vezes, saindo da prova, iam ao diretório para atender os mensageiros que traziam os papeizinhos com as questões de alguém que sofria pressão lá dentro. Nelson diz que não sabe como aqueles papéis transitavam, nem quando passou para o outro lado conseguiu entender. Com a prima Ilze Eliane, o apoio foi só didático. Ela concluiu o colégio com a ajuda do Nelson, uma ajuda inestimável na revisão do conteúdo de matemática, com paciência para facilitar que passasse no último ano. Ele também foi útil no baile de debutantes.

Essa disposição em ajudar eliminou qualquer preconceito contra o bom aluno e sua popularidade entre os colegas se manteve alta. Nelson foi o melhor aluno da turma, em todos os anos. O sistema era diferente: o aluno podia passar por média, os que não atingiam a média mínima eram submetidos à prova oral, antes da tal segunda época. Chegou o quinto ano e o Nelson ainda era virgem de prova oral, fato que não o incomodava porque sempre teve facilidade de se explicar, de expor suas ideias, herança da avó Maria Joanna. Ela, embora não tivesse feito faculdade, tinha acesso e apreço pela cultura, falava francês e não cansava de repetir para o neto uma máxima do poeta e crítico Nicolas Boileau-Despréaux: "Ce qui se conçoit bien s'énonce clairement et les mots pour le dire arrivent aisément", ou seja, "O que se conhece bem, se enuncia claramente e as palavras para dizê-lo chegam facilmente". Elas chegavam para aquele neto. Mas a questão era outra. A turma toda percebeu que era uma besteira do professor, uma birra — sim, eles também têm isso —, como se quisesse ser o único a impedir a proeza daquele aluno de nunca ter ido para uma oral. Os colegas protestaram, mas o professor insistiu e o Saneamento obrigou o melhor aluno da turma a defender seus conhecimentos perante o professor. Ele o fez bem e concluiu o curso. Mais tarde virariam colegas de departamento, e o Nelson, em vários momentos, o ajudou colaborando com suas iniciativas, mostrando que não guardava ressentimentos. Verdade que percebia nele um certo desconforto...

Chá da engenharia, um chá onde se tomavam outras bebidas

Nelson me contou que gostava de dançar e que achava que fazia isso bem. Foi o escolhido pela prima Ilze Eliane em mais uma situação de aperto. Se já tinha recebido o pedido de socorro dela para a matemática, prontamente atendido sem maiores necessidades de ensaio, foi também lembrado por ela quando um imprevisto adicionou uma dose extra de adrenalina àquele ano de 1951. Ilze Eliane e outras 47 meninas iriam ao Baile da Primavera do Clube Curitibano desempenhar a função de debutantes, ou seja, seriam apresentadas oficialmente à sociedade. Nada que garantisse uma liberdade extra tão grande, mas para tempos tão restritos já era um ótimo respiro. O namorado dela teve um falecimento na família e os pais o obrigaram a respeitar um período de luto. Ela já não sabia o que fazer, não queria desistir, nem colocar o namorado numa situação delicada. Foi aí que lembrou do primo. Lá foi o Nelson correr atrás de um smoking e ir algumas vezes participar dos ensaios. Os quatro anos de diferença, o porte e o desembaraço devem ter feito sucesso com as moças presentes no salão. O evento foi o primeiro e se tornou tradicional na cidade, persistindo até o presente, quando os hábitos são outros e muitas das tradições foram abandonadas. É uma singela prova para o discurso de alguns de que os curitibanos tendem a ser, na média, mais conservadores.

Quem cursou Engenharia naquela turma invariavelmente, quando perguntado sobre atividades fora das classes, vai citar no topo de uma lista os tais chás dançantes. Eram a grande diversão dos que passavam a semana estudando ou dos que optavam por outras atividades mais leves. Normalmente aos domingos, começava às 21h e terminava sempre às 23h30, pois segunda era dia de aula. Para as edições tradicionais, o local era o salão do Duque de Caxias, no centro. O Clube Teuto Brasilianischer Turnverein tinha adotado o nome do herói das armas brasileiras para eliminar as associações com suas origens germânicas e as possíveis pressões por causa da guerra. Recebia os rapazes, em geral, sozinhos e as moças sempre acompanhadas de familiares. Muitas vezes os encontros entre eles eram mediados por um gin tônica ou uma cuba libre, bebidas da moda e acessíveis aos bolsos dos estudantes, que pareciam mais orçamento em final de obra, mas que substituíam muito bem o chá do nome e ainda contribuíam para deixar as parceiras mais bonitas. Também serviam para os mais tímidos como encorajadores e encurtadores de caminho até as mesas, onde a maioria das moças esperavam o convite para dançar.

O padrão, que já era ótimo, era ouvir o Genésio e sua Orquestra abrir e encerrar as noites com a mesma música. Nelson até cantarolou para mim os acordes num "tá na, tá nã", mas aí foi o encontro de dois ouvidos não musicais e você, leitor, não vai descobrir assim tão facilmente qual era o *standard* que os músicos do Genésio entoavam. A certeza é que eram empolgantes e contagiavam, faziam até os "coxas" (torcedores do Coritiba Foot Ball Club) relevarem a origem do líder da orquestra, esqueciam o passado dele. Genésio Ramalho, antes de montar a orquestra que marcou a memória dos paranaenses e entrou para a história como a principal fonte de embalos e diversão daqueles dispostos a colocar o corpo e a emoção para seguir o ritmo de clássicos da música brasileira e internacional, foi jogador do Atlético Paranaense nos anos de 1937 e 1938. Não apenas entrou em campo com a camisa rubro-negra, como, pior ainda, para a torcida adversária, participou da reformulação do hino do clube na década de 1940 (Atlético, Atlético / Conhecemos teu valor / E a camisa rubro-negra / só se veste por amor).

Mas fora do tradicional eram os chás especiais, com conhecidos artistas brasileiros e internacionais, do nível de uma Ângela Maria e de um dr. Alfonso Ortiz Tirado, um mexicano que usava mesmo o "dr." antes do nome, cantava ópera e também baladas mais populares. Nesses eventos o ingresso era mais caro, a música era tão boa quanto a do Genésio, mas dava uma sensação de inserção, de integração com os principais centros do País. Era uma indicação de que Curitiba despontava e crescia. Mas os dois chás que entrariam para a história, como se inserissem Curitiba no mundo, receberam Xavier Cugat e sua Orquestra. Cugat ficou conhecido como o Rei da Rumba e era uma das estrelas dos musicais da Metro-Goldwyn-Mayer, aquela que tem o segundo leão mais temido pelos brasileiros acima de 40 anos. À frente dos músicos ficavam as dançarinas de rumba que faziam o público imaginar que ali estava a própria Esther Williams, grande diva do cinema americano que estrelava os filmes em que Cugat interpretava a si mesmo. Era como se a fria Curitiba vivesse momentos de Hollywood. Aí os bailes eram no Curitibano e aos sábados, varando a noite.

Outro resultado frequente dos chás foram os casamentos. Era comum que casais que começavam dançando continuassem a fazê-lo por longos anos, inserindo alianças na mão esquerda. Essa era uma preocupação do Nelson, achava que muitas moças tinham um foco muito rápido na concretude da relação. Ele tentava escapar, escapou tanto que foi o último a casar da sua turma, e, como me confessou, escolheu a Maria do Socorro porque o coração mandou, mas também porque ela de início não demonstrou maior interesse em oficializar nada. Mas isso levaria ainda duas décadas, quando deu vazão a um lado namorador — respeitoso, mas namorador.

Início da vida profissional

No escritório do tio Othon, Nelson pôde acompanhar de perto a colonização do norte do estado. Se não ao vivo, pelo menos nos detalhes das planilhas. De muitas cidades, aquelas ditas mais jovens do que ele, recebeu as Cadernetas de Campo e montou as folhas de controle, calculou os polígonos, os tamanhos dos lotes, utilizando a mais avançada tecnologia da época: papel, lápis, régua, borracha, caneta e máquinas de calcular — então, ainda manuais, Triumphator e Facit. Era natural querer ir além e sabia que muitas obras deveriam se iniciar para tornar aqueles estudos realidade. A oportunidade que apareceu no DER (Departamento de Estradas de Rodagem), num país que nem tinha tido tempo e condições de cumprir a determinação de Washington Luís, que repetia "governar é abrir estradas", haveria de ser interessante. O tio entendeu e continuou focado na política. Depois da derrota na eleição para governador, a década de 1950 não foi das mais promissoras para a UDN no estado. Não conseguiu tentar a reeleição para senador em 1958 e saiu para deputado. Foi o mais votado do partido, com 17.821 votos, pouco mais de 10% da sua votação para senador oito anos antes, apenas o nono no geral, numa eleição onde o puxador de votos foi o ainda governador de São Paulo, Jânio da Silva Quadros. Isso mesmo, coisas da política. O governador de São Paulo, no cargo, participou de alguns comícios no Paraná, suficientes para receber quase 80 mil votos e ser eleito, puxando a listagem como o mais votado e superando o então prefeito de Curitiba e promissor político do estado Ney Braga, que obteve 57 mil votos. Jânio não queria o Congresso, queria ser o primeiro presidente eleito a ocupar o Palácio do Planalto. Viajou para a Europa, nunca assumiu e sequer articulou uma mísera emenda para o estado. Mas foi competente em se preparar para a eleição seguinte. Como presidente, governou por exatos 207 dias e renunciou.

O DER do estado havia sido criado pelo decreto 547 em 18 de dezembro de 1946. Foi a resposta do Paraná e de outros estados à criação do Fundo Rodoviário Nacional em 1937, que estipulava verbas específicas para construção, conservação e melhoramento de estradas. A demora se deveu ao conturbado período da guerra e suas consequências. O *boom* das estradas no estado aconteceu efetivamente a partir da segunda metade da década de 1950.

Quando Nelson iniciou no DER, a grande demanda, além do apoio à safra agrícola do estado, era por uma ligação rodoviária entre as capitais do Paraná e de São Paulo, a cargo do DNER. Na prática, essa que viria a ser chamada Rodovia Régis Bittencourt e que foi inaugurada apenas no início de 1961, demorou ainda mais algumas décadas para ser considerada uma rodovia com "R" maiúsculo e eliminar apelidos bastante pejorativos.

Nelson cursou os cinco anos de Engenharia trabalhando como desenhista ou calculista do DER, inicialmente na seção de projetos e, ao final, na de Pontes e Obras de Arte. Logo que se formou foi efetivado como engenheiro. Acabou não participando da viagem que a turma fez no último ano para a Argentina e o Chile. O emprego era prático, mas não empolgava. Ficava perto de casa, que ficava perto da faculdade, resolvia tudo a pé. Mas sabia que queria mais do que ficar fazendo contas. Na sua memória, projetou efetivamente duas pontes, e o mais importante é que elas ainda estão em pé. As melhores lembranças do DER estão mesmo ligadas ao esporte, às competições de corrida e saltos.

Professor Parigot e outros mestres

Se o curso e o trabalho no DER tinham sido motivadores para que Nelson buscasse uma prática não tão comprometida com os projetos civis tradicionais, era natural que se aproximasse da área na qual sentiu afinidade pela matéria e pelo professor. Assim, em meados de 1955, quando concluiu que queria novos ares, pensou no professor Parigot e nas aulas de Hidráulica.

O fato de ter sido um bom aluno garantia acesso direto ao professor. Nelson ensaiou como iria pedir a ele uma posição na escola. Na reunião, foi surpreendido com a proposta que recebeu. Parigot tinha acabado de ser nomeado diretor técnico da Copel (Companhia Paranaense de Energia), criada em 26 de outubro de 1954 pelo governador Bento Munhoz da Rocha Neto, mas que até então não estava operacional. Munhoz da Rocha afastou-se do governo para ser ministro da Agricultura do presidente Café Filho e foi substituído nos últimos meses de gestão por Adolfo de Oliveira Franco, que queria resolver a questão da energia no Paraná. O primeiro presidente nomeado para a Copel foi o crítico literário, historiador e professor de literatura Themistocles Linhares. Devem ter sido os conhecimentos literários de Linhares que o levaram a chamar o catedrático de Hidráulica para tirar a Copel do papel, porque a área técnica de uma empresa de energia é fundamental e ele soube avaliar não apenas a respeitabilidade de Parigot, como também a postura dele quando chamado para dar palpites sobre uma crise de energia na caótica situação do estado.

Quando ouviu a palavra hidrelétrica, Nelson ficou encantado com o desafio, mesmo que num primeiro momento não incorporasse a universidade como ele havia imaginado. Pediu demissão do DER e foi ser o funcionário número 6 da Copel. Mas esta passagem é para falar do mestre. E Parigot mereceu tal alcunha.

"Para me manter, tinha que trabalhar, como desenhista, calculista. Durante a faculdade, no DER, do meio-dia às 18h, ficava perto da universidade, era uma cidade de andar a pé. Formado, fui nomeado engenheiro, na seção de pontes. Calculei duas, que estão aí ainda hoje, mas era muita continha, não gostei. A matéria que mais me atraiu foi a do professor Parigot de Souza, um autodidata, do início da engenharia no Paraná. Foi presidente da Copel, morreu como governador, era o catedrático que tinha me chamado a atenção."

Filho do médico Luís Parigot de Souza e de Aline Cordeiro Parigot de Souza, Pedro Viriato Parigot de Souza nasceu em Curitiba em 26 de fevereiro de 1916. Fez os estudos na cidade e em 1937 graduou-se na então Escola de Engenharia. Apesar de estágios de pós-graduação em Hidráulica e Hidrologia na França — Nelson destaca, e o faz de forma elogiosa —, Parigot era mesmo um autodidata com influência europeia, um homem de rigor e cultura exacerbados. Parigot aos poucos foi impondo seu ritmo e seus padrões à escola de Engenharia, e não queria saber de acomodação. Durante certo tempo forçava os professores a estarem constantemente atualizados, só distribuindo as matérias do departamento entre os profissionais perto do início das aulas, obrigando-os a se reciclarem constantemente à medida que não sabiam que matéria lecionariam naquele semestre. É pouco provável que Parigot, apesar de bastante culto, tivesse lido do prêmio Nobel de Literatura de 1981, o búlgaro Elias Canetti, do livro *A província humana*, que sequer foi traduzido para o português. Nele o escritor cravou esta frase: "O mais difícil: redescobrir sempre o que já se sabe", que se encaixava como uma luva na filosofia do mestre. Das frases do próprio pode-se deduzir um pouco mais da personalidade. Ele, que se vestia sempre de modo formal, padrão da época, além do rigor, lançava mão da educação e da ironia para soltar: "Todo ser humano tem o direito de ser burro, mas a burrice deve ter um limite a fim de não prejudicar demais o próximo". Incomodava-se com interlocutores menos privilegiados: "Deus, apesar de sua infinita sabedoria, fez da burrice uma característica muito difundida, mas da sabedoria uma qualidade extremamente escassa"[2]. Ou então defendia uma postura de liderança para os alunos: "A humanidade se divide em duas grandes categorias de homens: os tangidos e os condutores. O engenheiro, pela própria natureza de sua missão de trabalho sempre em equipe, não poderia jamais ser 'boi na boiada', mas sim sempre o boiadeiro". Ou ainda, quando pensavam que tinha origem francesa: "Todos os sobrenomes brasileiros, se estudados com seriedade, começam atrás de uma senzala". Esse foi o mestre que mais influenciou o Nelson.

O início da vida pública do professor Parigot se deu na Secretaria de Viação e Obras Públicas e depois no Departamento Nacional de Rios e Canais.

Em 1954, Moisés Lupion, do PSD, foi eleito senador, ele em primeiro e Alô Guimarães em segundo. Guimarães também era suplente de Lupion. Tal manobra permitiu que colocassem o suplente de Guimarães no senado, porque o objetivo de Lupion era renunciar e voltar ao governo no ano seguinte. Entender as regras eleitorais é um desafio e tanto quando se olha para o passado do Brasil com alguma esperança de lógica. Quando foi reeleito governador, em 3 de outubro de 1955, ficou claro para Parigot que a diretoria técnica da Copel já não era uma posição para ele. Lupion nomeou outro Lupion para a presidência da empresa que teria de resolver a questão energética do estado. Mas seu irmão José ficou poucos meses no cargo, assumido pelo antigo secretário de Obras na gestão dele, Benjamin de Andrade Mourão. Parigot voltou à universidade e uma das primeiras ações dele foi chamar o Nelson para conversar e oferecer a posição de professor assistente no departamento de Hidráulica, com dedicação

2 • ANDREOLI, Arturo. *Pedro Viriato Parigot de Souza: lembranças*. Curitiba: Editora do Autor, 1994. p. 13 e 23.

parcial, ou seja, coordenando as aulas com as atividades na Copel. Esse deve ter sido um dos momentos embrionários da visão de Parigot para a universidade, expressa em seu lema: "Não existe país desenvolvido sem universidade desenvolvida". Para tanto, não queria concordar com o alemão Arnfrid Astel, que se consagrou ao deixar o pensamento: "Tive professores ruins. Foi uma boa escola". Nelson lembra que Parigot fazia questão de, como diretor técnico, ter na sala — aliás, atitude que o inspirou — não apenas a escrivaninha, como também a prancheta, em respeito à Engenharia, ao lado técnico.

Mas o caminho traçado por Parigot atesta que, se dentro dele havia um engenheiro rigoroso, havia também espaço para um político hábil. Era um formador de equipes, alguém que, se não empolgou eleitores, soube costurar alianças, e quando Lupion encerrou seu mandato e não conseguiu fazer o sucessor, perdendo para o ex-prefeito de Curitiba, Ney Braga, este não titubeou e chamou Parigot de volta à Copel — então com poderes para definir todos os assuntos. Parigot foi o mais longínquo presidente da empresa, ficando na função até janeiro de 1970. Como curiosidade, Lupion, na eleição de 1962, concorreu a três cargos, não se elegendo diretamente para nenhum deles. Para senador foi o quarto colocado, com 217.627 votos. Para deputado federal, recebeu 6.479 votos e ficou como segundo suplente do PSD, e para deputado estadual foi ainda menos votado — apenas 2.432 pessoas o escolheram, deixando-o na 11ª posição da suplência do partido. Lupion ganharia análises paralelas com Adhemar de Barros, de São Paulo, e assumiria como deputado, mas acabou cassado em 1964. Absolvido em 1970, ensaiou mudar o domicílio eleitoral para o Rio de Janeiro, mas desistiu.

No cenário federal, depois das incertezas causadas pelo suicídio de Vargas, a eleição do governador mineiro Juscelino Kubistchek e os seus famosos "50 anos em 5" traziam um novo alento ao País. Se era preciso industrializar, não podia faltar energia. As hidrelétricas foram furando fila nas prioridades, era possível e necessário pensar grande. A Petrobras surgiu em 1953, depois de imensa discussão e da mobilização que dizia "o petróleo é nosso". O País começava a aparecer, as cidades cresciam, indústrias eram criadas. João Gilberto acompanhou ao violão Elizete Cardoso em "Chega de Saudade" e criou uma batida que levou os "peixinhos e beijinhos" para o mundo. A bossa nova seria uma das mais importantes contribuições brasileiras para a cultura global e ajudaria a nação a ter mais confiança em si mesma.

Como você verá no capítulo seguinte, Parigot foi um dos que estimularam Nelson a fazer o mestrado nos Estados Unidos. A passagem dele pela presidência da Copel foi uma espécie de redenção da empresa, que finalmente conseguiu decolar. O governador de então, Ney Braga, lembra que a empresa estava endividada e com títulos protestados, e que o déficit de energia elétrica no estado era muito elevado. O paranaense tinha à sua disposição 23 watts por habitante, enquanto o brasileiro, na média, dispunha de 86 watts.[3] Se no início da Copel houve mais chamamento de responsabilidade e agregação de áreas e empresas do que solução/geração de energia, o desafio aumentou, mas Parigot conseguiu fincar as bases para transformá-la no século XXI na maior empresa do Paraná, viabilizando a exploração da bacia hidrográfica do estado com obras importantes e dando conta de prover energia para que o estado explorasse o agronegócio e incorporasse novas características e possibilidades.

Um pouco antes de voltar à Copel, Parigot liderou a criação de um centro de pesquisas na universidade. Era março de 1959 e tudo o que conseguiu foi uma sala de 30 metros quadrados no porão do prédio central, ainda na Praça Santos de Andrade. Quando da edificação do Centro Politécnico, em 1961, argumentaram e conseguiram a multiplicação do espaço para concentrar as ambições e potenciais daquela turma. O antigo Cephh (Centro de Estudos e Pesquisa de Hidráulica e Hidrologia) cresceu 40.000% em área, mas cresceria ainda mais em prestígio. Em julho de 1973 mudou de nome para Cehpar (Centro de Hidráulica e Hidrologia Professor Parigot de Souza). Sim, a homenagem se justificou porque, aos 67 anos, o professor Parigot, já governador, sucumbiu a um câncer.

São inegáveis a importância e a contribuição de Parigot ao Cehpar, à Copel e ao estado do Paraná como um todo. A principal obra hidrelétrica da década de 1960 no estado, a que envolveu os maiores desafios de engenharia e demandou um decênio entre projeto pronto e energia gerada, a Usina de Capivari-Cachoeira, passou a se chamar oficialmente Governador Pedro

3 • BRAGA, Ney. *Tradição e mudança na vida política*. Entrevista a Adherbal Fortes de Sá Júnior. Curitiba: Editora do Autor, 1996. p. 148-149.

Viriato Parigot de Souza. Isso mesmo, o professor virou governador, um exemplo prático da capacidade de articulação política e também da teoria de Nicolau Maquiavel, de que metade das nossas ações é governada pela fortuna (sorte) e metade pela *virtù* (nosso empenho), nessa ordem. E, no caso do Parigot, ainda entra um elemento de tragédia grega. Explico.

O brilhante trabalho à frente da Copel, a proximidade com o ex-governador Ney Braga e sua capacidade de articulação o colocaram como uma espécie de lastro para a indicação do deputado — verdade que bom de palanque e discursos, mas sem maior exposição política — Haroldo Leon Peres como o candidato dos militares ao governo. No Brasil tudo vira brincadeira. Em tempos digitais, memes. As más línguas da época diziam que a mulher de Peres era muito amiga da mulher de um coronel importante na escolha. O presidente Médici nem quis discutir com os políticos locais. Assumiram e oito meses depois o governador vendo seu nome envolvido num escândalo com uma empreiteira, foi pressionado a renunciar e o fez. Seria a fortuna acenando para Parigot outra vez, mas aí entra o aspecto trágico: ele já estava bastante doente, o que quase inviabilizou sua posse. O ministro da Casa Civil, Leitão de Abreu, acreditava que ela não deveria acontecer. Ney Braga e os senadores Mattos Leão e Accioly Filho articularam para que Parigot assumisse. Em 23 de novembro de 1971, Parigot deu mais uma demonstração de sua *virtù*: mesmo doente, assumiu sua missão perante o governo do estado, preterindo maiores cuidados com a saúde. Fez o sempre pesado tratamento oncológico na cadeira de governador, esforçando-se para dar conta de suas tarefas até quando teve forças físicas.

Nelson Pinto sempre foi visto por muitos como o sucessor natural do professor Parigot. Nunca teve a mesma capacidade política dele, sequer o interesse em desenvolvê-la. Se defendeu o mestre e os rígidos padrões por ele estabelecidos, o fez porque comungava desse estilo. Nelson gostou pouco, digamos assim, de uma alteração que lhe foi passada pelo sucessor de Parigot na empresa. Não se rebelou, mas foi ouvir a decisão de um governador já combalido de quem, por apreciação e respeito humano, nem cobrou a resposta. Há uma brincadeira pouco politicamente correta que diz que "pai é quem cria", no sentido de quem cuida, educa. Se for assim, é justo dizer que o Nelson é também pai do Cehpar, mas esse será um capítulo específico deste livro. Acredito que ele nem vai gostar dessa afirmação, só lá no íntimo. Foi dos que trabalhou para a divulgação da "equação de Parigot", nome dado ao método que o professor desenvolveu para calcular as chuvas intensas em Curitiba.

Outra pessoa que ainda vai aparecer nessa história é Francisco Gomide. Ele lembra que alguns estados tiveram os seus Parigots. Em São Paulo, a Politécnica da USP formou Lucas Nogueira Garcez, que também foi governador, e em Minas Gerais, a UFMG formou Lucas Lopes, que não foi governador, mas presidente do BNDE e ministro tanto dos Transportes quanto da Fazenda. São três exemplos de homens importantes no País que tiveram formação e base ligadas à Engenharia e às usinas hidrelétricas, de estados que formaram empresas também relevantes no cenário brasileiro: Copel, Cesp e Cemig.

Existiram outros professores significativos na formação do Nelson e, daquela turma de Engenharia, Camil Gemael foi escolhido o paraninfo deles. Perguntado sobre o porquê, Nelson responde que pelo entusiasmo, pela maneira como motivava os alunos a mergulhar na matéria e na carreira. Gemael costumava dizer nas aulas que era de *Black River*, cidade na divisa com o estado de Santa Catarina e à beira do rio homônimo ao afluente do Amazonas, que, com o Solimões, forma o encontro das águas. Além de Engenharia na Federal, onde se formou em 1948, estudou na USP e, depois do doutorado na Federal, fez o pós-doutorado nos Estados Unidos. Foi o idealizador do curso pioneiro de Ciência Geodésia na UFPR, que se tornou centro de excelência, autor de livros e merecedor de vários prêmios. Mas os primeiros a reconhecerem suas habilidades numa sala de aula foram os alunos daquela turma. O professor tinha em média uns dez anos a mais do que os alunos, esbanjava juventude e entusiasmo, tudo embalado por rigor acadêmico. Além dele e de Parigot, Samuel Chamecki, na Estabilidade das Estruturas, Ralph Leitner em Materiais de Construções, Luiz Carlos Tourinho na Estatística e Economia Política foram outros professores que se destacaram.

5 – An American year — um curitibano em Iowa City e outras cidades — mestrado nos Estados Unidos

Na terça-feira, 6 de novembro de 1956, os americanos foram às urnas, mais de 62 milhões deles. Era a primeira vez que a televisão teria um papel determinante numa eleição. O republicano Dwight Eisenhower, uma espécie de herói de guerra americano, general cinco estrelas que havia inclusive comandado operações no front europeu, tinha sido comandante da Otan (Organização do Atlântico Norte) e que, no futuro, seria reitor da Universidade de Columbia, tinha obtido a liberação de seu médico e era candidato à reeleição. Repetiu a chapa com Richard Nixon como vice e voltaram a enfrentar o ex-governador de Illinois, Adlai Stevenson II. Se tinham obtido 52% dos votos em 1952, saíram daquele escrutínio ainda mais fortalecidos, alcançando mais de 55% agora. Eram anos de crescimento interno, de euforia pós-Segunda Guerra e também de luta contra a ameaça vermelha. O mundo estava dividido: ou se era Otan ou se era Pacto de Varsóvia — a primeira, organização dos países capitalistas, a segunda, dos socialistas. O macarthismo tinha deixado os ânimos quentes nos setores culturais e universitários americanos, havia uma caça à ameaça comunista, a concreta e a imaginária. A Guerra da Coreia deixara o mundo apreensivo, as tragédias da guerra recente ainda nem tinham sido esquecidas. Mas o povo queria continuar como estava, desfrutando os bons tempos de ascensão do consumo. O American Way of Life era o sonho de boa parte do mundo. Somente na década seguinte o Vietnã iria mostrar que nem tudo ia tão bem quanto parecia.

Se antes o sonho dos universitários era ir para a Europa, depois da Segunda Guerra, as grandes escolas americanas pareciam muito mais atrativas. Nelson achou que era hora de dar vazão ao antigo desejo e um mestrado numa boa universidade seria um passo natural e perfeito. Se os Estados Unidos exportavam por meio do cinema e de outros produtos culturais muito mais do que hábitos, tinham também outros programas de incentivo e troca de conhecimento. Em 1946 o senador J. William Fulbright havia aprovado o Programa de Intercâmbio Educacional e Cultural do Governo dos Estados Unidos. Em 1957, o programa estabeleceu uma Comissão no Brasil e ofereceu bolsas para estudos por lá. Nos mais de 60 anos de funcionamento do programa, mais de 3.500 brasileiros receberam auxílio para estudar nos Estados Unidos e outros 3 mil americanos para vir estudar no Brasil. A Copel vivia uma fase mais política do que técnica, o tal sonho de carreira universitária voltava a ser uma possibilidade concreta. Os primeiros anos foram animadores, o contato com os alunos e a possibilidade de se aprofundar em pesquisas eram atividades prazerosas para ele. Escolheu algumas boas escolas em hidráulica, preencheu o processo de admissão nelas e também os formulários da Fulbright. Aquele segundo semestre de 1957 foi agitado. Copel, universidade e toda a papelada para a bolsa e o mestrado.

Mas as coisas não estavam agitadas apenas em Curitiba. Na capital federal, a pressa naquele início de ano era enorme. Uma nova empresa havia sido constituída, a Novacap, para coordenar a construção da nova capital. Tudo o que se sabia quando o concurso foi aberto, ainda em setembro de 1956, é que Juscelino Kubitschek — ou qualquer outro político, a regra vale para qualquer outro ser humano — faria o possível e o impossível para inaugurar algo tão vistoso. Brasília teria de estar pronta em 21 de abril de 1960. Deu-se um prazo de 120 dias para a apresentação das propostas. Das 26 apresentadas, em poucos dias a de Lúcio Costa foi a escolhida, não sem contestação. Inclusive o presidente do IAB (Instituto dos Arquitetos do Brasil), membro do júri, não concordou e assinou em separado. Ganhou a proposta de Lúcio Costa, como se sabe. Oscar Niemeyer era do IAB e quase ficou de fora, mas também tinha ligações com a Novacap e foi o arquiteto. O presidente Juscelino gostara do que tinham feito em conjunto em Belo Horizonte.

Nelson Luiz aos 2 anos com os pais Nelson e Stella.

Aos 4 anos com o pai.

Com o irmão Carlos após uma boa piada.

Dois momentos no Santa Maria:

Foto oficial no 4° ano do ginásio, Nelson sentado, primeiro à direita.

Último jogo no 3° científico, campeonato ganho. Em campo só os que não jogavam, ladeados pelos colegas craques penta campeões à paisana. Nelson é o primeiro agachado à direita.

Com o colega de turma Osiris Parolin, amizade para toda a vida, no "footing" pela Rua XV de Novembro, na década de 1950.

Se no campo era reserva, nas pistas chegava a ser competitivo. Em 1953, estagiário do DER, com prata no salto em distância, no Estadual dos Funcionários Públicos, com respeitáveis 6,23 metros. O vencedor foi 27 cm além.

Quadro da turma de engenheiros formandos de 1954. O porta-retratos faz alusão ao Teatro Guaíra em construção na época, em projeto do arquiteto paranaense Rubens Meister, um dos professores homenageados.

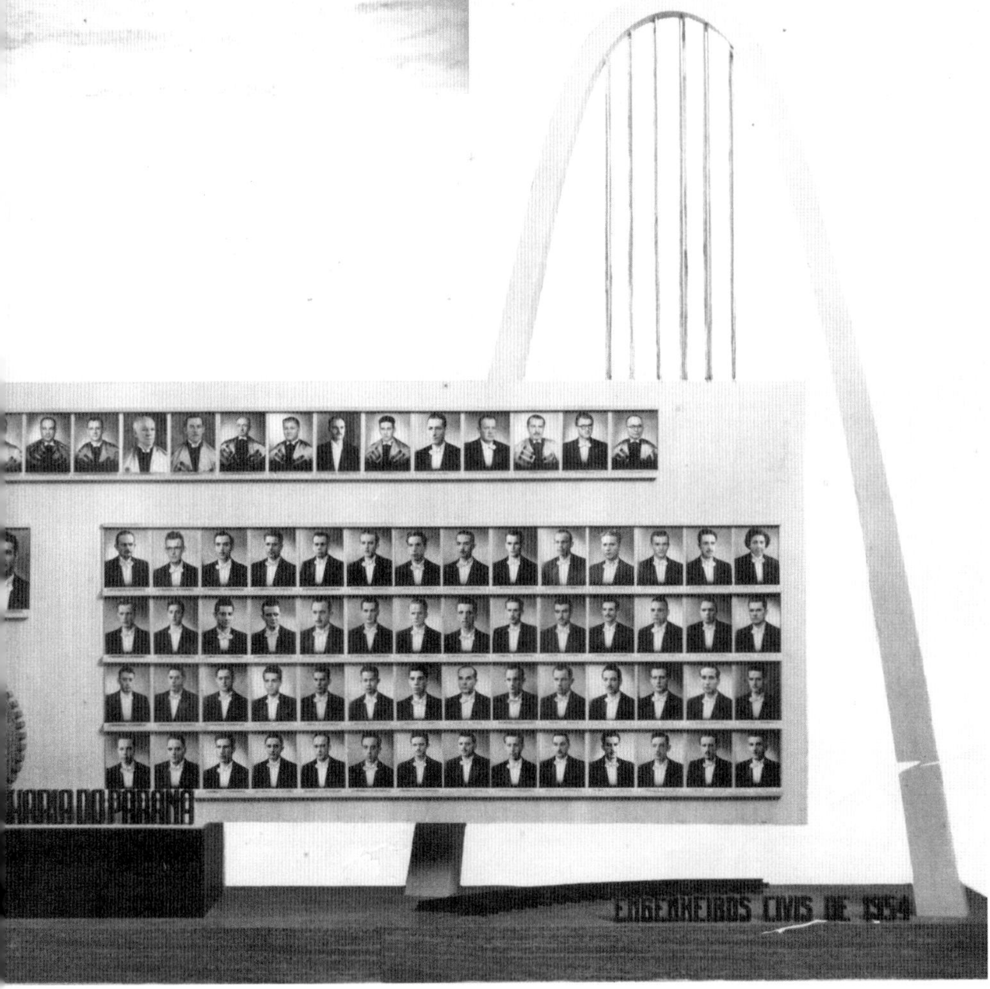

Com os formandos, como patrono da turma, de pé ao centro do grupo.
O paraninfo prof. Armando Martins Pereira, é o primeiro à esquerda na segunda fila em pé.

A primeira atividade profissional, estagiário no escritório do tio Othon.

Tradicional trote de calouros pela Rua XV de Novembro, Fedalto de saia nos joelhos, Nelson de vestido longo e Barcik, de ceroulas. Haja coragem!

Curitiba, Junho de 1955.

UNIVERSITARIO PARANAENSE

Em meio ao confuso panorama politico em que se depara o Paraná e o Brasil, fruto de sucessivas falhas dos diversos governos eleitos, do Estado Novo aos nossos dias, quando o desânimo e a descrença numa solução democrática do problema brasileiro, ameaça tomar conta do espirito de todos, nós Universitários não podemos deixar de estudar com carinho as eleições que se aproximam.

É de uma análise da atual situação político-administrativa de nosso Estado, que surgiram as ideias e considerações aquí expostas.

Estudando os resultados eleitorais destes últimos dez anos, que qualidades vemos prestigiadas pelas urnas, na maioria de nossos homens públicos?

Infelizmente, encarando o resultado auspicioso até aquí encontrado por aqueles que fazendo do Governo instrumento, satisfazem apenas seus próprios interesses, somos forçados a concluir pela quase completa ausencia de bons valores, e mais do que isto, por uma verdadeira glorificação dos maus. E assim, os Politicos Hábeis, os Golpistas de Grande Peito, os Endinheirados, os de palavra facil e ação morosa, responsaveis diretos pelo descrédito do regimen e pelo caos politico em que atualmente vivemos, se vêm guindados aos mais altos postos Administrativos, ou a êles apresentados como fortes concurrentes.

Enquanto qualidades que todo eleitor consciente poderia, pode e deve exigir de um pretendente a qualquer cargo da Administração Publica, como: Honestidade, Sinceridade, Atualidade, Experiência Administrativa, Experiência Politica, Experiência Legislativa, Moralidade ou Iniciativa, se encontram relegadas a plano secundario!

Confrontando cuidadosa e imparcialmente os diversos candidatos à governança do Estado, nas próximas eleições, procurando aquele que mais se aproxime do gabarito ideal, temos incontestavelmente de concluir pelo nome do Senador OTHON MÄDER.

Seus 30 anos de vida pública são uma base, um lastro, que não pode deixar de nos impressionar vivamente.

Engenheiro Civil e Geógrafo pela Politécnica do Rio de Janeiro em 1918.

Prefeito de Foz do Iguaçú, 1930-31, consegue de forma definitiva o grande objetivo do momento, a Nacionalização de nossas fronteiras.

Prefeito de Ponta Grossa, 1932-33, seu pulso de ferro e justiça, pacificam os agitados movimentos politicos locais.

Secretário da Fazenda, 1934 a 1936, consolida a Dívida Pública, fomentando condições favoráveis ao grande surto progressista que atualmente contemplamos no Estado.

Acumulando nestá mesma época a função de Secretário de Viação, nos deixa a construção do Pôrto de Paranaguá e da Estrada do Cerne, na ocasião a estrada do Café, e até nossos dias o principal escoadouro de nossas safras cafeeiras.

Finalmente Senador da República pelo plebiscito de 1950, nos dá hoje de sobejo, como nos deu no passado, provas de uma operosidade sempre atual, a par de uma conduta moral corretíssima.

Estudioso dos problemas paranaenses e brasileiros, tem mostrado ser dos nossos mais competentes homens públicos, considerado unânimemente pela crônica como um dos 5 senadores mais eficientes do quatriênio que findou.

Seus projetos sôbre Finanças, Petroleo, Livre Iniciativa, Café, sempre incidindo sôbre nossos mais agudos problemas, galvanizaram a opinião pública, desencadeando, não raro, acaloradas polêmicas em nossa Câmara Alta.

Seu trabalho nas Comissões lhe mereceu a confiança de seus pares, comprovada recentemente em sua escolha para Relator do Ministério da Viação, na Comissão de Finanças, a mais importante e de maior responsabilidade do Senado.

A par desta atividade puramente voltada a interêsses da Nação, não deixa de lado as causas justas dos que a êle recorrem. Dos estudantes e dos Banqueiros, dos ferroviários ou industriais, é voz sempre ativa na defesa dos justos direitos. Os sem número de agradecimentos recebidos dos mais variados setores da atividade paranaense, provam bem sua incansável operosidade.

Foi assim que dêste expontâneo estudo e análise sincera, resultou o apelo que ora fazemos à Classe Universitária do Paraná, para que estudando conosco os problemas e necessidades paranaenses, conclua honesta, lógica e decididamente por aquele que por seus atos passados e sua capacidade atual, se apresenta merecedor inconteste de nosso apoio, como o homem necessário no Govêrno do Estado do Paraná - OTHON MÄDER.

A Comissão Organizadora do Comité Universitário OTHON MÄDER, lançando êste manifesto, conclama a classe para se reunir em torno desta campanha de Trabalho, Moralidade e Justiça, e espera o apoio de todos os colegas.

Publicação da "Comissão Organizadora do Comité Universitário "OTHON MÄDER"
Rua Marechal Deodoro, 298 - Fone 4235

Othon Mader foi um dos tios influentes. Nelson, acadêmico de engenharia, com este chamamento à classe universitária, tentava ajudar na campanha do tio para governador.

No café dominical na "Boca Maldita". Da esquerda para a direita, o médico pediatra Álvaro Pinto, o tio médico Mario de Abreu, conselheiro de todas as horas, o amigo bioquímico Alceu Schwab, e Nelson.

Por ocasião do último fogo no encontro das frentes de escavação da galeria de acesso à usina subterrânea Capivari-Cachoeira. Nelson de camisa branca e jaqueta escura, ao lado do presidente da Copel, Parigot de Souza. Ao lado de Parigot, Hiram Lamas, mais à direita, Newton Buzetti, chefe da obra, e Maurício Schulman.

Inspecionando o piso da galeria de adução da usina Capivari-Cachoeira após a primeira operação experimental da usina.

Maurice Bouvard, primeiro à esquerda, começou como consultor e se transformou num companheiro e amigo. Encontro junto à comporta da galeria de adução do Capivari-Cachoeira depois da primeira operação.

Nesta página, a tomada de água do descarregador de fundo da barragem do Capivari.

Mostrando a obra da barragem do Capivari, em visita oficial do governador Paulo Pimentel, acompanhado do prof. Parigot de Souza, Hiram Lamas e Arturo Andreoli.

19. Em visita mais descontraída, com o governador Paulo Pimentel, Parigot de Souza e Hiram Lamas.

Em primeiro plano, a barragem do Capivari, ainda em construção, que permitiu a formação de um pequeno reservatório, controlado pelo descarregador de fundo, para o início da operação da usina, com seis meses de adiantamento à conclusão das obras civis da barragem. No horizonte, a Serra do Mar, cortada por cerca de 20 km de túneis, que viabilizaram o aproveitamento do potencial de 240 MW propiciado pelo desnível de 750 metros até a planície litorânea.

O "rígido" professor Nelson confraterniza com os alunos que festejam a sua graduação em 1967.

A equipe do Cehpar recebendo os professores Ted Strelkof (sentado, segundo a partir da esquerda) e Maurice Bouvard (o quarto) para cursos de extensão em nível de pós-graduação. Ainda sentados, Munir Saab, colega de turma de Nelson que se destacou na organização administrativa do Centro, Heins Fill e Sinildo Neidert, o responsável pela qualidade dos principais modelos hidráulicos do Centro. Em pé se identificam outros integrantes desta história, como José Ota, Marcos Tozzi e Francisco Gomide.

Discutindo com o reitor Algacyr Mader, na cabeceira, o contrato para a execução dos modelos hidráulicos da usina hidrelétrica internacional de Itaipu.

Nelson em uma das reuniões do Board de consultores da UHE Foz do Areia, juntamente com James Libby, em pé ao seu lado. Barry Cooke e Victor de Mello (agachados) , e o grupo de engenheiros da Copel e projetistas.

Maria do Socorro Silva de Sousa Pinto – para os mais próximos – Côde, uma relação que começou num baile e se estendeu por toda uma vida. Não apenas a principal confidente como a responsável pela orientação da família nas ausências frequentes do Nelson.

Em 1958 as obras da capital iam de vento em popa. Na capital do Paraná, Nelson checava se os primeiros ensinamentos da Miss Claire tinham lhe dado a base suficiente para o desafio que teria pela frente. Polia no Interamericano o que aprendera em casa. Miss Claire era uma senhora inglesa que entre as guerras se mudou para Curitiba. Para ajudar nas despesas domésticas, supria uma lacuna na cidade: o ensino do inglês. Tinha lecionado para o Nelson pai e se aproximado da família. Assim, foi natural ser a professora dos filhos dele. Nelson Luiz lembra que ela era um pouco repetitiva, mas fazia aquilo com carinho e tinha alunos dedicados. O Interamericano reforçou o que ela tinha cultivado. Boa parte dos livros de estudo da faculdade eram importados, mas escritos em línguas latinas, e quando veio a excelente notícia positiva da Fulbright e ainda a confirmação na Copel de que o salário dele seguiria sendo depositado no Brasil sem interrupção, foi motivo de festa. O salário serviria para dar todo o apoio à mãe Stella, que ficaria sozinha. Já tinham, depois do falecimento da vó Joanna, em 18 de agosto de 1953, passado para um apartamento emprestado pelo tio Mário de Abreu. Carlos estava de mudança para São Paulo. Com a situação política no Paraná, não estava fácil conseguir uma boa colocação. A Universidade não oferecia vagas, mesmo para alguém que já se destacava como professor no cursinho preparatório muito eficiente do diretório acadêmico. Um amigo sugeriu que ele se mudasse para São Paulo, teria muito mais campo. No primeiro, talvez no segundo dia, foi contratado pela ABCP (Associação Brasileira de Cimento Portland), que tinha como desafio e missão provar e divulgar que o cimento brasileiro era tão bom quanto o importado. Além disso, para disseminar o uso dos produtos nas obras, organizavam cursos mostrando a melhor maneira de tirar rendimento e todas as possibilidades do material. Foi quando o concreto armado ganhou destaque com a afirmação da Escola Paulista Brutalista, uma vertente de destaque entre os arquitetos brasileiros. Pouco tempo depois, transferiu-se para o Instituto de Pesquisas Tecnológicas de São Paulo, o renomado IPT, e passou a colaborar com a Politecnica de São Paulo, como doutor na área de Mecânica dos Solos.

Do I speak English?

Nelson acreditava que iria convencer os avaliadores de seu potencial, era só esperar a carta com o "Yes" tão desejado. Apostava na University of Iowa, uma escola de bastante prestígio na Engenharia, especialmente em Hidráulica, e por ser estadual, com um custo mais acessível também para a bolsa. E as cartas chegaram. A da universidade primeiro. Conhecendo-o agora, não precisou de muito esforço para conter a euforia. Um sorriso, mais interno do que externo, já foi suficiente para a comemoração. O próximo passo foi avisar a mãe e montar a estratégia para avisar a empresa e a faculdade e amarrar tudo com a bolsa. Foi uma sequência de "yes". Mais uma questão de ticar um objetivo e partir para o próximo passo do que qualquer celebração esfuziante.

A festa inevitável se deu no domingo, 29 de junho. Se o gol de Nils Liedholm botou uma nação em estado de apreensão, logo aos 4 minutos, bastou Didi decidir ir buscar a bola no fundo da rede e começar a lembrar seus companheiros que o Botafogo, seu time, tinha ganho daquela seleção há pouco para que os nervos ficassem sob controle. A partida recomeçou, ele lançou Garrincha e esse quase empatou. Garrincha se animou e decidiu atazanar a vida dos suecos; após 5 minutos do gol, deixou seus marcadores e cruzou para Vavá empatar. Estávamos no jogo. Aos 32 minutos, uma jogada igual — só não foi igual porque Vavá concluiu com o outro pé. Era uma esperança de novos ares, de acreditar em novos tempos. A certeza veio no início do segundo tempo. Pelé pediu a bola, Nilton Santos mandou no peito dele, antes de deixá-la cair, novo toque, agora um chapéu no sueco desconcertado, concluído ainda no ar para as redes, uma pintura. O único defeito do lance foi que as televisões ainda não transmitiam para o mundo todo. O Brasil ainda faria mais dois e os donos da casa, um. Enfim, como disse um locutor de rádio da época, "O Maracanã aconteceu!". Mais alegria para um país que parecia encontrar o seu rumo.

O pacote da Fulbright dava direito a uma passagem de primeira classe pela Braniff. Mas antes de chegar a Iowa City, a Comissão organizou uma espécie de ambientação dos alunos na Universidade do Texas, em Austin. Hoje é impossível sair do Brasil e chegar em Austin sem passar por Houston ou Dallas; em 1958 também, mas o número de "barreiras" era muito maior. Nelson foi até São Paulo, de onde o voo partiu para Lima; da capital do Peru foram para a principal cidade do Equador, Guayaquil; daí, cansados de paradas na América do Sul, seguiram até a Cidade do Panamá; de lá, antes de chegar à América do Norte, havia a última escala, Havana. Nelson lembra que a escala foi tensa, nem puderam descer da aeronave, havia um murmurinho de que as forças rebeldes de Castro finalmente dominavam a cidade; ainda não era verdade, levaria mais algum tempo, assim o avião da Braniff partiu para o destino final em Houston. De lá, os pouco menos de 300 quilômetros foram vencidos de ônibus. Passar pela imigração americana no Texas deixou Nelson preocupado com o próprio inglês. Preocupação que só aumentou quando, já em Austin, todos os alunos da Fulbright foram recebidos pelo prefeito Tom Miller. Aquele texano, em tempos em que os americanos queriam ser simpáticos com os estrangeiros, caprichou no discurso. Quando mais empolgado ele falava, mais desesperado Nelson ficava. Não teve coragem de perguntar para o colega do lado o que aquele homem havia falado, tampouco compartilhou a insegurança com o casal de brasileiros e o paulistano que também iria para Iowa e também iria fazer mestrado em Hidráulica. Nos dias seguintes seu ouvido foi se acostumando com o sotaque texano. O alívio mesmo só veio dois meses depois, quando desceu do ônibus em Iowa City. Naquele momento ele não poderia prever que o tal prefeito teria o seu nome consagrado numa barragem do rio Colorado na região de Austin. Com duas turbinas e capacidade de geração de 17,3 MW, vem funcionando desde a inauguração, em 1940. A homenagem ao prefeito que deixou Nelson assustado aconteceu após a morte dele, em 1962. Nelson tampouco previu que, se mudasse sua vida e se estabelecesse no Texas, teria quase um mercado cativo de trabalho. Em 2016, o Houston Public Media, um órgão da Universidade de Houston, publicou que no estado existem mais de 7 mil barragens em situação de risco.[1] Mas naquele instante o Nelson nem desconfiava que iria se especializar em avaliar barragens em situação fora do padrão.

O tal curso preparatório fora ótimo para pescar algumas diferenças entre o espírito universitário americano e o brasileiro. O período de pouco mais de um ano numa universidade americana incutiu em Nelson um respeito ainda maior pela busca pelo conhecimento.

---

1 • Disponível em: <https://www.houstonpublicmedia.org/articles/news/2016/03/07/139872/texas-has-thousands-of-Abad-dams-two-in-houston-deemed-extremely-high-risk/>. Acesso em: 10 maio 2018.

Além de ser engenheiro, ainda tem que escrever? O desafio da escrita e de outras matérias

O nosso engenheiro tinha ido disposto a aumentar de forma relevante seus conhecimentos em hidráulica. O outro brasileiro no curso optou por um mestrado sem tese, Nelson quis o desafio de defender uma. Essa e outras diferenças de personalidade não contribuíram para que eles se tornassem íntimos. Idem para o companheiro de quarto dele, um americano *beatnik* de quem ele não se recorda o nome. Possivelmente porque conversaram pouco, a ideia de dividir um quarto com um americano era também pelo inglês, mas eles tinham os horários invertidos: quando ele estava saindo para as aulas, o beat estava chegando para dormir, era aluno de *liberal arts* e ainda da graduação. Mas, se não ficaram íntimos, Nelson se credita o mérito do gringo ter se formado. No fim daquele ano, o último, o rapaz estava desistindo da faculdade. Nelson não suportou aquilo. Quando o colega contou o que estava para fazer foi enfaticamente desestimulado por Nelson: não seria por um inverno e uma primavera que ele poria tudo a perder. Desconfio que o rapaz não se tornou um artista importante, se não o Nelson saberia, mas se formou, depois de algumas revisões em conjunto com o engenheiro brasileiro.

Não eram tempos folgados. Nelson acredita que a bolsa era de 180 dólares; 80 dólares ele pagava no Room & Board, e só tinha de se preocupar com as refeições no domingo. A comida? Bem, a comida era um caso à parte, mas passados sessenta anos, os universitários americanos seguem reclamando. A carne já vinha cortada, para tentar disfarçar um pouco os nervos, então muita batata e outros complementos. Steak? Bom, esse só deu as caras na noite de Natal. A ideia não era usar parte dos 100 dólares que sobravam para se alimentar, era gastar com outras despesas. A fome era resolvida com leite. Isso mesmo, leite, para ele uma novidade — era homogeneizado, gratuito e podia ser despejado em copos e canecas. Ele não tinha dúvida.

Aproveitou o gosto por esporte e a sorte de estar no lugar certo no ano certo e frequentou algumas vezes o Iowa Stadium, a casa dos Hawkeyes, time de futebol americano da Universidade. Quando foi levado ao estádio não resistiu e liberou o engenheiro dentro dele. Já sabia que a Universidade tinha em torno de 10 mil alunos, metade da população da cidade. Entrou naquele estádio vazio e desconfiou que era grande. Ao perguntar sobre a capacidade, ouviu como resposta 40 mil pessoas. Fez um comentário que já não lembra e obteve como resposta algo como "espere e verás", ao que somente lhe restou devolver uma expressão de ceticismo.

> "Foi o primeiro ano em que deram a bolsa Fulbright. Veio até equipe de cinegrafistas. As instalações eram modestas e não tínhamos um trabalho em execução, só um pequeno canal, cujo orifício era fechado com rolha. Eu tirava e a água passava, não tinha muita opção. Mesmo assim foi parar no cinema, na propaganda deles. Mas já havia um senso prático."

O dia do primeiro jogo foi se aproximando e os comentários permitiam a ele desconfiar que a tal Big Ten era importante. Big Ten é o nome de uma das duas ligas desse esporte, como se fosse uma das duas conferências da NFL (National Football League). Ainda hoje se chama Big Ten, mas agora tem catorze universidades competindo entre si. A primeira vez de Nelson no estádio serviu para acabar com todo o ceticismo. Sim, estava cheio. O fim da incredulidade foi tamanho que ele aceitou facilmente quando lhe contaram que o funcionário mais bem pago da Universidade era o técnico dos Hawkeyes. A comemoração dos iowanos era tão intensa quanto a dos brasileiros.

O comportamento do Nelson diante de algumas matérias é um dos principais indicadores de sua personalidade. Desde o início ele não se sentiu tão à vontade nas aulas de Technical Writing, mas, ao deparar com elas, lembrou-se do tio Mário e do conselho dele para escrever artigos técnicos e a vantagem que tal atitude podia representar na carreira. Sabia que precisava melhorar. Verdade que trazia consigo uma anotação de um professor de Curitiba numa das provas: "Plágio?". O questionamento era para um texto que ele havia produzido, sua maior medalha. Considera um dos maiores elogios que já recebeu. Mas estava disposto a entender a forma como os professores americanos ensinavam. Levou a sério todas as técnicas utilizadas, aprendeu a importância do primeiro parágrafo, a defesa da clareza, da objetividade, realmente gostou do curso e utilizou os ensinamentos ao longo de toda a sua carreira. Hoje, de forma consciente e modesta, acredita que escreva bem. Mas apesar de toda a dedicação, da ralação, a média final foi C, ainda com a observação de que tal nota era uma conquista, uma melhoria. Por fim, num currículo recheado de "As", aquele C foi uma espécie de vitória, a base para uma atividade que desempenhou ao longo de sua carreira.

Se em escrita não conseguiu chegar ao A, em Flow Measurement (Medição de fluxo), depois de muita dedicação, o A veio. Somente para três alunos: ele, um alemão e um chinês que estudavam juntos. A matéria tinha sido uma indicação do *adviser*, eram apenas dois créditos, não deveria apresentar maiores problemas. Estava numa praça da universidade quando um desconhecido se aproximou, identificou-se e lhe entregou o livro-texto do curso. Ao folheá-lo e deparar com tanta eletrônica, ele foi verificar e se deu conta de que o nome completo do curso era "Medida de vazão por meios eletrônicos". Voltou ao livro, refletiu e foi assistir à primeira aula. Lembrou que tinha esquecido de conceitos básicos como volt, ampere e outros detalhes, achou que seria um esforço em vão. Resolveu insistir na aula seguinte e saiu desanimado, procurou o *adviser*, o professor que ficou responsável por orientá-lo ao longo do mestrado. Este o incentivou a persistir. Provocado, Nelson insistiu, se dedicou e aprendeu a fazer cálculos que jamais havia imaginado e que lhe foram úteis durante toda a carreira.

A outra foi Introdução à Engenharia Nuclear — precisava escolher uma matéria fora da Hidráulica, aquela parecia interessante e o horário, totalmente compatível. Ele conta que entrou e o "cabra" indicou o livro e os exercícios que queria resolvidos do Capítulo 1 para a aula seguinte. Se você conhece o Nelson, devia estar sentindo falta dessa palavra, "cabra"; já se passaram alguns capítulos e ela não havia aparecido. Feio ou bonito, é uma expressão a que ele recorre com frequência para se referir a alguém. Eu já me acostumei, é tão comum como "cara". Bom aluno que era, os desafios do mestrado o fizeram se dedicar ainda mais do que na graduação. Foi atrás do livro. Começou a estudar o tal Capítulo 1; eram cinquenta páginas que constituíam uma espécie de resumo da física atômica. Um pouco mais assustado, decidiu ler direto o tal primeiro exercício, imaginando que era tão aterrorizador quanto: "Assumindo que quando a terra foi criada havia a mesma quantidade de urânio 235 e urânio 238, calcular a idade aproximada da Terra".[2] Uma boa pergunta para o primeiro dia de aula. Tentou mais um pouco e foi conversar com o professor. Começou se dizendo preocupado. Se ele, com mais experiência, habituado com o sistema métrico, estava tendo tanta dificuldade, supunha que os alunos americanos, nem habituados àquele sistema, teriam ainda mais dificuldades. Dito e feito. Não foi fácil, passaram quase a metade do semestre para absorver o primeiro capítulo, mas no fim muitos se salvaram, e ele viu seu esforço recompensado.

Se essas foram duas histórias duras, estudar em Iowa foi a possiblidade de ser aluno do que Nelson chama de professor fenomenal: Hunter Rouse. Ele havia escrito alguns dos mais importantes e longevos livros de hidráulica do mundo, adotados em várias universidades. Seu primeiro livro, *Mecânica dos fluidos para engenheiros hidráulicos*, é um clássico. Era um engenheiro que se dedicara à vida acadêmica e, antes de chegar a Iowa, havia passado pelo MIT (Massachusetts Institute of Technology), Columbia e pela Caltech. Nelson credita a Rouse boa parte de sua capacidade de lidar com os problemas hidráulicos e, consequentemente, de ter sido chamado para buscar ou analisar soluções em tantas barragens. O professor incentivava e exigia que seus alunos tivessem um entendimento físico das questões, não se contentava com que apenas soubessem montar e resolver modelos matemáticos, queria que entendessem o comportamento da água, que a vissem, medissem e explicassem seu fluxo. Tudo isso tendo laboratórios que possibilitavam aos alunos visualizar e medir tais fenômenos. Este é o único parágrafo que faz referência ao professor Hunter Rouse, mas com certeza os efeitos da didática e da vontade dele de botar os alunos para se envolver com as questões concretas esteve presente em muitos momentos da trajetória de Nelson Pinto, trajetória essa que está apenas começando a ser contada. Ele estimulou Nelson a entender os fenômenos físicos, a observar tudo no mundo real, a não ceder ao canto das sereias dos modelos

2 • O que aconteceu durante a revisão do livro é um ótimo indicativo da personalidade do Nelson. Ele me disse que iria consultar o livro para saber ao certo as variações de urânio. No dia seguinte, cheguei pontualmente às 8h30 e lá estava ele com o *Introduction to nuclear engineering*, do americano Richard Stephenson, aberto sobre a mesa. Era um dos livros que ele trouxera do mestrado. Por não ser da sua área de atuação, não o abria desde 1958.

computacionais. Nelson não tem nada contra eles, é claro, mas defende que mais importante do que saber programar uma máquina para obter as respostas certas, é entender quais são as perguntas a serem formuladas.

Trabalho e um pouco de viagem

Todo professor dedicado quer se aproximar dos melhores alunos. O desempenho do Nelson em Iowa e sua produção acadêmica e profissional lhe renderiam, algumas décadas depois, a indicação para membro da Academia de Alunos Distintos da Universidade. A tese *Proteção de pilar de ponte contra erosão por meio de enrocamento* não apenas colocou o conceito de enrocamento na carreira do Nelson, como naquele distante ano de 1959 rendeu convites para um doutorado, prontamente rejeitado porque ele não pensava em ficar mais alguns anos nos Estados Unidos, e porque via no Brasil um mundo de grandes oportunidades. E ele queria ter experiência prática. Alguns professores haviam comprado uma área nas Montanhas Rochosas, no Colorado, para montar um laboratório rústico, e convidaram Nelson para trabalhar por três meses. Ele foi, o pessoal da Copel entendeu que a experiência podia ser útil ou, então, "mais alguns meses com o Nelson distante". Seriam três meses morando sem luz elétrica, mas com todas as condições de conduzir o projeto que estudava: *A erosão em volta das estruturas de extração de petróleo no Golfo do México*. Nelson não lembra quanto, mas ganhou um bom dinheiro e fez mais planos para aproveitar aquele período fora. Com a ajuda de um professor Ake Allin, que era consultor do *Corps of Engineers* do Exército americano, havia montado uma extensa agenda de visitas a obras e barragens. Tudo marcado por carta, o nome do professor servia como aval, eles avisavam a data e lá ia o Nelson, fazendo o que nunca fizera até então. Iniciada pelas obras do rio Missouri, atingiu a bacia do Columbia na costa oeste, desceu pelo Oregon até a Califórnia e daí para o Novo México e Texas, de onde voou para Washington e Nova York. Sabia dirigir, mas efetivamente nunca tinha praticado em Curitiba, por total falta de necessidade. Havia chegado o momento de pôr o pé na estrada. Nelson ficou impressionado com a organização dos americanos. Sempre que chegava havia alguém o esperando para guiar a visita, não passava mais do que dois ou três dias em cada uma.

Com um plano de dirigir no máximo 400 milhas por dia, gastando 15 dólares — 1 para o café da manhã, 2 para o almoço, 4 para o jantar, 5 a 6 para o hotel e o restante em gasolina —, percorreu, num Ford 1948, adivinhe a cor, comprado por 120 dólares, nada menos do que 20 mil quilômetros, tudo isso sozinho e sem nenhum traquejo prévio no volante. Mas essa é outra característica da personalidade dele: ele enfrenta o que vem pela frente.

Ele estava atento para observar todos os detalhes e aberto para fazer perguntas, comparações, buscar entender o desafio de cada situação, de cada projeto. Tinha um pouco de diversão quando passava por lugares interessantes. Só não contava com o que aconteceu em Sacramento. Depois de mais de um ano em Iowa City, ainda mais naquele tempo, é impossível não se comportar como se tudo fosse uma paz total. Para facilitar as coisas, os livros ficavam no porta-malas, a máquina fotográfica, as roupas e outros objetos, no banco de trás. Chegando à capital da Califórnia no fim da tarde, Nelson identificou um restaurante no último andar, estacionou e subiu para checar. Não gostou e retornou. Foram só alguns minutos e quando olhou para o Ford, não avistou a muda de roupa que estava pendurada atrás, para não amassar. Acelerou os passos e, quando olhou para o interior do veículo, viu que tudo tinha sumido. Piscou na esperança de resolver a questão e de fato não havia nada. Tinham quebrado a janelinha, aberto a porta e esvaziado o carro. Os ternos que perdeu haviam sido feitos sob medida em Curitiba, até o smoking que viera para o plano de trocar a passagem por um bilhete de navio teria de ser substituído. Ele foi rápido até a polícia e, segundo suas próprias palavras, iniciou uma "choradeira". O xerife entendeu, se solidarizou e até tentou identificar as digitais do bandido, mas adiantou que numa cidade de quase 200 mil habitantes seria difícil encontrá-lo e que possivelmente quem fizera o serviço já não estava por ali, ficou com os dados dele para avisá-lo.

Nunca mais nada foi achado, mas o Nelson não desanimou e seguiu os planos. Procurou a agência de viagens e trocou a volta da primeira classe da Braniff por um bilhete no navio da SS Brasil/SS Argentina, uma linha que fazia Nova York–São Paulo. Além de seguir os planos, decidiu que não contaria para ninguém sobre o roubo. Tinha ficado um ano e meio fora, tudo tinha dado certo — academicamente, profissionalmente, pessoalmente —, para que colocar um evento negativo em evidência? Como se fosse fácil um curitibano ir estudar nos Estados Unidos na década de 1960. Só foi contar o ocorrido depois de uns dois anos.

Quando passou por Austin, último destino motorizado, procurou o outro brasileiro que tinha conhecido no evento da Fulbright, que lhe indicou outro brasileiro que, por sorte, queria comprar um carro. Antes de procurar o conterrâneo, ele já tinha gasto um tempinho visitando alguns *dealers*. Um deles pedira para ele dar uma ré; ao ouvir o som, foi taxativo em indicar alguns defeitos e vaticinar: 40 dólares. Era um terço do valor da compra. Nelson seguira à risca a indicação quando comprou o veículo e não ultrapassara a velocidade de 50 milhas/hora, mas percebera que estava gastando mais em óleo do que em gasolina, e havia de encontrar uma solução. Com calma e conversando com seu futuro cliente, obteve dele o orçamento para a compra. O rapaz estava disposto a gastar 150 dólares num carro. Havia um espaço de manobra, valia tentar e não perder tanto. Pediram indicações de um mecânico de confiança e, depois de uma boa avaliação, o homem apresentou a conta da "reforma". Um dos itens mais custosos era o freio, Nelson até perguntou se não era possível apenas regulá-lo em vez de trocá-lo. O americano riu e soltou um "só consigo regular o que existe, esse já era". Os dois fecharam negócio, o comprador deixou 70 dólares na oficina e deu os outros 80 para o Nelson. Perguntado se o comprador podia ter acesso a este livro, ele respondeu: "Claro que sim, foi tudo feito de forma clara". A carteira estava reforçada para Washington e Nova York.

Nas capitais política e econômica dos Estados Unidos a viagem foi turística. Não seria daquela vez que ele poderia visitar as cataratas do Niágara e o sistema de exploração de energia montado ainda no final do século XIX. Um terno preto foi comprado e pensado como substituto ao smoking. Ele também nunca tinha viajado de navio, era usar um pouco do que ouvira do tio Mário. Antes, mais um susto: foi procurado pela companhia de navegação, que educadamente informou que não seria possível viajar sem um ajuste na passagem. A operadora que realizara a troca na Califórnia havia considerado o valor de face em dólares. Depois de uma queda para 7% em 1957, a inflação brasileira subira de novo para 24,4% em 1958 e 39,4% em 1959. A passagem, emitida em meados de 1958, tinha se desvalorizado na moeda corrente daquele país. E lá se ia parte da reserva com que ele se imaginou viajando.

Mais um Sousa Pinto em Iowa, mas desta vez em Ames

Não era comum brasileiros irem estudar nos Estados Unidos na década de 1950 e início da de 1960, menos ainda para os curitibanos. Mas um outro Sousa Pinto também foi fazer mestrado, e também em Iowa.

Carlos brinca que foram fazer Engenharia por conta dos livros técnicos do pai guardados no armário da casa. Essa seria a primeira versão, a que inclui toda a influência e a circunstância da imagem do pai. A outra, mais jocosa, tem variações, mas é quase sempre um enunciado parecido, brincando com as três opções clássicas de cursos naquele tempo: os bons em matemática faziam Engenharia; os bons alunos, Medicina; os que não era nem bons em matemática, nem bons alunos, Direito. Eu, formado em Administração, vou atuar como advogado do Carlos, do Nelson e dos engenheiros e, sem mágoas, lembrar que isso é apenas brincadeira e que os dois irmãos têm filhos advogados.

Carlos também ganhou uma bolsa. Mas foi para a Iowa State University, na cidade de Ames. Assim, os dois irmãos engenheiros guardam algumas diferenças entre si. Na questão do mestrado, a palavra State, a sequência da denominação University em relação ao nome do estado; a distância, 120, 130 milhas, dependendo se você utiliza a US 30W ou a I80W para ir de Ames até Iowa City, e o fato de que quando um estava indo, o outro estava voltando.

Os dois tiveram seus primeiros empregos no escritório de topografia do tio Othon, os dois desejavam ter uma carreira acadêmica, eram muito bons em matemática e bons alunos no geral. De acordo com a brincadeira do Carlos, poderiam ter se tornado médicos, e para ambos o segundo passo foi no mínimo curioso, já que houve depois uma inversão. Nelson foi para o DER (Departamento de Estradas e Rodagem), órgão público que cuidava da construção e manutenção de estradas de rodagem, lidando diretamente com o solo. Carlos foi parar no DAEE (Departamento de Águas e Energia Elétrica), que, por um período, anterior ao surgimento e real efetivação da Copel, administrou as hidrelétricas e a questão energética do estado do Paraná. Chegou lá porque Othon perguntou ao diretor na época se não havia vaga para um estudante de Engenharia. Havia, e ao ouvir o nome do sobrinho dele, o tal diretor logo lembrou que havia sido colega de faculdade no Rio de Janeiro do Nelson pai. A coincidência ajudou e Carlos estagiou durante a faculdade e trabalhou lá depois como engenheiro, antes de ir para São Paulo.

"Minha primeira experiência como consultor foi durante o trabalho depois do mestrado, antes de viajar visitando grandes obras nos Estados Unidos.
A Standard Oil havia contratado o professor, esse me pagava 500 dólares na época. Estudávamos a proteção contra erosão das fundações das plataformas metálicas para a extração de petróleo na região do Golfo do México, assunto ligado à minha tese de mestrado.
Produzíamos até ondas no laboratório, simulávamos, mesmo que não estivesse na escala. Ele gostava de ver a experiência, entender o fenômeno que seria enfrentado. Embarquei nessa canoa. Usei esta experiência no Centro de Hidráulica na volta."

Então o irmão, que se especializou em Hidráulica, começou trabalhando com mudanças no solo e Carlos, que depois em São Paulo e no mestrado iria se voltar para a Mecânica dos Solos, começou a trabalhar com água e energia. Coisas da vida. Houve um dia em que os irmãos se encontraram por acaso, o que não teria acontecido se não fosse o recepcionista de um hotel em Ribeirão Preto. A data não é mais lembrada, mas Carlos, então funcionário do IPT e professor de Mecânica dos Solos (escreveu um importante livro-texto da matéria, assim como o Nelson escreveu um de Hidrologia), lembra que ao preencher a ficha de entrada no hotel percebeu que o homem do outro lado do balcão gastou alguns segundos olhando para a ficha e fez cara de espanto. De forma meio tímida, perguntou se havia algum problema. Ficou feliz ao ouvir que não, e ser perguntado se conhecia um tal de Nelson que tinha o mesmo sobrenome. "Sim, é meu irmão, por quê?". "Ele fez check-in há pouco tempo e saiu." Um fora visitar uma barragem, o outro, uma estrada. Foi o mais próximo que estiveram de trabalhar juntos, apesar de tantas coisas em comum e de uma relação de fraternidade de mais de oitenta anos.

Quem acessou o site da University of Iowa[3], fundada em 1847, no mês de junho de 2018, pôde verificar que um dos cinco destaques era a chamada para "Iowa mergulha no futuro da pesquisa sobre a água", em que se fica sabendo que o Centro de Hidráulica da universidade se preparava para comemorar 100 anos em 2020. Um laboratório de 50 metros quadrados foi instalado em 1920 no rio Iowa e desde então crescera bastante. No site é possível acompanhar as contribuições da escola que marcou tanto a trajetória do Nelson. Se o apelido dos estudantes de lá é Hawkeyes, e a imagem utilizada é de um falcão, o apelido dos estudantes da Iowa State é Cyclones e a imagem é do pássaro cardeal. A escola do Nelson disputa os jogos da Big Ten; a do Carlos, a Big Twelve. Nem nisso eles competem.

Quando voltou para o Brasil, em 1959, Nelson não podia vislumbrar que aquela havia sido a primeira viagem internacional de tantas que viriam, para tantos lugares. Se alguém lhe dissesse, na virada da década de 1960, que um dia teria um mapa-múndi para marcar com a mulher os lugares onde foi observar uma barragem ou participar de um congresso, não apenas duvidaria, como classificaria o "cabra" como pouco confiável. Sorte que as viagens ficaram mais rápidas... A decisão do mestrado foi um primeiro e importante passo para possibilitar consultorias internacionais. Mas, na vida do Nelson, tudo teve o seu tempo. Nunca foi o que chamam de prodígio, mas esses dezoito meses fizeram diferença. De negativo mesmo, só o pouco saudável hábito de fumar que adquiriu por lá. Era um comportamento social padrão, quase todos os professores fumavam, quase todos os alunos fumavam. O americano James Dean influenciou os rebeldes com causa, sem causa e até os não rebeldes. Tornou-se clássica a imagem dele fumando no filme lançado poucos dias após a sua morte, aos 24 anos, e que no Brasil se chamou *Juventude Transviada*. Nelson manteve o vício por anos, nunca de forma descontrolada, até que tomou uma decisão racional, como tem sido o costume de uma vida, de não fumar mais desde os 46 anos.

3 • Disponível em: <https://uiowa.edu/>. Acesso em: 5 jun. 2018.

2018
techne

6 – Fiat lux — um breve mergulho na história da energia elétrica

O que você estava fazendo na noite de 10 de novembro de 2009? Quer uma dica? Era uma terça-feira, os jornais pela manhã traziam imagens do Portão de Brandemburgo iluminado por muitos fogos de artifício, celebrando o vigésimo aniversário da queda do Muro de Berlim. No Brasil já se vivia um clima eleitoral, apesar de estarmos ainda a quase um ano das eleições; a previsão era de chuvas fortes na maioria dos estados. Se você não foi para a cama antes das 22h, é possível que se lembre do maior apagão da história brasileira. Isso mesmo, dezoito estados mais o Distrito Federal ficaram completamente no escuro, sem contar que no vizinho Paraguai, 90% da população também foi afetada. Eu estava num restaurante, pagaria com cartão e tive de voltar no dia seguinte. Voltei, mas imagino que muitos tiveram prejuízos consideráveis, sem falar em questões ainda mais graves de segurança e saúde — imagino que nem todo hospital no País tenha gerador próprio. Foi muito ruim.

A real dimensão só pôde ser avaliada nos dias seguintes. A explicação do ministro das Minas e Energia, Edison Lobão, de que a culpa fora dos raios, ventos e chuvas que atingiram Itaberá, uma pequena cidade no sul do estado de São Paulo, com não muito mais do que 18 mil habitantes, deixou a população meio atônita. Como assim um pequeno problema numa pequena cidade pode ter parado mais da metade do Brasil? O fato é que, pela primeira vez na história, as vinte turbinas de Itaipu foram desligadas juntas. A cada ano aumenta ainda mais a nossa dependência da eletricidade. Por isso acho que vale um breve histórico, não técnico, do setor. Se o Nelson voltaria dos Estados Unidos determinado a trabalhar com hidrelétricas, é importante que se tenha uma boa noção de como o ser humano foi dando vazão à criatividade e se utilizando da luz para acelerar o desenvolvimento e o crescimento do mundo. Até chegar às grandes obras hidrelétricas foi um longo caminho, de muita experimentação, de muita dedicação de engenheiros e inventores tenazes, num mundo onde a comunicação e a troca eram bem mais difíceis do que os tempos atuais, onde a colaboração não era tão facilitada. Homens destacados, geniais, foram contribuindo, nem todos conseguindo aliar a uma primorosa atuação profissional uma vida minimamente equilibrada, mas fazendo suas contribuições. Volto ao Nelson depois dessa rodada.

Se você pesquisar a história da eletricidade vai chegar primeiro a Tales de Mileto. Definir Tales é tão difícil quanto definir qualquer dos sábios antigos, tão multidisciplinares que eram. Tales acreditava que a água era o princípio de todas as coisas, mas sua ligação com a história da eletricidade começou quando ele esfregou um pedaço de âmbar (resina que, em teoria, num dicionário de grego, deve ser *elektron)* numa pele de animal e notou que a resina passava a atrair pequenos objetos, como pedaços de palha. Passou a acreditar que estava diante de magnetismo, mas estava mesmo é descobrindo a eletricidade estática.

Se antes de Tales (600 a.C.) havia apenas menções aos relâmpagos e aos peixes elétricos, eletricidade e magnetismo foram confundidos por séculos — embora o uso de bússolas tenha sido importante em deslocamentos pelo globo —, até que no século XVII o inglês William Gilbert publicou uma obra sobre o tema e avançou para a resistência dos materiais. Na metade desse século, na Alemanha, Otto von Guericke criou uma máquina precursora de um gerador, utilizando uma bola de enxofre que entrava em atrito com a terra seca e de onde se observavam centelhas que ele associou aos relâmpagos. O projeto de Guericke foi aprimorado por seu contemporâneo Robert Boyle, em Londres, que trabalhou com gases, elementos químicos e chegou a algo próximo de uma bomba de ar ou bomba de vácuo. Pouco depois, Stephen Gray estudou a movimentação e fluidez das cargas, nos primórdios da eletrodinâmica, percebendo que era possível transmitir a eletricidade produzida no vidro. E Charles Du Fay, na França, escreveu sobre as cargas elétricas e os conceitos de atração e repulsão, clareando o conceito de eletricidade positiva e negativa.

A próxima grande contribuição é do americano Benjamin Franklin, escritor, editor, frasista e inventor, além de político e um dos líderes da independência americana. Um de seus pensamentos mais repetidos tem esta precisão: "Neste mundo, nada é seguro, apenas a morte e os impostos". Ou então esta: "Bem feito é melhor do que bem explicado". Talvez por ter dito isso, decidiu partir para um experimento prático. Num dia de chuva e relâmpagos, resolveu empinar uma pipa com uma chave de metal amarrada numa das pontas, apostando que tomaria um leve choque pela descarga elétrica que chegaria até seus dedos. Com isso criou os para-raios. Seus estudos também consagraram o positivo e negativo e partiram para a conservação das cargas. O italiano Luigi Galvani, dissecando rãs, intuiu a eletricidade nos músculos e parte de suas considerações foi utilizada e contestada por Alessandro Volta, que percebeu que eram dois metais heterogêneos que geravam a corrente, o músculo era uma espécie de condutor biológico. A partir daí criou a pilha voltaica, precursora das baterias. O nome da unidade de tensão elétrica, volt, é uma homenagem a ele.

Já no século XIX o dinamarquês Hans Christian Öersted descobriu a correlação entre os condutores elétricos e os materiais magnéticos, isso depois de ter ganhado uma bolsa de estudos e participado de discussões com o alemão Johann Ritter. Dialogando com esse trabalho, o francês André-Marie Ampère estruturou uma teoria e ainda uma lei que rege as atrações e repulsões das correntes elétricas entre si, o que possibilitou a construção de alguns aparelhos eletromagnéticos. O inglês Michael Faraday, em 1831, criou o dínamo, que foi o primeiro aparelho a transformar energia mecânica em elétrica por meio de um campo magnético e um disco de metal. Estava entendida a indução eletromagnética, um princípio capaz de criar o gerador e o transformador elétrico. O alemão Georg Ohm estudou melhor os circuitos elétricos e a relação entre os dispositivos, a corrente e a tensão. O escocês James Maxwell "matematizou" o eletromagnetismo. O inglês Humphry Davy, de quem Faraday foi aquele assistente que vai além do mestre, costumava aquecer pedaços de metal com eletricidade para que esses brilhassem e gerassem energia, no que foi chamado de lâmpada de arco.

Enquanto toda essa evolução acontecia, demandando muita pesquisa, esforços e observações de mentes privilegiadíssimas, de várias partes do mundo, as cidades permaneciam com iluminação deficiente e as pessoas, com poucas alternativas de geração de energia. Mas as expectativas eram grandes. Essa foi uma tentativa de contextualizar resumidamente a base da energia elétrica, um pouco do que aconteceu antes de podermos chegar às hidrelétricas. É importante ressaltar o espírito coletivo, a intersecção dos estudos e a interdependência desses inventores. A ciência é sempre coletiva, por mais que nem todos os envolvidos recebam os prêmios ou tenham seus nomes consagrados. Quando perguntei ao Nelson como ele havia criado a solução para o processo da cavitação, debitado a ele por alguns entrevistados, a resposta foi: "Não fui eu, várias pessoas trabalhavam com esses conceitos ao redor do mundo".

Um pulinho na história dos motores e da energia hidráulica

Se você é engenheiro, peço um pouco mais de paciência com os leitores não técnicos, mas acho que faz sentido tecer uma breve passagem pela história dos motores, mecanismos indispensáveis para a Revolução Industrial e a mudança completa no modo artesanal de produção que tanto impactou a vida e os arranjos sociais. No século I, Heron de Alexandria inventou a primeira máquina térmica, que ficou conhecida como eolípila, ou máquina de Heron. Era uma esfera de cobre com dois canos retorcidos, preenchida com água e colocada sobre o fogo. Quando o líquido começava a ferver, liberava o vapor pelos canos e gerava o movimento. O francês Denis Papin, em 1679, criou uma espécie de panela que utilizou o vapor para movimentar um mecanismo com êmbolo e cilindro; para evitar a explosão, elaborou uma válvula de segurança.

Em 1698, o inglês Thomas Savery, tentando resolver o problema de retirada de água das minas de carvão, criou uma máquina que utilizava o vapor em alta pressão para preencher um cilindro e depois o resfriava rapidamente. A condensação criava um vácuo que era ocupado pela água a ser retirada, o cilindro era de novo aquecido e aí a água era bombeada para fora. O problema era o elevado risco de explosão. Catorze anos depois um outro inglês, também Thomas, este Newcomen, aproveitou-se da proximidade com a família de Savery e promoveu mudanças na máquina, que passou a conseguir não apenas retirar água, como também elevar cargas, e isso a profundidades de até 50 metros, diminuindo muito o risco de explosão ao utilizar o vapor para impulsionar um êmbolo num cilindro e depois uma alavanca que deslocava a bomba que descia para a mina. Foi a solução para um dos dilemas de uma sociedade que cada vez mais dependia do carvão.

Nascido em Greenock, Escócia, em 1736, James Watt, pouco antes de completar 30 anos, criou uma máquina a vapor que otimizava as perdas da de Newcomen por passar a se beneficiar da rotação em vez do deslocamento vertical. Seu invento permitiu não apenas menor utilização de carvão, como ainda pôde ser adaptado para a propulsão de moinhos e tornos e esteve na base da Revolução Industrial iniciada na Inglaterra em fins do século XVIII, início do XIX, quando as máquinas passaram a substituir o homem e a reuni-los em fábricas com condições de cada vez mais explorar uma escala de produção e impulsionar o comércio. O motor a vapor também possibilitou o aumento desse comércio quando Richard Trevithick, em 1804, concebeu a locomotiva movida a vapor e se deslocando sobre trilhos. As fronteiras começavam a encurtar.

Desde a antiguidade o homem vem encontrando formas de explorar a força da água. Os monjolos, os moinhos e as rodas d'água — aquelas parecidas com rodas-gigantes de parques de diversão — usam a energia da água para movimentar a roda ou a gangorra e gerar energia mecânica ou então moer os alimentos e produzir farinha. O uso da rotação desses aparelhos com certeza estava na mente dos criadores dos motores. Também existiram os carneiros e burrinhos, máquinas hidráulicas utilizadas para se beneficiar da energia e conseguir levar água para longe das nascentes ou dos cursos delas, quando ainda não se tinha acesso à eletricidade.

Benoît Fourneyron é considerado o pai das turbinas. Francês de Saint-Étienne, formou-se em Engenharia na cidade natal num momento em que os professores se dispunham a repensar a roda d'água. Aos 25 anos, em 1827, chegou ao seu primeiro protótipo da solução e deu o nome de turbina, palavra em latim que designa um pião. Sua primeira inovação foi colocar o movimento giratório na horizontal; a outra, inverter a direção dos pares de lâminas para conseguir maximizar o movimento. Conseguiu com isso gerar energia equivalente a 6 cavalos-vapor, ganhou um prêmio e a disposição para ir aperfeiçoando sua invenção. Em dez anos tinha multiplicado a capacidade de geração por dez, obtendo uma turbina capaz de rotacionar 2.300 vezes por minuto em dimensões completamente manejáveis. Esse tipo de turbina se espalhou pelo mundo e, em 1861, Fourneyron foi admitido como membro estrangeiro da Academia de Artes e Ciências dos Estados Unidos.

William George Armstrong, um inglês nascido em Newcastle, até tentou seguir os planos do pai, também William, para a sua carreira. Estudou Direito e trabalhou num escritório de advocacia por anos, mas aos poucos foi assumindo a sua paixão pela engenharia e criando um império empresarial. Gostava de pescar e, num dia de diversão, prestou mais atenção a uma roda d'água que fornecia energia a uma pedreira. Ficou incomodado com o desperdício e, na volta, na oficina de um amigo, projetou um motor giratório que funcionava com energia hidráulica. Sua invenção não empolgou e ele fez uma versão a pistão que acabou tendo grande utilidade como guindaste, negócio que soube criar e explorar até acumular uma fortuna suficiente para adquirir uma propriedade em Northumberland, onde incluiria muito do seu senso estético e curiosidade. Seu grupo empresarial cresceu para outras áreas e aumentou de importância e poder. Armstrong acumulou títulos e profissionalizou a gestão do império, dedicando-se à casa, que se transformou num ponto de recepção de personalidades ilustres, inglesas e mundiais. Possivelmente por isso, queria ter a tecnologia mais avançada e os maiores luxos. Foi a primeira propriedade do mundo a ter uma usina elétrica. Hoje Cragside está aberta a visitas[1].

O alemão Werner von Siemens, também com alguns inventos na área dos telégrafos, em 1866 adicionou outra peça ao quebra-cabeça do funcionamento do dínamo. Charles Brush é um americano de origem tradicional que usou as posses da família para estudar. Graduado pela Universidade de Michigan, concluiu em 1880 um pouco usual, para a época, Ph.D. na Case Western

1 • Disponível em: <https://www.nationaltrust.org.uk/cragside>. Acesso em: 28 jun. 2018.

Reserve University. Alguns anos antes ele já havia se destacado no aperfeiçoamento de uma máquina importantíssima para a nossa história, que ficou conhecida como dínamo de Brush — uma espécie de gerador capaz de transformar a energia mecânica em elétrica. Brush também se debruçou sobre as lâmpadas de arco e tinha interesse em levar iluminação para as cidades. Em 1880 ele estabeleceu a Brush Electric Company, que depois seria comprada pela Thomson-Houston Electric Company e se fundiria com a Edson, transformando-se na General Electric Company. Em 1881, um moinho de farinha foi conectado a um dínamo de Brush e forneceu iluminação para a Niagara Falls Street, em Nova York. Também neste ano as cidades de Boston, Nova York, Filadélfia, Baltimore, Montreal, Buffalo, Cleveland e San Francisco contavam com algum sistema de iluminação pública com as lâmpadas de arco de Brush. A cidade de San Francisco foi a primeira a estabelecer uma linha de transmissão para vender energia gerada por uma usina que comprou dois geradores de Brush para comercializar a produção. Depois de vender a empresa, ele nunca mais retornou ao mercado de eletricidade. Alguns anos depois, como bom milionário, construiu uma mansão em Cleveland e fez dela a primeira casa com um gerador abastecido por um moinho de vento.

> "Eu tinha vocação para professor, gostava de ensinar, via como carreira para criar prestígio. Era um sinal de que sabia, uma carreira em que é muito importante confirmar que conhece, dá a oportunidade de ficar estudando. Para ensinar é preciso estudar, se não, não se é um professor decente."

Dos cinco Grandes Lagos da América do Norte, o Michigan é o único que fica inteiramente dentro da fronteira dos Estados Unidos; os outros são divididos com o Canadá. É o maior lago de água doce do país e o quinto maior do mundo; recebe as águas do rio Illinois, que, por sua vez, recebe as águas do rio Fox. Este rio corta a cidade de Appleton, no estado do Wisconsin, que pela US 151-S fica a 284 milhas de Iowa City, onde o Nelson fez o mestrado dele. Talvez se o mestrado fosse mais ligado à História ou ele tivesse mais tempo para viajar, teria incluído Appleton no seu roteiro ao final do curso, mas o curso foi na área de Engenharia, e ele preferiu as hidrelétricas de grande porte, operando ou em construção. Mas o que aconteceu lá é interessante.

H. J. Rogers era um empresário local, tinha investimentos na área de gás, a Appleton Gas Light Co., com a qual fornecia iluminação para a cidade, e na área de papéis, com a Appleton Paper and Pulp Co., e era do tipo determinado a estar na ponta tecnológica dos negócios. Numa pescaria com um amigo de Chicago que trabalhava para a empresa de Thomas Edison como agente comercial, ficou sabendo dos planos para a usina elétrica movida a vapor que iria iluminar parte de Manhattan. Assim que entendeu o que estava sendo desenvolvido, quis fazer algo parecido na cidade, mas a partir da utilização da energia da água, colocando para si a missão de criar a primeira hidrelétrica do mundo. Estimulou um grupo de quatro investidores, entre eles o tal amigo, H.E. Jacobs, e foi montada a Appleton Edison Electric Light Company em 25 de maio de 1882. A usina ficou conhecida como Vulcan Street Plant e começou a iluminar as fábricas e a casa de Rogers depois de um ajuste em 30 de setembro de 1882, apenas alguns dias depois da entrada em operação da usina em Manhattan, com potência de 12,5 quilowatts. Em 1886 essa usina foi substituída por outra maior, gerando energia também para os bondes elétricos de Appleton. A casa de Rogers, construída no estilo Rainha Anne, foi transformada no Hearthstone Historic House Museum[2] e tem vários itens dessa verdadeira aventura pioneira.

Na França, também em 1882, Aristide Bergès, um fabricante de papel que já tinha utilizado a água para movimentar suas máquinas, conseguiu também gerar energia elétrica acoplando um dínamo de Gram. Como se pode ver, há muito tempo o homem cria em parceria, em contato direto ou não. O conhecimento humano é sempre maior do que suas partes isoladas.

Foi em 1879 que Thomas Edison, diz a lenda, depois de mais de cem tentativas, chegou à lâmpada incandescente, capaz de ficar mais de 40 horas acesa. Mas quando entra o nome de Edison, acho importante resgatar uma figura que, depois de fazer muito sucesso, ter sido muito revolucionária e importante para que a energia pudesse ser gerada e distribuída com mais eficiência, cuja invenção viabilizou que o mundo evoluísse para grandes usinas hidrelétri-

2 • Disponível em: <https://www.hearthstonemuseum.org/>. Acesso em: 25 jun. 2018.

cas e nelas as barragens em que o Nelson se especializou em estudar, acabou sendo esquecida, ultrapassada parte por sua genialidade, parte por algumas excentricidades. Me refiro ao austro-húngaro — se nascesse hoje, seria croata — Nikola Tesla. Os dois protagonizaram uma deliciosa disputa que merece ser incluída neste livro, inclusive porque eles tinham em seus perfis características muito opostas do que tem o meu perfilado, e é sempre bom mostrar um ponto usando alguém de alguma forma relacionado à área, mas com qualidades bem diferentes. Claro que não estou comparando Nelson Pinto com Thomas Edison ou Nikola Tesla. Nelson nunca foi um inventor, dedicou-se a ser um engenheiro competente. Em comum com os dois, a enorme inquietude na busca de soluções; apresentados a um problema, mergulhavam na busca da solução. Nelson seguia um caminho de observação e estudo, de dedução lógica; os dois inventores geniais utilizavam também a observação, mas colocavam uma obstinação e os toques que os colocaram como dois dos maiores gênios da história, com aspectos difíceis de explicar. Edison tinha uma visão empreendedora que Nelson nunca percebeu em si, nem demonstrou interesse em descobrir. Tesla, uma excentricidade na vida pessoal em contraposição a um homem que, apesar do enorme apego ao trabalho, procurou tocar a sua vida pessoal e familiar de maneira tradicional.

Se este capítulo trouxe nomes importantes da história da eletricidade e do início das hidrelétricas, não podia deixar de fora a disputa entre Edison e Tesla. O que o americano e o croata viveram vai muito além de uma contenda. Já gerou documentários, filmes e discussões, e está na base do campo em que o meu biografado se desenvolveu. Vale a pena contar.

Edison x Tesla, o vencedor nem sempre leva

Thomas Alva Edison nasceu em 11 de fevereiro de 1847 em Milan, pequena cidade no estado de Ohio. Inquieto, nunca conseguiu se concentrar para seguir na escola. Ficou por apenas alguns meses e depois foi educado pela mãe. Adorava fazer experiências. Aos 12 anos vendia jornais e revistas aos passageiros da linha entre Port Huron, para onde a família havia se mudado, e Detroit, ambas em Michigan. Aprendeu código Morse e arranjou um emprego de operador de telégrafo, posição que ocupou por cinco anos, inclusive pedindo por um período para ser transferido para a noite para fazer experiências durante o dia. Fascinado, tentava melhorar a operação dos telégrafos. Gostou de inventar e resolveu se mudar para Nova York aos 22 anos. Passou os sete seguintes de um emprego ao outro, de alguma forma ligado à indústria telegráfica. Ter possibilitado o envio de mais de uma mensagem por vez pelo mesmo fio, além de algumas outras invenções e várias patentes, lhe trouxe algum reconhecimento e dinheiro.

Decidiu se posicionar como inventor e montou um laboratório em Nova Jersey, com uma meta bastante ambiciosa de viabilizar uma invenção pequena a cada dez dias e uma grande a cada trinta. Os americanos passaram a gostar de se ver dessa forma: se não possuíam tradição em arte e cultura, nem grandes universidades, seriam os maiores inventores do mundo. Ao longo da vida, Edison registrou mais de mil patentes, apenas em seu país de origem, o que me permite imaginar que, se fosse filósofo, acreditaria mais no personalismo do que no trabalho em grupo. Alcançou fama e reconhecimento mundial cedo e é tido por muitos como o pai da eletricidade. Como dito, em 1879 finalmente conseguiu chegar a uma lâmpada elétrica que funcionou por 45 horas, concluindo que o carvão era um material que resolveria o desafio de levar iluminação para dentro das casas e indústrias, substituindo o sistema a gás e tornando o processo mais seguro e constante. Todo o sistema de Edison estava baseado na transmissão da eletricidade em corrente contínua, ou seja, quando os elétrons que circulam dentro de um fio o fazem numa única direção, até completar o circuito. Isso era bastante seguro, mas impunha uma enorme restrição: a unidade geradora de energia precisava ficar a no máximo 800 metros do ponto mais distante de distribuição. Para o criador, defensor de sua criatura, era mais factível pensar em como viabilizar tantas unidades geradoras do que partir para outra solução. Tal sistema somente se mostrava viável em regiões densamente povoadas. Cidades com poucos e espalhados habitantes e zonas rurais estavam, pelo menos no final do século XIX, condenadas à escuridão ou ao lampião de gás.

Em 1876 Edson já estava casado, embora não fosse um marido presente, passando a maior parte dos dias e noites no laboratório. Ficou conhecido como o "feiticeiro de Menlo Park" — não confundir com a Menlo Park da Califórnia, cidade onde o Google foi fundado e o Facebook tem atualmente a sua sede, duas empresas que também têm seus feiticeiros... De seu enorme laboratório iria à Expo da Filadélfia para apresentar uma caneta elétrica capaz de escrever e produzir ao mesmo tempo 5 mil cópias em estêncil do que era escrito. Chegando lá, ele e a feira se encantaram com o que Alexander Graham Bell apresentava. A possibilidade de ouvir do outro lado de um aparelho uma voz humana poderia ser um fim dos telégrafos. Quem também tinha ido a essa Expo era dom Pedro II, que testou a invenção de Bell (somente em 2002 o Congresso norte-americano decidiu que Antonio Meucci, antigo colega de Bell, era de fato o inventor do aparelho que veio a ser conhecido como telefone, mas as empresas de telefonia americanas carregaram por muito tempo o sobrenome Bell. Além de tudo, o sogro tinha muitas posses, financiara o registro da patente e também a primeira empresa, a Bell Telephone Company). Não consegui identificar se o brasileiro conheceu Edison no evento, mas alguns anos depois ele obteria a permissão do imperador para explorar os sistemas de iluminação no Brasil. O fato é que Edison ficou tocado por Bell. Teria dito a frase: "Todo inventor precisa de um inimigo" e começou a trabalhar na transformação da voz em sinais magnéticos. No ano seguinte apresentou ao mundo o fonógrafo, quando gravou a própria voz recitando uma canção infantil.

Edison soube como poucos capitalizar a imagem de inventor. Suas conquistas e a mídia só rivalizaram em saber quem o colocaria mais rápido no posto de maior inventor. Quando chegou à solução da lâmpada, prometeu iluminar a parte sul de Manhattan, próximo de onde ficava Wall Street e seus financiadores. Os meses se transformaram em anos, mas nada o impediu de cumprir a promessa e pôr a unidade da Pearl Street Station em funcionamento, atingindo os mais de quinhentos clientes que planejava e tirando aquela parte da cidade das trevas.

Se precisava de inimigos, soube criar um dentro de casa, e poderoso. Nikola Tesla nasceu em 10 de julho de 1856 em Smiljan, no seio de uma família religiosa. Ganharia depois uma bolsa de estudos para aprender Engenharia em Gratz. Não terminaria o curso, nem em uma segunda tentativa em outra cidade. Trabalhou em empresas de telégrafos e telefones até se mudar para

Paris em 1882 e ser contratado como funcionário de uma empresa de Edison, buscando soluções para equipamentos elétricos. Decidiu que precisava mudar para os Estados Unidos e aportou em Nova York em 1884, indo falar com o próprio Edison com uma carta de recomendação do chefe parisiense, que teria escrito: "Conheço dois gênios, um é o senhor, o outro é esse jovem à sua frente". Tesla foi contratado e posto à prova, algo que Edison adorava fazer para testar o real potencial de seus funcionários. Desafiado a encontrar uma importante solução para um motor de corrente contínua, Tesla debruçou-se na tarefa e rapidamente entendeu o problema. Solucionou-o e ainda queria propor mais soluções. Mas antes foi cobrar o prêmio que, em teoria, o chefe havia proposto. Confrontado, Edison disse que o imigrante não entendia o humor americano.

Tesla foi embora e tentou se estabelecer por conta própria. Criou algumas patentes de lâmpadas para empresários locais que o trapacearam e teve de buscar alternativas, decidindo que a solução para a questão elétrica estava na corrente alternada (AC) e não na corrente contínua (CC). Mas com sobrevivência não se brinca, e ele teve de ir cavar as ruas de Nova York para uma empresa que prestava serviços de instalação de cabos para Edison. Inconformado, pregava a inutilidade de tudo aquilo até que um supervisor resolveu escutá-lo e disse que tinha amigos que poderiam investir na ideia dele.

Tesla também sabia causar impacto. Gostava de poesia e do alto de seu 1,88 metro e apenas 63 quilos, com uma mente que diziam capaz de decorar *Fausto,* de Goethe, sem poder abrir mão do sotaque sérvio, convenceu investidores de que poderia apresentar uma solução superior à de Edison. Quem decora *Fausto* deve entender de pactos... Tesla desenvolveu patentes que atraíram outro americano dez anos mais velho do que ele e apenas um do que Edison. Esse americano, George Westinghouse, havia feito fortuna no mercado ferroviário. Além de soluções para descarrilhamentos, criara um freio a ar comprimido que virara padrão na indústria ferroviária. Gostou da ideia de ter produtos que viram padrão da indústria e comprou as patentes de Tesla. Entrava na briga para eletrificar as cidades e casas apostando na corrente alternada, sistema em que as ondas seguem curvas, mas podem variar a direção constantemente. Tesla soube aproveitar o transformador de Faraday e imaginar que o ideal seria transmitir eletricidade em AC, podendo chegar a longuíssimas distâncias, e então convertê-la para voltagens seguras no momento em que fosse entregue nas unidades consumidoras, empresas ou residências. Tesla e Westinghouse fizeram uma negociação de gente grande. O inventor exigiu não apenas um bom valor pela patente, como também ganhava a cada unidade de cavalo-vapor vendida. O imigrante que chegara com os bolsos vazios acabava de ficar rico, bastante rico com a execução do contrato, possivelmente entre os homens mais ricos do mundo. Mas o jogo da eletricidade sempre foi intensivo em capital, demandava altos investimentos. Claro que Edison não iria aceitar ser batido assim.

Utilizou toda a sua fama e poder de atrair a mídia para iniciar uma campanha contra Westinghouse e Tesla, disposto a provar que a AC exibia riscos. Não se intimidou e expôs cachorros e cavalos a choques em alta tensão, algo totalmente impensável nos dias de hoje. Quando o governo do estado pediu sua consultoria para o processo de execução penal de criminosos, achou que colocar a AC numa cadeira elétrica seria o golpe fatal contra o sistema, revelando que os gênios podem ter de fato um lado pouco humano. Westinghouse reclamava e gastava recursos em publicidade e em advocacia para se defender. Além de Edison, que insistia na CC, havia a Thomson-Houston, que sinalizava que também adotaria a AC.

A tal "Batalha das Correntes" repercutiu em sua época. Chegava uma nova Expo em 1893. Chicago queria mostrar ao mundo que tinha se recuperado definitivamente do grande incêndio de 1871 e que os frutos da reconstrução iam muito além da criação da Escola de Chicago — essa de Arquitetura, que teria em Frank Lloyd Wright seu maior expoente. A concorrência era para iluminar a feira, trazer luz para a cidade e mostrar ao mundo todo do que eram capazes os Estados Unidos. Edison ainda se lembrava do protagonismo de Graham Bell na feira da Filadélfia, dezessete anos antes. Queria ver seu sistema escolhido para a de Chicago, embora se preocupasse mesmo era com a escala da disputa em termos de negócios mundiais. Westinghouse e Tesla levaram a disputa por Chicago e no dia 1º de maio de 1893, quando o coro começou a cantar, o presidente Grover Cleveland acendeu 160 mil lâmpadas que iluminaram a "Windy City". Para se ter uma ideia, foram instalados doze dínamos de 75 toneladas cada um, gerando três vezes mais energia do que a cidade inteira. As imagens rodaram o mundo, junto com o nome de Tesla, que também havia criado a lâmpada fluorescente e não cansava de dar palestras dizendo: "Em todo lugar há energia".

"Dei aulas por 46 anos. Uma vez recebi um recado de um bedel. O diretor estava pensando em me dar um título de professor emérito, se eu podia ir até lá conversar com ele. Pensei comigo: 'Quer que eu vá lá pedir o título'. Não fui, e o título não saiu."

Seis meses depois, uma nova disputa seria travada. Uma comissão foi montada para avaliar qual seria a melhor maneira de explorar a força das águas das cataratas do Niágara. Mais uma vez Westinghouse e Tesla saíram vencedores, fazendo com que a AC se impusesse como o novo padrão. A energia podia ser gerada e transmitida em AC em voltagem alta, sendo transformada para as voltagens baixas apenas no momento em que saía da transmissão e era entregue para uso na unidade consumidora. Edison sofreu talvez a maior derrota de sua vida, mesmo porque sua insistência na corrente contínua custou-lhe o posto na própria empresa. Os investidores representados no conselho de administração acharam que o melhor para a Edison Company era se juntar à Thomson-Houston e outras e formar a General Electric Company. Thomas Edison saía da empresa que havia criado com ações suficientes para viver uma vida muito, muito, mas muito confortável.

Eram outros tempos, ele não quis um grande barco ou outro sinal de riqueza. Seu "brinquedo" era mesmo o laboratório e ele montou outro, dez vezes maior que o anterior. Ainda faria importantes descobertas, como uma maneira de separar o minério de ferro e também o cinetoscópio, máquina pioneira de imagens em movimento diante da qual o espectador se postava e assistia a pequenos filmes por um visor. Os irmãos franceses Auguste e Louis Lumière inventaram o cinematógrafo e ficaram conhecidos como os pais do cinema. Edison tinha um problema de audição desde a infância, possivelmente por uma queda, e sofria cada vez mais com o problema. O investimento em suas novas tentativas de invenção, a insistência na questão das minas e um grande incêndio o fizeram se declarar falido aos 67 anos e disposto a recomeçar. Considerava que o grande amigo Ezra Gilliland o tinha trapaceado num negócio e não o perdoou, mesmo Ezra tendo lhe apresentado a segunda esposa. Os dois eram vizinhos na casa de inverno em Fort Myers, e Edison mandou cortar a água da casa e inserir um portão. Acabou ficando bastante amigo de Henry Ford, que era uma espécie de admirador. Teve três filhos com cada uma das duas esposas e levou tão a sério a questão de transformar Thomas A. Edison numa marca que sequer permitia ao filho, que levava o mesmo nome, o uso dela. Faleceu em 1931, aos 84 anos, em West Orange. Bastante conhecido, mas sem se livrar do incômodo de ter perdido a batalha das correntes.

Se a corrente alternada imperou, foi também porque Nikola Tesla era um idealista que colocava o valor intrínseco das suas invenções acima do seu valor monetário. A disputa com Edison, os investimentos em desenvolvimento, em tecnologia e processos de patentes puseram Westinghouse numa situação muito difícil. Ele chamou Tesla e explicou o que se passava. O lado romântico da história conta que Tesla simplesmente foi para casa e rasgou o contrato. Se foi assim mesmo, sem maiores dilemas, sofrimentos ou dúvidas, será difícil saber, mas, sim, aquele homem rasgou o contrato e deixou que sua criação tomasse o mundo sem o que haviam combinado, o que, se por um lado poderia deixá-lo ainda mais rico, por outro poderia colocar toda a operação em risco.

Tesla começou a dar vazão a um lado menos tradicional. Escrevia artigos para a imprensa falando sobre contatos com marcianos ou em um projeto para fotografar os pensamentos, já que esses não passavam de impulsos elétricos, num tempo em que Freud enfrentava narizes torcidos por falar de inconsciente e defender a psicanálise. Sempre teve um modo de vida pouco austero. Morou no Astor House, considerado o primeiro hotel boutique da cidade. Depois de um frustrado projeto no Colorado, onde torrou 100 mil dólares da época, voltou para Nova York e aí passou vinte anos residindo no Waldorf Astoria. Ainda conseguiu convencer o banqueiro J. P Morgan, que também jogou no time de Edison, a investir no seu projeto de transmissão através do Atlântico por meio sem fio. O banqueiro, que tinha feito fortuna com a eletrificação, desconfiava que já havia explorado totalmente aquela oportunidade, mas Tesla usou toda a sua capacidade de argumentação e genialidade para arrancar dele outros 150 mil dólares. Achou que a promessa de que a quantia era definitiva não era séria e seguiu com sua visão arrojada. Comprou uma área em Long Island. Construiu na propriedade uma imensa torre, imaginando que transmitiria energia por ondas no ar. Mas aí Marconi conseguiu fazer a transmissão que rompeu a barreira do oceano Atlântico, deixando Morgan desanimado e o levando a cumprir a promessa de não investir mais nenhum dólar: secou a fonte de Tesla.

Inconformado, ele escrevia ao banqueiro, ora insultando, ora suplicando por adicionais 50 mil dólares que seriam capazes de lhe garantir retorno e uma coroa imortal. Bravo, dizia: "Você é um grande homem, mas o seu trabalho é feito de forma passageira; o meu é imortal". Claro que não conseguiu convencer o homem das finanças.

Foi ficando sem dinheiro e a tal propriedade de Long Island foi dada como pagamento pelos anos de moradia e alimentação no Waldorf Astoria. A imensa torre foi destruída para tentar tornar o terreno mais atraente ao mercado imobiliário. Ele seguiu mudando de hotel em hotel, mas sempre vivendo em quartos e andares que fossem múltiplos de três. Continuou enviando pacotes para o grande amigo Mark Twain, escritor bastante conhecido também pelo senso de ironia e forma de abordar a loucura humana. Tesla foi sendo esquecido pela mídia. Os relatos com pouca base na realidade foram superando seus feitos. Em uma de suas últimas entrevistas, declarou que uma pomba, isso mesmo, essa pequena ave pela qual estava apaixonado, havia morrido e deixado um vazio nele. Não há relatos de relacionamentos amorosos e, portanto, não deixou família. Viveu sozinho nos Estados Unidos.

Alguns anos depois de sua morte ficou provado que as patentes de Marconi eram, na verdade, de Tesla, então foi ele o verdadeiro inventor do rádio. Alguns afirmam que ele anteviu as redes sem fio e já se preocupava em preservar os recursos naturais. Mas a história nem sempre reconhece todos os detalhes de pronto. Tesla venceu uma batalha, mas provavelmente não levou a guerra, era excêntrico demais. Lembro que o Nelson me disse sobre o "Cerco da Lapa": são os vencedores que escrevem a história. Tesla teve sua história e existência quase esquecidos e foi reaparecendo. Convém lembrar que a empresa que surgiu querendo revolucionar a indústria automobilística com carros elétricos leva o seu nome como homenagem. O importante para este livro é, além de contar um pouco sobre os caminhos da eletricidade, mostrar como dois seres humanos excêntricos, um bem mais do que o outro, iluminaram o mundo e fazer um pouco de justiça a toda uma soma de estudos e pesquisas. Hora de voltar para o Brasil e revelar um pouco mais do porquê o Nelson merece ter sua história contada.

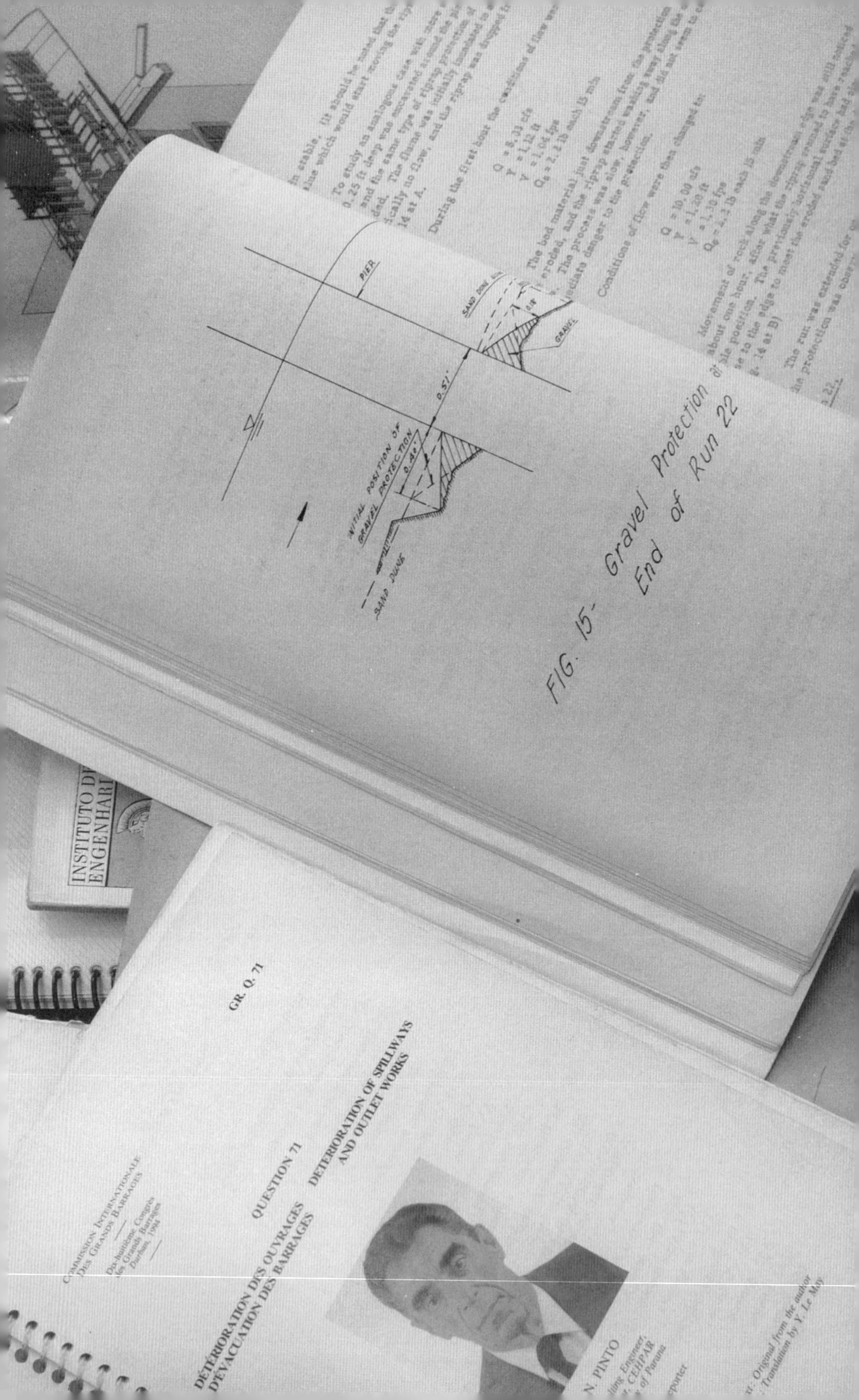
FIG. 15- Gravel Protection
End of Run 22
PIER
INITIAL POSITION OF
GRAVEL PROTECTION
SAND DUNE
GRAVEL
0.51'
GR. Q. 71
COMMISSION INTERNATIONALE
DES GRANDS BARRAGES
QUESTION 71
DÉTÉRIORATION DES OUVRAGES
D'ÉVACUATION DES BARRAGES
DETERIORATION OF SPILLWAYS
AND OUTLET WORKS

7 – Capivari-Cachoeira, um longo desafio, uma base firme

A previsão do tempo para aquele 28 de novembro de 2017 era de chuva para todo o Sudeste brasileiro. Em Florianópolis a temperatura variaria entre 18°C e 27°C, mais uma primavera caminhava para o final. Chuva durante simpósio de especialistas em recursos hídricos deve ter o mesmo efeito que eclipse em encontro de astrônomos. Era o final da tarde do segundo de três dias do XXII Simpósio Brasileiro de Recursos Hídricos, evento bienal que reúne peritos do Brasil e do exterior para discutir questões hídricas e que naquela edição teve nada menos que 1.193 trabalhos apresentados. Foram três conferencistas internacionais, dois portugueses e um americano. O luso Francisco Taveira Pinto, presidente da Associação Portuguesa de Recursos Hídricos, falou sobre as mudanças climáticas e os riscos para as zonas costeiras. Quando terminou, faltavam ainda alguns minutos para que o auditório de quinhentos lugares deixasse de mirar o palco para aprender um tema e passasse a imaginar um futuro ou reverenciar uma trajetória. Seriam entregues os prêmios para os Jovens Pesquisadores e o prêmio Flávio Terra Barth para uma personalidade que tivesse contribuído para a gestão e aproveitamento racional e sustentável dos recursos hídricos.

É sempre um momento de expectativa quando um jovem ganha tamanho destaque. Planos são traçados, futuros imaginados. Já o prêmio que homenageia um importante membro da ABRH — Barth foi pioneiro no olhar sustentável sobre a questão da água — seria especial. Era o 40º aniversário da associação. Foi chamado para receber um engenheiro de 85 anos, ainda bastante ativo e muito respeitado naquele meio, e que há quarenta anos tinha sido eleito o primeiro presidente daquela entidade. Nelson L. de S. Pinto subiu ao palco feliz. Nunca foi tímido e sempre soube lidar bem com essas situações, mas, se fosse mais brincalhão e musical, além dos agradecimentos justos e necessários, poderia cantar:

> Eis aqui este sambinha feito numa nota só /
> Outras notas vão entrar mas a base é uma só /
> Esta outra é consequência do que acabo de dizer /
> Como eu sou a consequência inevitável de você.

Mas, se ele tem muitos méritos, o dom de cantar não está entre eles. Preferiu, no seu timbre gutural e grave, lembrar que durante quinze anos foi engenheiro de uma obra só. E essa obra foi a Usina Capivari-Cachoeira, que depois da morte do governador Parigot de Souza, recebeu o nome dele. Mas durante todo o período de projeto e execução, os tais anos aos quais o Nelson fez referência, era conhecida e até hoje é mais fácil se referir a ela com a combinação dos nomes dos dois rios que a formam. Foi o primeiro grande projeto da carreira do Nelson, por isso mereceu ser lembrado naquele momento do prêmio. O homem que se destacaria ao redor do mundo trabalhando e dando consultoria em centenas de barragens passaria longos anos debruçado em todas as questões do primeiro projeto e, ao falar também para jovens engenheiros, entendeu a importância de destacar o fato. Hora de voltarmos aos anos 1960.

Uma década que começou se abrindo para o mundo e acabou fechada

No início da década de 1960, Juscelino Kubitschek tornou Brasília a capital do País e inseriu a cidade nos livros de arquitetura ao redor do mundo. João Gilberto viu novos artistas se encantarem e engrossarem a sua batida, a bossa nova virava coisa séria. O concerto no icônico Carnegie Hall, se teve um tanto da desorganização tupiniquim, teve o charme e a pegada de músicos mais discretos do que Carmem Miranda. Quando João Gilberto exigiu silêncio para soltar "o samba da minha terra deixa a gente mole, quando se canta todo mundo bole, quando se canta todo mundo bole" a plateia logo percebeu que aqueles caras tinham algo a dizer. Gilberto gravou um disco com o saxofonista Stan Getz, uma espécie de embaixador do movimento pelo mundo. O trabalho levou dois Grammy, vencendo aqueles garotos de Liverpool. Frank Sinatra gravaria Tom Jobim. No cinema, Glauber Rocha, Nelson Pereira dos Santos e outros levavam o Cinema Novo para os gringos; e Anselmo Duarte trazia nossa única Palma de Ouro em Cannes com seu *O Pagador de Promessas*.

Em 1962, em Viña del Mar, depois de um gol na estreia, Pelé se machuca no segundo jogo, empate de 0 *x* 0 contra a Tchecoslováquia. Era a oportunidade para aquele então maduro jogador reafirmar o apelido de "rei do futebol" herdado da Copa anterior. Não mais entraria em campo. Seu substituto, Amarildo, também com 22 anos, deu conta do recado e se aliou a um Garrincha quase endiabrado, que não apenas driblava como ainda fazia gols de cabeça e de fora da área. Depois passaram pela Inglaterra, 3 *x* 1 nas quartas, e pelos donos da casa, 4 *x* 2, de novo a Tchecoslováquia: toda final é nervosa. Eles saíram na frente, aos 15 minutos de jogo em Santiago. Amarildo não perdoou e 2 minutos depois deixou tudo igual. No segundo tempo Zito puxou a jogada e virou o placar, e 9 minutos depois Vavá aproveita uma bobeada do goleiro e garante: Brasil bicampeão mundial de futebol.

Parecia que tudo conspirava a nosso favor. Havia um crescimento da inflação, é verdade. Um presidente havia renunciado, sim. Jânio Quadros, o populista que simulava caspas em ternos e um apreciador de sanduíches simples, eleito em 1960, renunciou sete meses depois — "forças terríveis" e "fi-lo porque qui-lo" fizeram parte do folclore. Seu vice, João Goulart, quase não assumiu, mas foi criado um sistema parlamentarista, depois desfeito e que resultou num governo contestado por setores da sociedade brasileira. Goulart foi se isolando e enfraquecendo, e os militares decidiram que era hora de intervir. Para alguns foi revolução, para outros, golpe. O que era para ser um ajuste transformou-se numa longa ditadura. Longa e violenta, que dividiu o País. Foram tempos de falta de direitos políticos, de liberdade de expressão.

Jornais, os corajosos, estampavam receitas ou poesias para indicar que estavam sendo censurados; os atos institucionais foram aumentando sua ação. Não era um bom lugar para se fazer política, mas era um bom lugar para se fazer obras. Um governo central forte e disposto a investir em infraestrutura é capaz de fazer a economia apresentar milagres. O Brasil viveu o seu — verdade que a China tem sido mais competente.

Enquanto a obra da Capivari-Cachoeira era construída, houve tempo de o Brasil ser pela primeira vez eliminado na primeira fase de uma Copa, a da Inglaterra em 1966, se recuperar e, quatro anos depois, encantar o mundo e se sagrar a primeira seleção tricampeã, deixando Uruguai e Itália, as duas nações que largaram na frente, para trás.

A repressão aumentava e futebol e México se misturaram em dois episódios marcantes. O primeiro ainda em 1969, quando o embaixador dos Estados Unidos no Brasil, Charles Burke Elbrick foi sequestrado. Um movimento de esquerda impôs uma derrota aos militares, quinze presos políticos foram trocados pela vida do americano. O governo ficou acuado e cedeu. O embaixador só foi liberado quando o avião com os quinze homens livres pousou na Cidade do México em 7 de setembro de 1969. A foto que ficou desse episódio é a de treze deles, na base aérea do Rio de Janeiro; dois só embarcariam em escalas. Posavam como um time de futebol. Futebol e política se misturariam bastante em 1970. A seleção recorreu a João Saldanha para recuperar o prestígio abalado na Inglaterra. Ele montou o time que Zagallo fez brilhar, mas tinha um passado ligado ao Partido Comunista Brasileiro e, num embate com o governo, declarou sobre o presidente Emílio Garrastazu Médici, que substituiu a junta militar que não deu posse ao vice, Pedro Aleixo, e entrou para a história como o mais duro de todos os presidentes militares: "Ele escala o ministério, eu convoco a seleção". Claro que não foi assim. Saldanha era um homem de princípios rígidos e antes já não tinha aceitado jantar com Médici porque o regime tinha desaparecido com alguns de seus amigos. Não cedeu, e não assistiu à Copa do banco da seleção.

Mas num livro de alguém que gosta de esporte, vale gastar algumas linhas e falar da seleção de 1970. Aqueles jogadores mostravam um novo Brasil para o mundo. Conseguiram quase a unanimidade de colocar os dois lados que guerreavam no País unidos por um time que não tinha apenas Pelé, tinha

Gérson, Jairzinho, Tostão, Rivellino, Clodoaldo e tantos outros. Um time que venceu as seis partidas marcando 19 gols e tomando sete. Sim, levava mais de um por jogo, mas fazia mais do que três. Isso sem contar com o tal gol que Pelé não fez. Não importa a sua idade, leitor, se você tem o mínimo interesse pelo esporte trazido ao Brasil por Charles Miller, sabe do que estou falando. O assunto é tão sério que na internet é possível rever uma matéria do *Esporte Espetacular*, da Rede Globo, mostrando que um físico montou um software para entender o lance que motivou Nelson Rodrigues a datilografar: "Por um fio, não entra o mais fantástico gol de todas as Copas passadas, presentes e futuras. Os tchecos parados, os brasileiros parados, os mexicanos parados — viram a bola tirar o maior fino da trave. Foi um cínico e deslavado milagre não ter se consumado esse gol tão merecido. Aquele foi, sim, um momento de eternidade do futebol". No jogo de estreia contra a Tchecoslováquia, Pelé estava ainda fora da meia-lua no campo defensivo quando a bola sobrou dentro dela numa tentativa de ataque adversário; viu o goleiro adiantado e não pensou que estava longe; não viu a dificuldade e a 60 metros de distância deu um chute na direção do gol, um tiro que saiu a uma velocidade de 105 km/h, subiu mais de 7 metros do chão e ficou mais de 3,2 segundos no ar. As câmeras não permitiram que o físico fosse tão preciso na estimativa rodriguiana do quão fino da trave a bola tirou: chegou-se a algo entre 20 e 50 centímetros.[1] Eu não exagero se traço um paralelo entre esse tal físico que apareceu no programa e o Nelson Pinto, os dois se dão ao trabalho de observar um fenômeno, tentar entendê-lo e explicá-lo.

Pelé sequer foi o artilheiro do Brasil na competição. Fez quatro gols, três a menos do que Jairzinho, mas no jogo contra o Uruguai ele quase fez outros dois, um ao devolver de primeira um tiro de meta do goleiro Mazurkiewicz — suponho que estudantes de Engenharia joguem pebolim ou totó no centro acadêmico; para esses, Pelé tentou dar uma "chupeta" no goleiro uruguaio. Não conseguiu porque ele estava atento, mas o tal "drible da vaca" tentado sobre o mesmo goleiro não entrou pelo mesmo capricho que encantara Nelson Rodrigues quatro jogos antes. Esses três lances quase extraordinários impediram Pelé de ser também o artilheiro daquele time. Servem aqui para mostrar

1 • Disponível em: <https://www.youtube.com/watch?v=Xul9YKLLyT4>. Acesso em: 25 jun. 2018.

que nem sempre o que acontece é o que fica marcado; para alguns, a vida também é feita do que quase aconteceu e que entra para a história mesmo sem ter chegado ao topo naquele instante.

Eu nem precisaria contar o que se passou em 21 de junho de 1970 no estádio Azteca. Quando a Itália empatou e, depois, o primeiro tempo terminou em 1 *x* 1, não havia dúvidas do que viria. Mais três gols do Brasil e a Jules Rimet em definitivo, ou bem, quase, nem sempre tudo é definitivo nesse país, ficaria entre nós. Era o meio do "milagre econômico", período em que o País pensou que era chinês e crescia a taxas estonteantes, que o gigante oriental conseguiria mais tarde. Naquele ano foi rompida a barreira dos 10%, como há muitos anos não se conseguia. Em 1973 chegaríamos a 14%, éramos o país que mais crescia, havia um déficit enorme a ser tirado. Quando Manoel de Abreu aportou no Rio de Janeiro, a renda *per capita* brasileira era de 1.300 dólares, a norte-americana, de 3.683. Decorrido um século, o Brasil tinha, sim, evoluído, mas parece que mais aos barrancos do que aos trancos. A renda americana atingiu 24.535 dólares em meados da década de 1970, 6,6 vezes superior. A brasileira, mesmo incrementada por aquele período sem igual na história, chegou a 6.471 dólares, crescendo 4,98 vezes, menos da metade que a da Venezuela, que era de 15.778 dólares, e um pouquinho mais que a metade da renda da Argentina, 12.338. Mas economia não é sinônimo de exploração de recursos naturais, tampouco aceita políticas desastradas. Em 2018 os venezuelanos se refugiam no Brasil, a estimativa de renda *per capita* é de 9.300 dólares. Os argentinos também não souberam conduzir sua nação, embora estejam hoje bem longe do fundo do poço da década anterior, e têm a renda por volta de 14.000 dólares. A renda brasileira deve chegar a 9.800 dólares e a americana está muito próximo dos 60.000.[2]

2 • Os dados referentes aos anos de 1870 e 1975 estão na mesma base: TOMBOLO, Guilherme; VAZ SAMPAIO, Armando. *O PIB brasileiro nos séculos XIX e XX*: duzentos anos de flutuação econômica. Disponível em: <https://revistas.ufpr.br/economia/article/viewFile/31283/22683>. Acesso em: 1º jul. 2018. Os dados seguintes estão em outra cotação de dólar, mas julguei que conseguem nos dar evidências dos caminhos percorridos pelos países.

Eletricidade no Brasil ainda sem a dedicação e experiência do Nelson

Antes de chegar a Capivari-Cachoeira, convido para um breve passeio pela história das hidrelétricas no Brasil. Na visão dos estudiosos, os primeiros cem anos de eletricidade no País poderiam ser entendidos em três períodos. O primeiro inicia quando os vencedores da disputa entre Edison e Tesla começaram a iluminar cidades pelo mundo e vai até 1930; essa atividade era explorada por empresas particulares nas maiores cidades estrangeiras e reguladas por poderes públicos locais, quando uma grande parte do País sofria sem energia. O segundo período ocorre entre 1930 e 1964 e é marcado por uma transição, quando o Estado passa a centralizar a concessão e fiscalização dos serviços e inicia uma operação como produtor e distribuidor de energia elétrica de forma complementar. O terceiro período começa em 1964, quando o setor foi transformado em monopólio estatal.

> "Fui o funcionário número 6 da Copel, a secretária Maria Fagundes era a 7 e o senhor do cafezinho, que já faleceu, o número 4. O começo com mudança de governo foi difícil. Na época aproveitei para fazer mestrado fora. Antes, o próprio Parigot – para quem fui pedir emprego na universidade e me colocou na Copel – me convenceu a dar aulas. Não era necessário ser integral, acumulei os dois."

Em 1886, Curitiba viu a primeira lâmpada elétrica ser instalada no passeio público. Dom Pedro II havia concedido, em 1879, a Thomas Edison e sua empresa o direito de explorar a tecnologia no Brasil. A primeira hidrelétrica brasileira foi instalada em Diamantina, em um dos afluentes no rio Jequitinhonha que deu nome à usina: Ribeirão do Inferno. O objetivo era modesto: movimentar bombas de água em minas de diamante. Era do tipo fio d'água com uma queda de modestos 5 metros e dois dínamos de 4 e 8 HP.[3] Ainda em Minas Gerais, na cidade de Juiz de Fora, foi instalada a primeira hidrelétrica

3 • MOREIRA, Lílian. Revista *O Empreiteiro*. Disponível em: <http://revistaoe.com.br/ribeirao-do-inferno-a--primeira-hidreletrica-do-brasil/>. Acesso em: 1º jul. 2018.

de "grande" porte, Marmelos, em 1889. O empresário Bernardo Mascarenhas tinha uma indústria têxtil e aproveitou a oportunidade para também servir à cidade, com a concessão para explorar o serviço por 35 anos. Instalou dois geradores de 125 kW e, além da fábrica, iluminava 180 lâmpadas incandescentes na cidade. Em dois anos o sucesso foi tamanho que já estavam operando 700 lâmpadas e um terceiro gerador de igual potência fora acrescentado.

A então maior usina do País e uma das maiores do mundo foi inaugurada em 1907 pela Light, empresa canadense que no imaginário popular era tão especial e poderosa que tinha inúmeros sócios só pelos preços dos serviços. Quantos não cresceram ouvindo "apaga a luz, não sou sócio da Light!", expressão repetida pelos chefes de família quando o nome da empresa era predominante no eixo Rio–São Paulo? A Usina Hidrelétrica Fontes, que explorava o rio Piraí, na divisa entre os dois estados, com potência de 24 MW, superior ao consumo de toda a capital federal, operou até sua desativação, em 1989. Em 1940 viria a Usina de Fontes Novas, com potência de 35 MW e ainda hoje em operação, tendo sua potência aumentada para 132 MW, explorando uma queda de 303,3 metros. A terceira grande obra da Light, ainda com os mesmos recursos hídricos, começou a operar em 1954, com 330 MW, e era a maior usina subterrânea da América do Sul, homenageando o ex-presidente Nilo Peçanha. A empresa foi adaptando sua atuação às possibilidades deixadas pelas regras federais e ainda hoje é fundamental para o estado do Rio de Janeiro. Se a primeira usina não é mais operante, as outras duas são e se somaram a outras obras no que hoje é conhecido como Complexo de Lajes, que contribui com 612 MW da energia brasileira.

Se a Light se concentrou no eixo Rio–São Paulo, a American & Foreign Power Company (Amforp) foi estabelecida para dar conta das outras áreas do País. Pelas características dos nossos rios, ficou logo clara a tendência a sermos um país hidrelétrico e não térmico, fosse pela queima de carvão ou outros gases, ou então nuclear. Em 1920 essa fonte gerava 780 MW e representava 80% do total; os 2.481 MW de 1955 representavam 78% do nosso parque energético, e os 3.642 de 1960, 76%. A intervenção estatal reforçou ainda mais essa tendência e, na virada do século XXI, as hidrelétricas, que em 1990 tinham aumentado sua participação para 87%, ainda representavam mais de 80% da produção da energia, fato que também obrigou o País a fazer uma espécie de pacto com São Pedro, embora a solução requeresse mesmo muito mais racionalidade, revisão e política consciente de outras fontes. O potencial hidráulico é aproveitado numa equação entre a vazão hidráulica e os desníveis no curso de um rio. Se não existem cachoeiras ou quedas d'água que possam gerar movimento suficiente para a exploração energética, é possível criar uma barragem em cuja altura irá se concentrar o desnível, ou ainda proceder ao desvio do rio do seu leito natural, concentrando os desníveis nesse desvio. Tudo isso para fazer as águas movimentarem as turbinas e botar o gerador em funcionamento. A água volta para o leito natural do rio depois de ter participado da transformação da energia hidráulica em mecânica e dessa em elétrica. Esta sai dos geradores e vai para o transformador, e deste para a linha de transmissão até chegar à rede distribuidora e, por fim, às unidades consumidoras. Na construção das barragens, existe o que, para alguns, é o grande inconveniente de uma hidrelétrica: a inundação de grandes áreas para a construção dos reservatórios. Só para não haver omissão, o maior reservatório brasileiro é o de Tucuruí, que ocupa uma área de 2.850 km^2; o de Itaipu, uma área de 1.350 km^2 e o de Belo Monte, projeto mais recente e iniciado sob uma nova visão ambiental, com um reservatório "menor", ocupa 516 km^2. Se você não tem ideia de tamanho, deixo aqui algumas referências: Samoa tem 2.850 km^2, Luxemburgo, 2.580 km^2. Hong Kong, que tem um PIB maior do que Colômbia, Chile e outras economias conhecidas, ocupa uma área de 1.099 km^2; Singapura, 618 km^2; Maldivas, cujas fotos deixam qualquer um com vontade de viajar, apenas 296 km^2 e Aruba, que já foi do Caribe, 180 km^2. Vivemos no Brasil, o quinto país mais extenso do mundo, com muitos desafios. Nenhuma questão é assim tão simples e direta, melhor agarrar o fio da história.

Em Curitiba, a luz chegou primeiro na base da termelétrica. Em 1889 havia entrado em operação a usina térmica de Capanema. No ano seguinte, a Companhia Água e Luz de São Paulo ganhou o direito de explorar a iluminação pública e particular de Curitiba, mas as reclamações não eram poucas e o empresário José Hauer comprou a Usina de Capanema e operou os serviços da cidade até que a South Brazilian Railways foi aumentando sua força. Em

1920 existiam vinte unidades isoladas de energia elétrica com uma potência instalada de 6,7 MW e apenas em 1927 foi instituída a Cia. Força e Luz Paraná, pertencente à Amforp.

Depois de um conturbado Código de Águas, cuja implementação teve de passar pelo Supremo Tribunal Federal, Getúlio Vargas propôs em 1953 a criação de um Fundo Federal de Eletrificação que possibilitava a arrecadação de um percentual sobre as contas de energia elétrica e também sobre o consumo em geral. Desse total, 40% ficariam para a União e 60% para estados e municípios. O fato proporcionou um impulso para as empresas estaduais que estavam se formando. A Cemig (Centrais Elétricas de Minas Gerais) é de 1952. São Paulo criou, em 1953, empresas para explorar o Paranapanema e o Pardo e afastar as ameaças de racionamento; essas empresas seriam fundidas, em 1966, com as de origem estrangeira na Cesp (Centrais Elétricas de São Paulo). A Copel (Companhia Paranaense de Eletricidade) é de 1954 e viriam outras estaduais.

Se a campanha "O petróleo é nosso" tinha finalmente chegado à criação da Petrobras em 1953, em 1954 a ala nacionalista conseguiu criar a Eletrobras, que patinou até operar efetivamente e chegou junto, em 1960, com o Ministério das Minas e Energia, que absorveu o Conselho Nacional de Águas e Energia Elétrica, a Comissão Nacional de Energia Nuclear e o Departamento Nacional de Produção Mineral. Em 1954, a Chesf (Companhia Hidrelétrica do São Francisco) colocou em operação a Usina de Paulo Afonso 1, gerando 120 MW de potência.

Em 1957, Juscelino tinha pressa e criou a Central Elétrica de Furnas, explorando as corredeiras com esse nome no rio Grande, em Minas Gerais. Era um projeto grande: oito unidades geradoras de 152 MW cada — duas entraram em operação em 1963 e as outras, em sequência, até 1974, com a totalização de 1.216 MW. Em 1960, o Brasil chegava a uma potência instalada de 4.777 MW e, em 1965, 7.511 MW, atingindo 89% do previsto no Plano de Metas.

A Eletrobras (Centrais Elétricas Brasileiras S.A.) só foi instalada oficialmente em 11 de junho de 1962, já no governo de João Goulart, mas seu estatuto ficaria pronto no ano seguinte, quando a carteira de aplicações e administração do Fundo Federal de Eletrificação passou a ficar sob sua jurisdição. De início, era uma holding de quatro subsidiárias: Chesf, Furnas, Chevap (Companhia Hidrelétrica do Vale do Paraíba) e Termochar (Termelétrica de Charqueadas S.A.), mas já com autorização de atuar diretamente em empreendimentos de geração de energia. Em 1968 foi estabelecida uma nova subsidiária, a Eletrosul (Centrais Elétricas do Sul do Brasil). Claro que havia jogo político entre quem era responsável pelo quê: a concessionário do estado, a subsidiária regional ou a própria Eletrobras? Isso sempre fez parte da disputa política e não necessariamente é algo negativo, desde que se tenham claros os objetivos e o bem do coletivo possa ser buscado.

Em entrevista ao projeto Memória Paraense, em janeiro de 1998, Nelson L. de S. Pinto lembrou que praticamente não existiam linhas de transmissão de alta tensão no estado. A exceção era a que ligava a capital à Usina de Chaminé. Distante 78 quilômetros de Curitiba, a usina que ainda hoje está ativa, gerando 18 MW, foi inaugurada em 1930, com 8 MW viabilizados pelo represamento do rio São João em dois pontos: um para regularização diária e outro para a barragem. Foi o que deu conta de uma cidade que mal passava de 100 mil habitantes. Nas outras regiões a situação era caótica e a cobrança em cima dos governantes, forte. A Copel tinha alguns sistemas de distribuição e a Companhia de Águas e Energia Elétrica, o restante do estado. Se cobrisse o pé, descobria a cabeça.

Quando Moisés Lupion reassumiu o governo, em 1956, tinha consciência do risco da paralisação por falta de energia, e queria retomar as obras da Usina de Cotia que tinham se iniciado em sua passagem anterior pelo posto e enfrentado problemas técnicos, principalmente de falta de água e também pelo jogo político, por causa de uma revisão de obras definidas por Bento Munhoz da Rocha. Era uma solução para o litoral. Desde o início fora um projeto pequeno, localizado muito perto de onde viria a operar a Capivari-Cachoeira e que, quando entrou em operação, causou a desativação da antiga usina. Foram por volta de oito anos de operação, ou melhor, de preparação para um roteiro turístico de Antonina. Os praticantes de rafting da região têm nas ruínas da casa de força um dos principais pontos de partida. Além da Chaminé, "grande" mesmo era a Guaricana, entregue em 1957, distante 84 quilômetros da capital, no rio Arraial, e que, depois de ampliada, atingiu potência de 36 MW.

Maurício Schulman também lembra desse período de mudanças no Paraná, que, na visão dele, ocorreram de fato após a virada no cenário eleitoral em 1960. O PTB era o partido mais bem estruturado. Abilon de Souza Naves havia atuado como diretor da Carteira Agrícola do Banco do Brasil, depois como senador; estava disparado na frente. Mas durante um discurso num jantar em sua homenagem sofreu um enfarte e morreu. Ney Braga conseguiu vencer a comoção e o abalo pela morte tão fatídica e próxima e se elegeu, querendo mudar definitivamente o Paraná.

No campo da energia, fruto de suas boas ligações com Carvalho Pinto, governador de São Paulo, Braga conseguiu uma cota de eletrecidade da Uselpa (Usinas Elétricas do Paranapanema). A energia vinda da divisa deu — na visão de Schulman — vida efetiva para a Copel. O próximo passo foi conectar Londrina, posto de chegada, primeiro com Apucarana, depois com Maringá e ir acabando com as ilhas que eram as cidades. Schulman se recorda de que era tudo muito pequeno, todo mundo se conhecia na cidade. Um irmão de Braga era contemporâneo deles na faculdade e outro, professor. Lembra que não era incomum jantar socialmente com o professor Parigot. Isaac Milder, colega dele, era meio parente, as conexões existiam e Maurício viria a se mostrar um ótimo executivo. Jovem, chegou à diretoria da Copel; foi presidente, entre outras empresas, da Eletrobras, do BNH (Banco Nacional da Habitação) e do Bamerindus. Mas, se existiam as conexões, elas estavam lastreadas na competência. Lembre-se de que o Maurício fizera um curso de Engenharia brilhante. As dificuldades com a renúncia de Jânio Quadros não anularam os ótimos ventos trazidos pelo café paranaense, que possibilitaram não apenas a construção da Rodovia do Café, ligando o noroeste do estado ao litoral, mas também o grande desenvolvimento do porto de Paranaguá e de outras regiões do estado. Para Schulman, à frente da Copel, Parigot pôde fazer o Paraná pensar grande como Ney Braga queria. Grandes também seriam os desafios, e viabilizar Capivari-Cachoeira era um deles.

A Eletrocap e a obra do Nelson

Se o Nelson se lembrou dessa primeira grande obra no discurso do início deste capítulo, foi o Maurício quem lembrou quanto ela estava de fato inserida na vida dele. Nos primeiros tempos de Copel, quando os rumos não estavam muito decididos, era comum eles saírem juntos a campo para checar as condições reais descritas nos planos, nos levantamentos. Era pegar o jipe da empresa e enfrentar estradas nem sempre confortáveis para conhecer os rios, as áreas. Mas nada ficou tão marcado quanto a viagem da Capivari-Cachoeira. Maurício não tem certeza se foram três ou quatro dias, isso ele esqueceu, mas é impossível esquecer que o jipe permanecia em estradas apenas por um pequeno trecho, depois ia saindo delas e invadindo as fazendas, sempre dirigido pelo Maurício, tendo o Nelson ao lado (este só se transformou em motorista nos Estados Unidos) e um guia no banco de trás. Os mapas não eram comuns, muito menos refletiam com precisão o território. Num determinado ponto o veículo foi trocado por cavalos. Desceram até onde foi seguro para os animais e daí foi continuar a encarar as picadas de uma trilha, andando, até chegar ao pé da Serra do Mar. Devia ser verão, porque passaram as noites em redes amarradas em árvores, a comida levada em marmita. Além dela, apenas material para as anotações. O tal guia devia ter boas noções de sobrevivência nesse ambiente, porque, se os dois eram capazes de solucionar os mais cabeludos problemas nas provas, não tinham tanta experiência prática de vida no mato. Maurício lembra que eles foram juntos visitar muitas cachoeiras, mas essa Cachoeira foi a mais marcante. Nunca mais repetiu algo parecido — aliás, como dito, enveredou por outro caminho, seguindo mapas financeiros. No primeiro semestre de 2018, esse homem experiente sorria como se os 60 anos que separam a cena vivida da narrada tivessem deixado nos dois uma sensação de que valeu a pena. Que para aqueles dois excelentes alunos, embora a vida não tenha deixado de aprontar algumas, lhes deu bastante projeção, ainda que os tenha conduzido por caminhos distintos. Maurício, em 2018, era o mais vivido membro do Conselho de Administração da Copel. Nelson foi se afastando dela, mas ainda no primeiro semestre de 2018 narrou uma visita a uma obra na Colômbia. Seguiu no campo, valorizando conhecer a realidade de perto. O que mudou é que ele passou décadas checando realidades muito longe de Curitiba, nos mais distantes pontos do globo onde o homem quis represar a força da natureza para obter energia. Tudo isso possibilitado por essa primeira obra. Voltemos a ela.

O desafio da obra está explícito na duplicidade de seu nome original. Corria a década de 1960, as grandes obras da engenharia brasileira ainda não haviam sido construídas e no Paraná se resolveu captar a àgua no planalto, a uma altitude de 830 metros acima do nível do mar, por meio da construção de uma barragem de terra de 58 metros de altura e 370 metros de comprimento, no rio Capivari da bacia do Ribeira, para criar um reservatório e desviar o rio para a bacia do Cachoeira, aproveitando um desnível de aproximadamente 740 metros. Isto incluiu a execução um túnel de 15,4 quilômetros, atravessando a Serra do Mar, e a implantação da usina em subterrâneo: a sala de válvulas, a sala de máquinas e a sala dos transformadores ficariam em três cavernas, já no município de Antonina.

"O que aconteceu é que o Capivari era muito grande para os problemas diários da Copel, que tinha entrado na distribuição, estava muito espalhada. O Capivari iria exigir atenção e capital. Aí veio a ideia da Eletrocap. O Parigot me convidou para presidente, no caso, superintendente. Eu disse que preferia ser o diretor técnico, sugeri Hiram Lamas, que era um jovem brilhante, gostava de decidir na argumentação, ao contrário do Parigot, que gostava de ir para casa para pensar, e vir com a decisão tomada."

Tamanhas dificuldades implicaram muitos estudos. Era um momento em que se pensava em grandes investimentos, por isso a viabilidade de investir numa obra tão complexa. Estimava-se uma geração de mais de 252 MW, bastante superior aos 20 MW que seriam obtidos com a inauguração da térmica de Figueira em 1963, ou aos 36 MW de Guaricana. Era de fato um salto.

Se os planos eram grandiosos, as condições práticas ainda não. Toda a operação no estado não dava à Copel a melhor ficha de crédito perante o mercado internacional. A solução imaginada pela empresa foi a criação de uma subsidiária com o objetivo específico de viabilizar a obra em termos de engenharia, civil e financeira. Nascia assim a Eletrocap (Central Elétrica Capivari-Cachoeira S.A.), em novembro de 1961, subsidiária da Copel, que detinha 67% do capital; os outros 33% ficaram com a Eletrobras, que iria colaborar com o financiamento do projeto. Depois viriam a Codepar, que mais tarde seria transformada no Banco de Desenvolvimento do Paraná, e os empréstimos do BID (Banco Interamericano de Desenvolvimento). Assim que a usina fosse terminada, seria incorporada pela Copel. Além de atender às metas do Sistema Interligado do Sul do Brasil, conseguiria gerar energia a um custo médio inferior do praticado até então naquela região.

É claro que havia certa disputa entre os brilhantes alunos do professor Parigot. Nelson não demonstrava maiores apetites e ganas pela gestão, os desafios técnicos o encantavam mais, e aquela usina parecia para todos, inclusive para ele, o local ideal: um projeto difícil, que exigia responsabilidade, criatividade e capacidade de realização. Hiram Lamas foi designado superintendente e Nelson Pinto, diretor técnico. Como diria o filósofo Francis Bacon, "a virtude é semelhante a uma pedra preciosa: melhor se for engastada ao natural". O desafio de Capivari-Cachoeira não era apenas a construção, era também o projeto executivo. Naquele momento Nelson incorporou um tanto do orgulho pelo pai engenheiro, outro do aluno disposto a encarar os desafios e curioso para aprender e um terceiro dele próprio, engenheiro confiante em resolver problemas — mesmo que até aquele momento tivesse apenas projetado as tais pontes — e enfrentar grandes questões a partir do conhecimento. Se não tinha experiência prática, tinha autocritica, vontade e possibilidades de buscar boas fontes. Saía da rota política da Copel, mas teria "diversão" assegurada por anos.

Na casa dos 30 anos, Nelson viu ali muito cedo uma chance de fazer o que me declarou, aos 86, ser a melhor maneira de fazer o tempo passar: pensar em soluções para problemas de engenharia, razão que o mantém em atividade e não o fez ainda buscar maneiras de se aposentar. Ainda se vivia o tal complexo de vira-lata que Nelson Rodrigues tinha ditado a partir do futebol, mas o nosso Nelson parecia olhar mais para as virtudes dos anos recentes e estava disposto a provar que a engenharia brasileira, bem amparada em consultorias internacionais, daria conta do recado. Mal sabia que, além de alguns grandes amigos, abriria portas para um caminho sequer vislumbrado. Ele queria contribuir para a iluminação do Paraná, e de algum modo cumpriu a função que o americano Howell Lewis Fry tinha executado na Usina de Chaminé.

Nada mais natural do que recorrer aos engenheiros da Sogreah francesa. Das três consultadas, as outras eram uma italiana e a outra, americana. A Sogreah tinha apresentado a concepção vencedora. Mas a ideia da Eletrocap também em termos de custo e aprendizado era ter o engenheiro que fora responsável pelo projeto, Maurice Bouvard, como consultor internacional independente. Formado pela escola de Grenoble, sua cidade de origem, Bouvard não era um francês de alta estirpe de nascimento — esses estudam na École Polytechnique ou na École Normale Supérieure —, mas tinha forte experiência prática, em seu país e no mundo de influência francesa, como Vietnã e Argélia. Contava com uma mente bastante privilegiada, com uma profundidade teórica muito grande, de alguém que chegou a professor da também tradicionalíssima École Nationale des Ponts et Chaussées, a mais antiga escola de Engenharia Civil do mundo, um "sarrafo" elevadíssimo numa sociedade que valoriza essa estratificação. Nelson fala com admiração das conquistas do amigo, mas faz questão de destacar também o aspecto humano e de caráter, da dedicação dele e dos americanos Barry Cooke, Tom Leps e Jim Libby, que daqui a pouco entrarão na história, dos projetos, da colaboração para chegar aos resultados esperados.

Quem também se lembra de Bouvard e da proximidade dele com Nelson, amizade mesmo a partir de uma relação profissional com muito respeito, é Edilberto Maurer, curitibano, dez anos mais jovem que o professor, outro estudante privilegiado de Engenharia que optou pelo setor hidrelétrico. Maurer recorda que Maurice Bouvard, além das consultas viabilizadas pelos meios de comunicação da época, passava, em três temporadas, seis meses por ano entre Curitiba e a obra do Capivari, sem falar nas vezes em que o Nelson ou alguém da equipe ia para a França. Introduzi o Maurer aqui porque ele foi um dos entrevistados que mais me ajudou a entender o jeitão do Nelson. Esse entendimento vem da relação professor-aluno. Aprendeu Mecânica dos Fluidos e depois integrou a equipe de trabalho na Eletrocap, na segunda metade da década de 1960. Extrovertido, era um jovem que se autodenominava "defensor dos fracos e oprimidos", se aceita hoje como aluno "rebelde" e alguém assim não passava tão ileso por um professor "impositivo". Questionado sobre a intensidade da rebeldia e da imposição, Edilberto, que se tornou amigo desse professor, ressalta que ele sempre soube a matéria e ensinava bem; a diferença é que ele às vezes se mostrava diante dos alunos de maneira um "pouco agressiva, um pouco satírica". Era um professor duro, e aqueles pontos levaram a alguns desentendimentos, superados ainda na faculdade, tanto que ele optou por seguir na área e tirou boas notas, mas foi cirúrgico, ressaltando que talvez o Nelson não conheça esta opinião dele: "O Nelson é uma pessoa de alma muito boa, mas que tem uma casca muito grossa. No primeiro contato com ele você esbarra nessa casca e tem atrito, é difícil chegar nele. Quando começa a se relacionar e o conhece melhor, rompe-se essa casca e por dentro é uma outra pessoa. Eu não sou psicólogo, mas me dá a impressão de ser autodefesa. É como se tivesse receio de se comunicar, apesar de ser uma pessoa extrovertida, que fala várias línguas, que faz palestras".

Na Eletrocap foram cinco anos de relacionamento profissional, Edilberto sempre na obra, acompanhando e se reportando a Nelson, sem nenhuma queixa. Aliás, lembra-se de que excelente escola foi aquele primeiro emprego. A característica subterrânea da obra era inédita no Brasil e outras inovações também foram incorporadas, prato cheio para engenheiros querendo aprender e ganhar experiência. Maurer recorda que tudo isso era conseguido apostando-se na juventude. Na pequena equipe, outros dois engenheiros tinham dois ou mais anos de formado e o engenheiro residente, Newton Sady Busetti, era carinhosamente chamado de "velho" porque tinha 32 anos... O diretor técnico então era quase um "ancião", do alto dos seus 33 anos. É claro que, iniciada a obra, o total de escavações chegou a 25 quilômetros de túneis. Foi descoberta uma falha geológica no túnel de captação de água e um processo de descompressão das rochas que provocava desabamentos, e que requereu muito jogo de cintura na busca de soluções e esforço concentrado para correr atrás do cronograma. Eram 3.500 pessoas detonando mais de 1,5 mil quilos de dinamite todos os dias. Ao final, compensaram e ficaram próximos à meta.

A barragem de Roselend, com a usina correspondente La Bâthie, foi usada pelos franceses como uma espécie de inspiração/comparativo/fonte de soluções. Na verdade, a usina subterânea de La Bâthie foi construída na região dos Alpes, tendo se iniciado em 1955, e o enchimento do reservatório começou em 1960. A operação foi completada em 1962, ou seja, enquanto a francesa estava sendo concluída, a brasileira estava se iniciando. A usina também era subterrânea, daí a similaridade, e recebia as águas por meio de dutos de 13 quilômetros de extensão. Para os brasileiros, era uma espécie de protótipo, em que soluções tinham sido construídas em escala real e a partir de onde eles tinham de cuidar de todos os detalhes. A barragem ficou famosa pelo formato da construção, mas a usina era uma caverna como a do Capivari e serviu de inspiração para o projeto executivo da usina brasileira. Nelson ia para La Bâthie, passava dois, três dias observando, perguntando, discutindo, voltava, juntava a equipe e decidiam como fazer. E assim foi em várias fases do projeto e da obra.

A questão do conduto forçado quando saía da caverna foi um desafio. Para que as chapas pudessem ser menos espessas, incluíram-se anéis externos, mas esses tendiam a abrir nas bifurcações, exigindo reforços especiais. Eram peças que tinham de ter várias soldas e que podiam pesar até 80 toneladas, fabricadas e testadas na Itália. O teste era suportar até o dobro da pressão normal de trabalho. Um dia chega a informação de que, já na pressão esperada no funcionamento, houve uma trinca exatamente na maior bifurcação. O problema foi tratado profissionalmente. A Eletrocap contratou uma consultoria específica do Instituto de Solda de Paris, que acabou servindo como garantia adicional à competência da Acciaieria e Tubificio di Brescia (ATB), uma empresa cujo fundador, Giulio Togni, fabricava peças para usinas hidrelétricas desde 1903. A ATB tinha sido formalmente estabelecida em 1934 e estava de fato comprometida em resolver o problema. Depois de testes laboratoriais com a liga obtida e de muito estudo, descobriram a influência de um jato de ar que reduzia a temperatura em uma zona do forno e prejudicava o tratamento térmico. Revisaram o processo de emenda, deixando a peça perfeita, aprovada nos testes, acompanhados de perto pelos franceses e pela equipe de Nelson, estreante naquele tipo de problema. Fora os dias perdidos, agora era apenas uma questão de logística vencer os quase 10 mil quilômetros que separavam Brescia de Antonina.

Outra solução que o Nelson lembra que requereu flexibilidade foi a de flambagem da blindagem do conduto forçado, por operação inapropriada quando da injeção de cimento. Concluíram que seria arriscado demais continuar com aquele defeito, assim a única solução seria operar um remendo, trocando a parte abaulada por uma perfeita. A operação foi paralisada, fez-se um recorte no conduto e um engenheiro foi para Brescia conseguir uma peça nova para ser soldada. E assim foi feito. Ao final, o tamanho do remendo não era tão grande, não era leve, mas, para não comprometer ainda mais o ritmo da obra, o próprio engenheiro chegou com a chapa despachada como bagagem extra no Aeroporto de Milão. Com um pouco de explicação e um bocado a mais de liras, a moeda italiana da década de 1960, ele trouxe a solução para que o cronograma não sofresse mais. Por essas e outras, Capivari-Cachoeira foi uma ótima escola.

Um projeto que correu em paralelo ao de Capivari-Cachoeira, tocado pela Copel e no qual o Nelson só teve participação por meio do Centro de Hidráulica foi o de Foz do Chopim. A usina criada num afluente do rio Iguaçu foi projetada para uma capacidade de 44 MW, e sabia-se que no futuro, quando da construção de Salto Caxias, mas era futuro mesmo, seria inundada.

Era esse projeto que estava na capa do número 2 do *Copel Informações*, edição de dezembro de 1969. O boletim ilustrava os seminários técnicos desenvolvidos na obra, quando foram recebidos representantes das principais empresas hidrelétricas do País. A inauguração da usina deu-se em janeiro de 1970, agregando os 44 MW para um estado que tinha até então 32,4 MW de energia hidrelétrica e 74,3 MW de termelétrica, ou seja, o trabalho do Hiram, do Nelson e da equipe em Capivari-Cachoeira representaria praticamente 100 MW a mais do que a capacidade total gerada no estado já com Foz do Chopim. É um número importante para se ter noção do tamanho e da representatividade do projeto. Na página 8 da mesma edição, na seção "Conheça seu colega", é possível ver o tal funcionário de número 6 da Copel sendo apresentado. Na foto, um jovem de terno e gravata escuros, camisa branca, não esconde o sorriso e sim o olhar, focado num projeto sobre a prancheta. A caneta na mão direita evidencia a disposição de estar checando os detalhes. Informativos de empresa tendem a ter textos celebrativos. Aquele cita "moço inteligente, foi um estudante exemplar, e sua dedicação ao trabalho ensejou-lhe carreira das mais brilhantes". E quando são dadas aspas ao Nelson, ele fala: "O mesmo entusiasmo e ânsia de aperfeiçoamento técnico e administrativo, que foram as molas do sucesso alcançado e que, junto com a experiência atual, permitirão assegurar a solução dos problemas mais complexos que o futuro e o progresso gerarão". Nelson sendo Nelson. Não sei se ele foi mais Nelson falando do entusiasmo por aprender e se desenvolver ou ao falar da Copel, lembrar dos bons tempos simples de duas pessoas que eu não consegui localizar quem eram, e olha que vasculhei a galeria dos presidentes da empresa... Ou seja, ele não usou o espaço para fazer política.

A edição seguinte do boletim, a de número 3, de março de 1970, traz dois momentos relevantes para este livro. Primeiro, uma foto do acordo assinado entre o presidente da Eletrobras, Mário Bhering, o da Copel, Parigot de Souza, e o governador do Paraná, Paulo Pimentel, para a construção do que então seria, no início das operações, em 1975, a maior hidrelétrica do Sul do País, com 1.000 MW: Salto Osório. Pintava um próximo desafio. Mas a última matéria tem a chamada: "Consultores americanos visitaram Salto Osório". Visitaram o terreno onde seria a nova hidrelétrica, as instalações de Foz do Chopim, a Copel e a faculdade. Esse grupo era composto por dois americanos e um brasileiro nascido em Goa, na Ásia, formado no MIT e que fez carreira no Brasil, Victor de Mello. Os americanos eram Barry Cooke e Tom Leps, que irão intensificar sua participação na história.

O boletim número 4, de maio de 1970, registra a visita do governador Paulo Pimentel à obra da Capivari-Cachoeira, mas para a história do Nelson, o importante é o "Conheça seu colega", no caso dele, "conheça seu amigo". O destaque era para o funcionário de número 14, Hiram Rolim Lamas, formado engenheiro em 1951 e desde novembro de 1956 nos quadros da Copel. Entre 1961 e 1963 foi diretor técnico, coordenou a área de Empréstimos Externos, representou a empresa na operação com a Uselpa e desde o início da Eletrobras foi integrante do seu Conselho de Administração. Foi designado diretor superintendente da Eletrocap, período em que trabalhou muito próximo ao Nelson e em que os dois puderam evoluir do respeito profissional à amizade. Em janeiro de 1972 foi indicado pelo governador Parigot de Souza a presidente da Telepar, a empresa de telefonia do estado. Faleceria precocemente em dezembro de 1972, deixando em Nelson um vazio de interlocução. Nelson faz questão de se lembrar da competência técnica do Hiram e da importância dele quando da obtenção do investimento no BID. Hiram foi até Washington, entendeu como o mecanismo funcionava, voltou para Curitiba, preparou toda a documentação e consolidou a operação. Não foi simplesmente um presidente bem assessorado, foi mão na massa nesse assunto capital, nos dois sentidos da palavra. Mas é melhor explicar o Parigot político.

> "Sempre tive muita autocrítica, ela foi fundamental no projeto do Capivari. Ficou decidido que seríamos os responsáveis pelo projeto executivo no dia a dia. Era uma obra complexa, tínhamos de formar um quadro técnico. Eu não tinha gerenciado nem a construção de uma casa de cachorro. Mas mergulhei com determinação, confiança e disciplina, buscando as fontes e apoios corretos, as pessoas certas. Me exigiu muito, mas nos orgulhamos bastante do que fizemos."

Em julho de 1970 a Copel passou por grandes mudanças. O líder, que estava imprimindo um ritmo forte, foi chamado para um novo desafio: ser vice-governador do estado. E aos 54 anos lá foi o Parigot, ser vice do Haroldo Leon Peres. Parte dessa história é narrada no capítulo 4 e aí, para o lugar dele na empresa, foi escolhido Arturo Andreoli, então diretor técnico. Eram tempos de indicação e eleições indiretas, mesmo assim a substituição aconteceu quase um ano antes da posse, em março de 1971. A Copel sairia fortalecida em ter seu maior líder até então diretamente na gestão do estado, alguém que ajudaria a reforçar a importância dos investimentos na geração e distribuição da energia. A chamada do informativo da Copel foi direta: "O homem que eletrificou o Paraná".

Logo depois disso, no dia 13 de agosto de 1970, o ainda governador Paulo Pimentel foi até a barragem da Capivari-Cachoeira para fechar as comportas. Ia começar a formação do reservatório que forneceria a água para testar os túneis — que ficaram com extensão final de 15,4 quilômetros — projetados pela equipe de engenharia da Eletrocap que, sob a condução do Nelson, acompanhara todo o desafio de construção. Aquele ato só fora possível porque foram quebrados dois recordes no processo: maior avanço médio mensal em escavação subterrânea em obras do gênero e maior volume de concretagem mensal no interior de túneis, no Brasil.

No dia 26 de janeiro de 1971, o presidente Garrastazu Médici, o ministro das Minas e Energia Antônio Dias Leite, o governador Paulo Pimentel, o futuro governador, o futuro vice-governador e o presidente da empresa estavam com muitas outras pessoas num palanque na entrada do túnel de acesso à usina. Finalmente chegara o esperado momento. Para Nelson, era uma espécie de última estrofe do samba. Se fosse música, seria daquelas que logo a plateia adota, decora e canta junto. Autoridades de várias partes do País estavam lá para reconhecer o esforço e a conquista. Hino, discursos, placa e a comitiva percorreu 1,2 quilômetro de túnel até chegar à sala de comando, onde o primeiro homem da República acionou os botões e simbolicamente acrescentou os 250 MW às linhas de transmissão do estado. Era o Brasil querendo ser grande. Ninguém da Eletrocap apareceu nas fotos, nem teve seu nome destacado entre as autoridades presentes — entre as quais, aliás, estavam o nome de dois colegas de turma do Nelson, o Maurício Schulman, como diretor da Eletrobras, e o Bernardo Fedalto, como presidente em exercício do Badep. Também ninguém foi destacado no discurso de Andreoli reproduzido no *Copel Informações*. Houve o protocolar agradecimento à equipe — aliás, apenas o Hiram fora convidado para entrar no túnel e ir até a sala com as autoridades. No mesmo número foi noticiada a reintegração da Eletrocap à Copel. As outras turbinas da Capivari-Cachoeira foram sendo inauguradas ao longo do primeiro ano de operação.

Essa obra também foi muito importante para o Centro de Hidráulica. Se a engenharia da Eletrocap fora desafiada, coube à estrutura ainda incipiente de pesquisa da Universidade Federal realizar os estudos hidráulicos em modelo reduzido, o que foi também um grande desafio. Em comum, as duas estruturas tinham o mesmo chefe, Nelson Pinto, que se utilizou do conhecimento técnico, da formação, da vontade de estudar e de acreditar em si para transformar o desafio numa espécie de cartão de visitas, de obra de destaque no currículo, pessoal e do Centro. Se temeu não dar conta do desafio, não lembra, muito provável que não. A maioria dos entrevistados citou a capacidade de estudar e de se dedicar aos problemas como um ponto fortíssimo do Nelson. É no calor do fogo que se forjam os aços mais resistentes, a temperatura e a pressão são necessárias para chegar ao formato ideal. Nem todo ser humano funciona assim, mas é o caso de alguns deles. A Capivari-Cachoeira foi um exemplo desses na trajetória do Nelson.

Aliás, já está na hora de falar da vida pessoal do Nelson. Afinal de contas, apesar de ele não concordar com La Rochefoucauld, para quem "a mente é sempre enganada pelo coração", e talvez jogar mais no time de um Goya, "o sono da razão produz monstros" ou de um Nietzsche, "quando se amarra bem o próprio coração e se faz dele um prisioneiro, pode-se permitir ao próprio espírito muitas liberdades", ele buscou de forma consciente uma complementaridade ao seu tipo. Maurer recontou uma história que o Nelson havia me narrado: voltam as debutantes do Curitibano... Os tais bailes eram eventos importantes da sociedade nos anos 1960. Um Nelson bem acima dos 30 anos e que gostava de dançar costumava frequentar esses bailes. Homem correto, ficava meio inibido e mirava as tias das debutantes e, mesmo assim, quando foi tirar uma para dançar, ouviu um respeitoso: "O senhor me desculpe, eu não danço muito bem". Foi a sentença para aquele solteirão se dar conta de que estava na hora de casar, no mínimo precisava perder o receio das vontades casamenteiras das moças de uma sociedade ainda distante do movimento de liberação e emancipação que aconteceria depois. A pílula anticoncepcional começou a ser vendida no Brasil em 1962 e somente seria liberada na França em 1967. O festival de Woodstock aconteceria em 1969. Curitiba era muito mais fechada, as moças precisavam cuidar da própria reputação e aí a solução era mirar no casamento. Isso assustava o Nelson. Mas estar mais próximo dos 40 do que dos 20 fez aquele respeitado engenheiro se convencer de que era chegado o momento, era hora de mudar a equação.

Só para não mais falar de debutantes, Maurer lembra que um dos últimos encontros sociais das famílias ocorreu num baile em que as netas de ambos participavam. Há uns quatro anos, os dez anos de diferença de idade estavam mais do que anulados, não apenas porque um casou cedo, aos 23 anos, mas também porque o outro casou às vésperas de virar quarentão.

A vida pessoal do Nelson também interferiu no funcionamento do Centro de Hidráulica. Quem lembra é o Francisco Gomide, outro engenheiro da Federal que se tornou um especialista na área, já mencionado e de quem vou falar mais no futuro. Era um recém-formado, portanto devia ser 1966, brinca que tudo ia muito bem para o pessoal da pesquisa. O desafio do Capivari, os estudos, todas as perspectivas e necessidades de investimento punham os jovens engenheiros para trabalhar, se dedicar mesmo. Eram tempos de jornada aos sábados até o meio-dia. O problema para a equipe deles é que o Nelson solteiro queria porque queria usar os mesmos sábados das 14h às 18h para avaliar a semana e planejar a seguinte. Eles já tinham até desistido de imaginar o chefe casado liberando-os desse horário extra quando apareceu uma noiva, que imediatamente foi apelidada à boca pequena de "Mary Help". Foi a salvação das tardes de sábado deles. No aniversário de 16 anos da Copel, retratado na edição de dezembro de 1970 do informe, o chefe Nelson foi à cerimônia acompanhado de sua noiva. O fim da obra era também o fim das "desculpas" para postergar o casamento.

Outra ótima história relatada é mais uma demonstração do bom humor e sagacidade do Nelson. Ele gostava de dar pompa ao brincar que dois políticos importantes tomaram posse em janeiro de 1961. No dia 20, John Kennedy assumiu como o 35º presidente americano; na noite anterior, na National Armory, os convidados do evento de gala tiveram de se livrar de uma nevasca para presenciar astros americanos que abrilhantavam a festa. Entre os destaques estavam Frank Sinatra, Nat King Cole, Gene Kelly, Harry Bellafonte e Ella Fitzgerald. Marylin Monroe seria o destaque na festa de aniversário de Kennedy apenas em maio de 1962. Era um começo ambicioso. Nos meses seguintes, o presidente impôs uma meta bastante desafiadora: o homem pousaria na Lua ainda na década de 1960.

Em Curitiba, a festa aconteceria onze dias depois de Washington e, embora já no século XXI, quando o jornal *Gazeta do Povo* selecionou cem pessoas de destaque para escolherem o principal governador de todos os tempos e aquele ex-prefeito de Curitiba que tomava posse, naquele 31 de janeiro, também com muitas ambições, fosse conhecido e querido, não conseguiu atrair tantos astros, nem de destaque nacional. Ney Braga, que assumia naquele ano, ganhou apertado de Nelson Maculan, do PTB. Braga queria mudar o Paraná e uma de suas grandes ambições foi construir uma grande hidrelétrica. Finalmente a Capivari-Cachoeira sairia do papel. Somente o Nelson, que esteve tão envolvido na construção da obra, pode dizer que demorou mais tempo para eles construírem a usina do que o homem para desenvolver algumas versões da Apollo e finalmente pousar na Lua em 20 de julho de 1969. Se "a águia pousou" nessa data e Neil Armstrong e Edwin Aldrin deixaram suas pegadas na superfície lunar, exatos 555 dias depois, o presidente do Brasil, como foi dito, acionou os botões e a meta brasileira também foi cumprida. Ter sido mais rápido mandar o homem à Lua foi apenas a comprovação da complexidade do projeto da Capivari-Cachoeira, usina que no futuro ganharia o nome de Governador Parigot de Souza. Aliás, quando o Parigot chegou à Copel, o estado tinha uma capacidade produtiva de 70 MW, por isso o desafio do pessoal da Eletrocap não foi pequeno. De lunático não teve nada; foi ousado, sim, e uma base importante para a engenharia do Paraná e do Brasil. Foi uma experiência bem-sucedida, na qual se incluiu com êxito a atividade de "formação" e, sua contribuição ao desenvolvimento do setor energético pôde ser constatada no próprio progresso do estado que se seguiu.

Encyclopaedia Britannica

8 – O lado família deste engenheiro

Se existisse alguma fórmula para os relacionamentos, uma de suas constantes seria o C, de complemento, de complementaridade. Mas essa equação teria variáveis muito difíceis de calcular. Nesse campo, ser matemático, físico ou engenheiro muito dotado pouco resolve. Relacionamentos humanos são desafiadores. Relacionamentos amorosos tendem a ter potência em alguns elementos. Isso não quer dizer que não se deva tentar, isso não quer dizer que não se tenha de mergulhar e fazer a sua parte.

O "velho" Nelson tinha perdido a resistência e logo que se abriu, conheceu uma moça que despertou sua atenção. Sem querer, Maria do Socorro Castello Branco e Silva adotou a estratégia certa, manteve a sua espontaneidade e vivacidade. Naquele carnaval de 1965, na virada de fevereiro para março, é provável que tenham dançados juntos a marchinha em homenagem à outra Maria, a Mercedes, que marcou época no Brasil sambando com uma lata d'água na cabeça. Ela aparecia em programas de televisão, se apresentou na Europa e casou com um suíço. Quantos já não dançaram "Lata d'água na cabeça, / Lá vai Maria, lá vai Maria, / Sobe o morro e não se cansa, / Pela mão leva a criança, / Lá vai Maria"? Essa Maria existiu, bem como a do Socorro passou a existir para o Nelson depois daquele carnaval. Claro que a mente racional ficou se perguntando se ela não era muito jovem para ele. Afinal, ela era de 1945, estava entrando na casa dos 20 anos. Mas era diferente das outras. Das namoradas que tinha tido até então, apenas a primeira tinha durado perto de um ano, as outras mal viravam um trimestre. Acabou o carnaval, passaram as festas juninas, a comemoração da independência, chegou o Natal e nada da moça falar em casamento... Será que ela não tinha planos sérios com aquele que seria um bom partido por ser diretor de uma empresa grande, professor respeitado, pé de boa valsa? Ela mantinha a naturalidade, não cursava faculdade e na época não se falava em inteligência emocional, conceito que ganharia evidência apenas na década de 1980. Vinha de um universo sentimental bastante diferente, e por isso também abriu os olhos dele. O racional Nelson foi emocional ao descobrir esse tipo de inteligência da jovem, e criou uma relação para a vida. Nem tudo nessa é uma fórmula matemática.

Só podia dar em afeto o que começou na praça e cruzou o rio antes de engrenar

A diferença começava na história de um Romeu que não era italiano, não morava em Verona e não se apaixonou por uma Julieta, e sim por uma Maria de Lourdes. Nessa história as famílias não eram inimigas, mas eles fugiram juntos. Maria de Lourdes era de Teresina, cidade para onde o soteropolitano Romeu Castello Branco e Silva se mudara como fiscal do imposto de consumo. Ela estava de casamento marcado com outro homem, casa pronta — nunca compartilhou muito essa história com a família. O que se sabe é que um dia ela voltava da residência que seria sua, depois do rompimento, possivelmente numa mistura de sentimentos, rodando a chave amarrada a um barbante ora na mão direita, ora na esquerda. Quando cruzava a praça em frente, distraiu-se e a chave escapou do seu controle. Nem deu muito tempo de se preocupar, o rapaz que estava sentado no banco, percebeu a cena, pulou rápido, pegou o que ela derrubara e, quando foi entregar, não se intimidou com a beleza dela e arriscou: "Moça bonita, quer casar comigo?". A surpresa que até causa desconfiança na história foi o "quero" da moça. Quem me contou foi a Maria Victória, a filha mais velha do casal — para todos ela é a Tóia, menos para o Nelson, que até se refere a ela assim quando não está diante da cunhada, mas na presença dela, sempre usa o formal Maria Victória.

O fato é que dias depois aqueles dois loucos apaixonados ou aventureiros cruzaram o rio Parnaíba e foram para Flores, já no Maranhão, e casaram no civil. O pai de Romeu era também fiscal de impostos, já estava acostumado com as mudanças, mas a família Santos era de donos de fazenda, de engenho no Piauí e bastante religiosos, católicos ao extremo. Ninguém soube explicar o comportamento da moça, tida até então como exemplo. Eram tempos de guerra. A família acabou se rendendo, mesmo porque o casal logo foi morar em São Mateus, no Espírito Santo, para onde Romeu foi transferido. O casamento durou a vida, a cidade de Flores, que o sediou, é que teve seu nome alterado para Timon quando, em 1943, o IBGE iniciou uma tentativa de fazer valer a regra de não ter dois municípios no País com o mesmo nome.

Veio a mais velha das Marias, que levou o segundo nome de Victória. Os filhos de Maria de Lourdes vinham nascer em São Paulo. O sogro estava bem posicionado e não queria ver seus familiares sem ter acesso à melhor estrutura. A família não se adaptou ao Espírito Santo e conseguiu transferência para Cambará, no norte do Paraná. As outras Marias, Lúcia e Socorro, também nasceram na capital paulistana, para onde a mãe grávida viajava de trem. Romeu trabalhou em algumas cidades do estado até chegar a Curitiba.

As Marias eram unidas, mas a que mais interessa para este livro veio ao mundo em tempos de esperança. Naquele início de maio de 1945, a mãe Maria de Lourdes achou mais prudente já pegar o trem para São Paulo. A barriga dava sinais de que não esperaria tanto tempo, não se podia arriscar. O Brasil, ao mesmo tempo que tentava diminuir o impacto nas suas fronteiras, torcia pelo fim da guerra, torcia pelos 25 mil homens enviados para o campo de batalha e que ficaram em ação em território italiano. Os planos de anunciar a rendição alemã no dia 9 foram antecipados por um vazamento e o mundo comemorou no dia 8 o que passaria para a história como o dia da vitória na Europa. Em Londres, o primeiro-ministro Winston Churchill apareceu na varanda ao lado do rei George VI para celebrar. Sim, é o mesmo que só virou rei porque o irmão, Eduardo VII, abandonou a posição para se casar com uma americana de fora do circuito real. O mesmo que teve de vencer os obstáculos da gagueira e que foi eternizado no filme *O Discurso do Rei*. Ainda restava a rendição japonesa, mas já havia motivo para muita comemoração. No sábado, 12 de maio, os jornais anunciavam a maior ofensiva aérea desde o início da guerra ao pequeno território japonês. Os nipônicos resistiriam mais um tempo, mas no início de agosto, receberam duas bombas atômicas, em Hiroshima e Nagasaki, causando estragos impressionantes. Mas, se o mundo se aproximava de uma solução para essa questão tão complexa, Maria do Socorro decidiu que já era hora de trazer um tanto de sorriso e união para as pessoas. Nasceu seguindo a tradição dos Castello Branco na capital paulista e logo que puderam viajar, mãe e filha foram para Curitiba.

O casal queria as filhas estudando no tradicional Colégio Sion e escolheu um apartamento próximo, mas foi gongado. Nada que não fosse rapidamente consertado, quando, numas férias na casa dos pais, comentou com a mãe que não conseguira matricular as filhas na mesma escola onde suas irmãs estudaram em São Paulo. Uma ligação para a escola paulistana gerou uma ligação para a escola curitibana e a transferência para o colégio desejado no ano seguinte. O lar dos Castello Branco e Silva era dos mais animados. Falava-se alto, ria-se fácil, havia bastante calor humano.

Era também uma família muito religiosa que teve a rotina quebrada quando, em 1954, nasceu, esse em Curitiba, da raspa do tacho, o caçula Thadeu. Um homem no meio de tantas Marias. Victória já era quase uma adolescente com seus 12 anos, Lúcia tinha 10 e do Socorro, 9. As brincadeiras de casinha ganharam um tom mais realista.

Foi esse caçula que bem relatou a chegada do Nelson a essa família. Por mais festeiros que fossem, as regras eram rígidas. Havia horário para entrar em casa e, na primeira vez que foi descumprido, o pai nem quis conversa com aquele homem que veio junto. Puxou a filha e fechou a porta. Eram outros tempos. A filha mais nova já era mais velha do que a mais velha quando aquela casou, mas não interessava, a regalia era poderem andar no Fusca do Nelson. O Corcel que veio a seguir serviu para levar o casal e o irmão adolescente para o ginásio do Tarumã assistir a um amistoso de basquete entre a seleção brasileira e a União Soviética. O time brasileiro teve uma década de 1960 maravilhosa. Campeão mundial em 1959 e 1963, foi terceiro em 1967 e vice em 1970. Além da medalha de bronze nos Jogos Olímpicos de Tóquio, em 1964, iria enfrentar a potência União Soviética, campeã do mundo em 1967 e vice-campeã olímpica em 1964. Thadeu recebia uma mesada contada e, quando chegaram ao ginásio, o namorado da irmã entregou uma carteira recheada para ele comprar os ingressos. Ele não lembra o resultado do jogo, mas nunca esqueceu o gesto de confiança. Claro que o garoto gostou, mas no fundo ele era a "vela", porque o jogo quem queria assistir mesmo era o casal de namorados. Desde o começo esporte foi um assunto que interessou aos dois, e assim foi durante décadas em conjunto: torciam, apreciavam, comentavam. O cunhado também lembra da intensidade da comemoração dos gols da seleção na Copa de 1970, diante do pequeno aparelho de televisão preto e branco que acabara de chegar à sala da família, uma intimidade permitida depois de cinco anos de namoro. Aliás, namoro que gerava desconfiança nos pais. A relação era ótima, mas receavam que a filha nunca se tornasse mais importante do que a obra do Capivari. Temiam que aquilo estivesse mais para uma "embromação" do tempo da filha, por isso a oficialização do noivado naquele ano foi um alento.

A família da noiva era um bom contraponto à rigidez vivida na formação na própria casa. Os Abreu eram unidos, se ajudavam, realizavam saraus, mas eram mais contidos, rígidos, espartanos. Os Castello Branco e Silva, apesar da aparente pomposidade no sobrenome, embutiam a alegria e festividade da junção de um baiano com uma piauiense. Os gestos eram mais largos; a comida, uma festa; o convívio, algo a ser estendido. Nelson não se transformou, mas gostou do diferente. Era dezenove anos mais novo do que o futuro sogro, dez do que a futura sogra e treze mais velho do que a futura esposa. Passou muitos momentos ouvindo as histórias que Romeu contava sobre o Nordeste, contava para ele outras sobre o Capivari. Trocavam histórias e opiniões sobre o Brasil, se afinaram. Um devia ver no outro um lado menos desenvolvido, um submetia os impulsos à razão, no outro nem sempre a razão vencia. Não poderiam ter sido mais distintos no momento de decidir o casamento. O primeiro já no primeiro instante, o segundo depois de muito, muito refletir. De alguma forma Nelson queria mostrar para a família da namorada que era um homem sério e tinha futuro, que a demora para o próximo passo se justificava pela responsabilidade do que cuidava. Mas Romeu devia ser mais pragmático. Imposto é algo que se calcula num mês e se liquida no curto prazo. O projeto do namorado da caçula era de anos. Verdade que saía na imprensa, mas se o lado técnico tende a aparecer menos do que o comercial e o de marketing, o lado técnico encabeçado pelo Nelson não aparecia mesmo. Isso o estava incomodando até que julgou melhor, já noivo, convidar os sogros e a futura esposa para visitar a obra. Você, leitor, mesmo engenheiro, já convidou os futuros sogro e sogra para visitar uma obra que não seja da casa onde irá morar ou onde está fazendo algum investimento? O Nelson, sim, uma hidrelétrica...

Num sábado, porque no domingo havia missa, e elas eram religiosas, os quatro subiram no Corcel do Nelson e foram entender a dimensão de tanto esforço. A usina em Antonina ficava a menos de duas horas de viagem. Maria do Socorro já admirava o que ele contava e, a partir daquele dia, ganhou uma visão prática, não apenas para descrever mais precisamente para as amigas o que ele fazia, mas também para entender melhor e servir como interlocutora, mesmo nunca tendo a Engenharia como um de seus assuntos preferidos. Era uma pessoa que gostava de ter contato com pessoas, receber, conversar. Transformou a futura casa num ponto de encontro das amigas do Sion e da família. Várias festividades foram celebradas lá. Côde, como era chamada por todos, é de uma geração em que assumir o papel de suporte ao protagonista da casa era natural. Fez isso por amor e por se sentir bem, inclusive passando isso para os filhos. Nelson encontrou nela uma tranquilidade de dedicação à casa e à família, uma garantia de manutenção nos longos períodos de viagem que viriam no futuro e, principalmente, do complemento emocional naquele lar. Côde não fez faculdade, não fez mestrado, não deu palestras nem consultorias, mundo afora, mas soube se transformar ao longo da vida na principal parceira de um interlocutor exigente, austero, duro em vários momentos, racional ao extremo. Nem ela nem o Nelson sabiam isso naquela visita à obra do Capivari, mas eles e a vida souberam tramar para se aproximar, para consolidar uma união. Porém, se tem uma coisa que a tal visita não resolveu rápido foi o medo de Côde de água. Ela não sabia nadar e só foi aprender mais velha, mantendo na praia ou na piscina o receio dos que não entendem o processo todo.

Imagino que, na volta para Curitiba, Nelson se sentia compreendido, Romeu e Maria de Lourdes, um pouco aliviados. Não é que aquele namorado mais velho da filha mais nova parecia ter futuro? Voltaram num outro sábado para visitar a barragem, o lago e os túneis. A obra era grande. Ele não lembra mais se foram no carro dele ou na famosa Kombi do sogro, veículo com o qual os pais de Côde viajavam com toda a família, inclusive o primeiro agregado, Leo Fontan, recém-casado com Maria Victória, para visitar o Nordeste.

Faça o que eu falo, não faça o que eu fiz

Sabe a cena da filha chegando depois do horário, narrada poucas páginas atrás? Pois é, tocou fundo no Nelson. Ele percebeu que tinha chegado o momento, não podia mais esperar, mesmo porque até a Côde poderia estar incomodada com a demora. Já tinha um quarto de século, as moças costumavam casar mais cedo. Se não tinha botado pressão de início, talvez naquele instante não fosse o momento mais adequado, mas quem tem habilidade emocional tem intuição. Ela não pressionou o Nelson, mas ele percebeu que tinha a perder, não queria, ufa, decisão tomada. Perguntado em que dia foi feito o pedido, Nelson lembrou-se de um acontecimento marcante: foi no dia do incêndio do teatro Guaíra.

> Um fator que atrapalhou foi o Capivari-Cachoeira. Eu não casava porque estava terminando a obra, achava melhor não colocar uma variável a mais. Sempre tive que o casamento era algo sério, para dar certo. Eu havia conhecido a Maria do Socorro num carnaval, antes, meus namoros só duravam dois, três meses. Com ela foi diferente. Apesar de bem mais nova, até com uma ligeira imaturidade, ela não demonstrava querer casar rápido. Tinha uma simpatia natural, nos dávamos muitíssimo bem. Descobri que ela era um belíssimo exemplo de inteligência emocional."

O teatro Guaíra é uma instituição cultural de Curitiba. Contar a história de alguém da cidade e não falar sobre ele é o mesmo que um engenheiro ir visitar Pisa, na Itália, e não pensar nas aulas de Estrutura. Desde a demolição do antigo Guaíra, em outro local, em 1937, devido às péssimas condições de manutenção, a cidade ficara sem um palco específico para apresentações ao vivo. Em 1948 o governador Lupion instituiu concurso. O primeiro colocado não levou; o terceiro, o curitibano Rubens Meister, com seu projeto modernista, acabou escolhido quando Bento Munhoz da Rocha Neto incluiu a construção do teatro nas obras que comemorariam o centenário da emancipação do estado. Assim, o projeto de várias salas de apresentação, a maior com mais de 2 mil lugares, teve início com o objetivo de ser inaugurado junto com o que ficou conhecido como Centro Cívico — os prédios que abrigariam as sedes dos poderes do estado e também da Biblioteca Pública. A construção do Guaíra atrasou e no centenário, em novembro de 1953, a cerimônia ficou restrita à inauguração de um busto do compositor, pianista e ex-primeiro-ministro da Polônia Ignacy Jan Paderewski, doado pela comunidade polonesa, tão representativa na cidade, no hall do pequeno auditório.

Mas os políticos não tinham a mesma paciência que o Nelson para concluir bem-feito as coisas importantes primeiro. Em 31 de outubro de 1954 o grande auditório recebeu a Orquestra Sinfônica Brasileira, pela primeira vez na cidade, e 5 mil pessoas para assistir aos dois programas. Os espectadores foram acomodados em bancos improvisados sobre os degraus de concreto do auditório, o local estava em obras. Em 19 de dezembro foi a vez de o presidente Café Filho participar da inauguração do pequeno auditório, esse, sim, concluído, mas que somente entraria em operação efetiva no dia 25 de fevereiro do ano seguinte, com uma apresentação da companhia teatral Dulcina-Odilon. A programação do espaço que viria a ser chamado de Guairinha — afinal, são "apenas" 496 lugares — agitou Curitiba desde então.

O fato é que a obra para o Guairão, embora houvesse rígidas especificações de qualidade, principalmente no que diz respeito à acústica, estava prevista para ser inaugurada em 1971, exatos dezessete anos depois da apresentação da OSB. E tem leitor achando que o Capivari foi demorado... Mas nem tudo na vida sai como planejado, principalmente na vida pública. Um incêndio deixou o Paraná aturdido na noite de 25 de abril de 1970. Foi exatamente no teatro que se aproximava da conclusão, e as causas nunca foram totalmente esclarecidas. O que se sabe é que o acidente chamou a atenção de muita gente, um fluxo grande de moradores. Para o Nelson tinha ainda a relevância de ter inspirado o quadro de formatura da Engenharia, a parte em arco que lembra um ginásio de esportes, que pode ser verificada nas fotos.

No domingo, 26 de abril, Nelson foi buscar Maria do Socorro na saída da missa. Ele também estava curioso para ver o estrago que o incêndio havia causado. Foram para lá, no caminho ele disse à namorada que estava na hora de mudar o *status* e que iria falar com Romeu. Acabaram o dia oficialmente noivos. Não poderia haver imprevistos no Capivari, mas não deixava de ser uma evolução e tanto. Não conheci Romeu Castello Branco, mas, pelo que ouvi contar daquele baiano que fincou raízes na fria Curitiba, suponho que, além de ter concordado com o pedido do namorado da filha, deve, lá no fundo, ter reconhecido que aquele engenheiro fora bem mais cuidadoso do que ele com a família da futura esposa. O casamento aconteceria antes da inauguração do teatro, bem antes.

Oficialmente o Guairão somente seria inaugurado em 12 de dezembro de 1974, com a presença do presidente Ernesto Geisel. Tanta espera permitiu o tão propalado esmero na acústica. Diz a lenda que dias antes Rubens Meister — que além do Guaíra, foi autor do projeto do Centro Politécnico, além de um dos criadores do curso de Arquitetura e professor da Federal do Paraná — foi até o balcão do teatro e pediu para um operário abrir uma caixa de fósforos e derrubar os palitos. Sorriu contente, ouviu o som deles tocando o chão, ainda que não conseguisse visualizá-los.

Mendelssohn já não aguentava mais esperar e lua de mel que supera muitos furos

Os planos para a cerimônia seguiam firmes. Quando o governador fechou as comportas no dia 13 de agosto, não tinha ideia de que, se algo saísse errado, possivelmente um casamento já bastante protelado iria demorar ainda mais. O reservatório se formou, os primeiros testes apontaram que tudo corria bem e que Nelson poderia cumprir os planos e finalmente casar na antevéspera do natal. Como me disse Nelson, a responsabilidade sobre a obra era imensa e ele não concebia incluir uma variável adicional. Aquela foi a década da Capivari-Cachoeira. Achava que tudo tinha seu tempo. Maria do Socorro devia confiar na sua capacidade de conduzir aquele ser tão racional.

Outro casal próximo que estava indo para o altar era Maria Cristina e Renato Bonardi, a caçula do tio Mário de Abreu. A presença de Nelson não era rara na casa do tio e lá uma espécie de atração intelectual o uniu ao namorado da prima. Começava ali uma amizade que se estenderia pela vida. O casamento estava marcado para agosto, mas Denise Lombardi de Abreu, esposa de Mário, adoeceu. A esperança da recuperação e o choque fizeram o casamento ser desmarcado, mas a mãe da noiva não conseguiu se curar e faleceu no primeiro sábado de outubro, dia 3, com apenas 54 anos, deixando todos tristes e atônitos.

Renato era carioca. Tinha ido com o irmão para Curitiba em 1962 para morar com os avós quando o pai foi transferido para um canteiro de obras de Furnas. Cursou Medicina na Federal e iria fazer residência em São Paulo. Assim, para que um novo ciclo na vida reiniciasse, o casamento aconteceu em 10 de dezembro. O de Nelson seria treze dias depois, também numa celebração contida.

Naquela quarta-feira, 23 de dezembro de 1970, o tradicional Cine Plaza da Praça Ozório apresentava a versão do italiano Franco Zeffirelli para *Romeu e Julieta*, de Shakespeare. A música tema era de Johnny Mathis, "A Time for Us", uma canção romântica que fez sucesso em todo o mundo, na qual a voz aveludada de Mathis soltava frases que, traduzidas, pregariam: "o amor iria passar por lágrimas e tormentos, mas eles iriam suportar, iriam superar qualquer tempestade, e haveria um tempo para eles, que haveria um mundo novo, cheio de esperança e reluzente, só para os dois". O que é o casamento se não isso? A cerimônia religiosa que aconteceu na Igreja de São Francisco foi bastante significativa para as duas famílias. Nelson, além da mãe Stella, teve no altar como padrinhos os dois tios que foram importantíssimos, Mário e Othon, esse com a esposa Olívia, a tia Guida, que já estava viúva, o irmão Carlos e a esposa Maria Thereza, e a cunhada Maria Lúcia, esta com o primo dele, José Bonifácio.

Se ele fosse chamar toda a equipe do Capivari a igreja ficaria minúscula. Na primeira fila estava o futuro governador Parigot, mas nem esse pôde ser convidado para a recepção, bastante íntima, apenas para os parentes mais próximos, que aconteceu no apartamento da família da noiva, na Comendador Araújo, sem excessos. A noite de Natal no dia seguinte foi diferente. A alegria estava mantida, mas a filha mais jovem e, finalmente, o então marido tinham ido de carro para São Paulo. Se depois da recepção, os noivos foram para o Hotel Iguaçu, a alguns quarteirões dali, na capital paulistana ficaram no centro, no Othon Palace Hotel, que dois anos antes havia hospedado a rainha Elizabeth, filha de George VI. Devem ter jantado no Chalet Suisse na cobertura, um dos principais restaurantes da cidade de então. A Igreja de Santo Antônio, o dito santo casamenteiro, era vizinha de parede do hotel. Se Côde não precisava ir até lá agradecer, deve ter ido conhecer a que é considerada a mais antiga igreja remanescente da cidade, datada de 1592 e que sofreu várias reformas — mas desde o período da lua de mel já se encontrava tombada como patrimônio histórico, artístico e arquitetônico. Alguns dias depois foram para o Rio de Janeiro. Nelson contrataria um motorista para trazer o carro de volta. Eles seguiriam em viagem aérea para Bariloche, com passagem por Buenos Aires.

Aliás, escalas em São Paulo eram constantes em viagens, não apenas pelas condições logísticas do País, mas também para atualizar o papo com o irmão Carlos ou visitar a família dele. Apesar de dois anos mais jovem, Carlos era muito mais experiente que Nelson no assunto. Casou em 1964 com Maria Thereza Lombardi de Sousa Pinto, de família de Amparo, os mesmos Lombardi de Denise, mulher do Mário, e quando o Nelson entrou para o hall dos casados, eles já tinham três filhos. Inclusive a mais velha, Ana Estela, era afilhada dele e lembra que conseguia, sim, atenção do padrinho. Até hoje não se esquece de uma boneca que ganhou em Curitiba, a maior que teve. Eram tempos de poucos brinquedos e, se aquela não foi batizada, marcou.

Claro que não foram ao cinema na escala paulistana. Se fossem, a opção com o maior número de salas era um filme de amor sem um final muito feliz, *Os Girassóis da Rússia*, de Vittorio de Sica, que tinha duas chamadas: "Este é um romance de amor, muito, muito amor!", e "Uma mulher nascida para amar. Um homem nascido para amar essa mulher...". O filme narrava a vida de dois jovens recém-casados quando eclode a Segunda Guerra e ele é enviado para a Rússia, atrapalhando a relação e deixando uma esposa inconformada e disposta a buscar o amado, mesmo que fosse numa Rússia totalmente fechada e enigmática para o Ocidente. Foi o sétimo filme de um par romântico que levou milhões de pessoas às salas escuras: Sophia Loren e Marcello Mastroianni. Ainda atuariam em outras quatro películas. A história dos recém-casados curitibanos seria muito diferente. Nelson ainda não sabia que viajaria muito mais, inclusive para a Rússia, mas sempre voltaria para Curitiba.

Se no Rio de Janeiro pôde rever e mostrar um pouco do que tinha visto com seus padrinhos de batismo, em Bariloche os dois se deslumbrariam com a natureza. Perguntado sobre o que se tem para fazer na cidade quando não há neve, Nelson exemplifica sua sagacidade bem-humorada: "A pergunta tem de ser o que se tem para fazer em Bariloche com neve; sem neve é um dos lugares mais bonitos do mundo!". Esse é o Nelson. O câmbio estava favorável e puderam desfrutar todo o conforto do emblemático Hotel Llao Llao, com exceção do último dia, ou do primeiro grande teste. Não queriam perder determinada paisagem e contrataram um táxi para os passeios com parada final no aeroporto cujo voo para Buenos Aires decolava às 17h. Se tudo tinha sido perfeito até então, começou a parecer estranho quando o Ford Falcon do motorista estacionou na frente do hotel. Os noivos se entreolharam, olharam de novo para as condições do veículo, sem conseguir concluir se o modelo era conversível e estava fechado ou era alguma reforma que não fazia alguém crer no visual do automóvel. Resolveram seguir em frente porque tinham ouvido falar muito bem da região que faltava conhecer, sem imaginar quantas vezes teriam o passeio interrompido. E as interrupções vieram. Pouco puderam aproveitar da paisagem. Pararam duas vezes para trocar o pneu e uma para consertar o furo. As indicações do motorista para o almoço estavam mais próximas da condição do carro do que do almoço de final de lua de mel, mas pelo menos tiveram um momento de distância dele. Se não conseguiriam mais cobrir todo o roteiro, ainda daria para visitar um lago antes de chegar ao aeroporto. O argentino foi buscá-los com o sorriso de que estava tudo resolvido. Decidiram aliviar a do homem e reiniciaram o passeio. Mas algo os fez pensar que o melhor seria ir para o aeroporto quanto antes. Se dizem que um raio não cai mais de uma vez no mesmo lugar, o Nelson e a Côde puderam garantir que um carro — mas só garantiam se fosse argentino — pode ter três pneus furados no mesmo passeio. Ops, três não, quatro. O Nelson só não ficou muito bravo depois que o terceiro pneu furou porque era viagem de férias e não queria estragar as coisas. Pararam e lá foi o motorista trocar, sem pedir nenhuma ajuda. Quando todos subiram novamente no Falcon, veio a decisão do Nelson: "Por favor, para o aeroporto!". Foi tão taxativo que o homem nem contestou, fez meia-volta e pegou a direção final. E aí, talvez nessa viagem quase no meio da Argentina, encostada à enorme Cordilheira dos Andes, Nelson entendeu que muitas vezes não se pode brigar com a natureza. Melhor respeitar. Em tempos de crise — comportamento que adotaria no futuro diante dos desafios nas barragens —, é melhor partir para a solução e não ficar buscando os culpados. O pneu furou de novo com o estepe ainda não consertado. O aeroporto era visível no horizonte.

Em vez de brigar com o motorista, decidiu ir à luta. Depois de alguns minutos, o silêncio constrangedor entre eles foi quebrado pela expectativa de um veículo que se aproximava. Sim, Côde e o motorista também se movimentaram, mas quem quase se jogou no meio da estrada foi o recém-casado. Conseguiu, num espanhol quase castiço (o que o desespero não faz!), convencer o motorista de outro veículo, não tão melhor do que o Falcon, a lhes dar uma carona. Afinal, era só voltar alguns quilômetros em linha reta. Ainda bem que existem argentinos compreensivos. Aquele aceitou os dois e as malas, junto com as crianças e tudo o que pode existir num típico carro rural.

Chegaram ao aeroporto e o Nelson gastou mais ainda o seu espanhol para agradecer o homem. Olharam para o relógio e tinham tempo de sobra, não precisavam correr. Acharam a indicação do guichê da Aerolíneas e, depois de alguns minutos de tranquilidade, começaram a se perguntar se não estava tudo muito vazio. Estava, até para conseguir informação não foi simples. Mas eis que viram dois policiais caminhando bem devagar. Quando ouviram "No tiene aviones, Aerolíneas está en huelga!", se entreolharam tipo "Hoje não é nosso dia". A greve não era apenas de pilotos, foi uma paralisação total e a próxima solução do casal foi contar com o gerente do restaurante para onde foram. Explicaram a situação e o homem informou que fecharia mais cedo e poderia levá-los até a cidade. Não apenas levou, e não teve nenhum pneu furado, como ainda os ajudou a encontrar um hotel para aquela noite. No dia seguinte, tudo voltaria ao normal. O hotel, no centro da cidade, era bem diferente do Llao Llao. No dia seguinte não queriam passeio, confirmaram que a rotina aérea estava normalizada e decolaram rumo à nova vida em Curitiba.

Finalmente os filhos, mas antes uma nova lua de mel e no meio um baita susto

O casal foi morar num apartamento na Rua Carlos de Carvalho, perto de Stella. Nelson já havia adquirido um terreno na Rua Vicente Machado, pensando em construir uma casa que acolhesse toda a família, mais obra pela frente. Como era comum naquele tempo, pouco depois de a Capivari-Cachoeira entrar em operação, com poucos meses de matrimônio, Côde começou a sentir enjoos. A gravidez seria tranquila. Ela continuou querendo mostrar o novo lar para as amigas.

"Nunca quis interferir nas escolhas profissionais dos meus filhos. Nunca cobrei nota, incentivava que aprendessem. Incentivei que todos fizessem intercâmbio, era um valor em casa. Eu viajava muito. Quando estava no Brasil, preferia a rotina da casa, sempre muito bem coordenada pela Maria do Socorro. Ela, sim, gostava de receber e o fazia muito bem. Nossa casa era o ponto de encontro da família."

Chegou maio e o governo francês oferecia uma bolsa de reciclagem para profissionais mais maduros. Madame Hèlène Ginvert Garfunkel, que hoje virou praça no Batel, dirigia a Aliança Francesa em Curitiba e também era diretora de estágios da Cooperação Técnica Francesa, avisou o Nelson que achava que havia chegado mais uma vez a hora dele. Quando fora selecionado, dez anos antes, para uma bolsa de ciclagem, estava no mestrado, e por isso acabou não indo, como fez boa parte da equipe da Copel. Ao longo do período de Garfunkel à frente do setor, iniciado em 1949, foram viabilizados 250 estágios, entre eles o do próprio Parigot de Souza e de Maurício Schulman. Claro que aquele era o papel dela, mas o fato dela e da filha, Franchete, serem também engenheiras colaborava para o entusiasmo com que ela se mantinha à frente do processo. Em Paris, alguém tentou argumentar que somente poderia fazer a reciclagem quem tivesse participado da ciclagem. Garfunkel reconhecia a importância técnica do Nelson e elaborou uma defesa para um diretor da empresa especialista em barragens Coyne et Bellier, que estava de passagem pela cidade. O diretor da empresa que hoje opera como Tractebel anotou o nome do Nelson e afirmou que iria verificar. Em paralelo havia o fato de que a Eletrocap havia sido incorporada pela Copel e alguém da envergadura dele precisava ter uma posição compatível. Aí, quando o tal diretor conversou com as empresas na França, a permissão pareceu lógica e em uma semana uma ligação foi disparada para Curitiba. Nem Nelson nem Maria do Socorro reclamaram da mudança de planos. Ainda não tinham filhos para complicar a logística, a gravidez corria bem e a viagem se sincronizava perfeitamente com as semanas de gestação. Mais um pouco e algum médico poderia levantar questionamentos. Embarcaram para Paris para três meses de visitas a empresas francesas de eletricidade. Seriam escritórios, laboratórios e obras, sendo sempre recebidos por *staffs* de pessoas seniores, que além de questões técnicas, cuidavam de um lado social. Se o foco era a capital francesa, houve tempo para viagens para a região do Canal da Mancha, para o sul e também para os Alpes. Claro que alguém com a seriedade e o espírito engenheiro do Nelson sempre iria aproveitar o lado técnico, aprofundar discussões, pesquisar possíveis novidades e explicar um tanto de seus questionamentos para a esposa. Mas ele mesmo confessou que viveram mesmo foi uma nova lua de mel, com a enorme vantagem de terem as contas pagas. Suponho que ao subir as escadas para visitar a Sacré-Coeur ou mirar os arcos góticos e os vitrais da Notre-Dame, Côde deve ter pensado que tinha valido a pena esperar tanto. Na chegada ao Brasil, a barriga estava já bastante perceptível.

Na festa de 17 anos da Copel, no dia 26 de outubro, no salão do Curitibano, onde Nelson estaria entre os dezessete homenageados com mais de 15 anos de empresa, a expectativa deles não estava na placa recebida das mãos do vice-governador, mas sim na barriga dela, na curiosidade em saber se seria uma menina ou um menino. O feriado de finados fora agitado. A revista *Veja* sofrera censura e fora apreendida das bancas. A capa expunha o caso do empreiteiro Cecílio Rego Almeida, que havia gravado o governador do Paraná, Haroldo Leon Peres, exigindo comissão numa obra. O clima estava quente. Começou a ficar claro que Parigot não continuaria como vice-governador por muito tempo. Assumiria o posto maior do estado em 23 de novembro de 1971.

Mas, apesar de toda a mudança e do agito no Paraná, a nossa história prefere mesmo é a segunda-feira, 8 de novembro. Nelson ainda não viajava tanto, estava em Curitiba ao lado da mulher. Se o estado vivia dias intensos, eles mais ainda. A expectativa era grande — um filho muda a rotina de um casal; o primeiro, mais ainda. Era uma menina e, se os seres humanos desde pequenos já sinalizam quem são, Valéria de Sousa Pinto, uma morena que, adulta, se tornaria advogada e mediadora, deve ter demonstrado personalidade desde o berço. Tem consciência de que tem o pai na sua personalidade, embora nem tenha começado Engenharia.

Nelson, meu pai, por Valéria

Retidão, caráter, firmeza, pontualidade. Tantas características podem definir um pai que, com toda a ausência física que as constantes viagens impunham, sempre foi presente em nosso dia a dia.

Rígido e rigoroso, mas nada que o impedisse de "passar por cima" de um 6 em matemática desta filha que nunca teve o dom das ciências exatas. Exigia a dedicação, não a nota máxima.

A frequência das viagens fez dele um homem caseiro, que sempre preferiu as refeições em casa aos bons restaurantes. Estas, hoje sob minha responsabilidade (não de cozinhar, mas de organizar), me fazem entender as dificuldades que a mãe comentava de pensar em comida todos os dias.

Ainda assim, a casa na Vicente Machado foi o centro das festas de família: Natal, Páscoa, dias das mães e dos pais, casamentos e aniversários sempre foram comemorados com a família reunida. Minha festa de 15 anos foi comentada por anos a fio entre os amigos. Mesmo por aqueles que ele não permitiu entrar por não estarem com o traje "Passeio Completo", de acordo com o convite, não importando quanto eu pedisse.

As viagens eram um capítulo à parte. Na época romântica e restrita das viagens de avião, o aeroporto para nós era um passeio natural e frequente.

O telefone tocava logo cedo, avisando que já estava em solo brasileiro, normalmente São Paulo. Daí era levantar e seguir para o — ainda pequeno — Aeroporto Afonso Pena. Com acesso quase livre à pista, três crianças, ansiosas e grudadas na porta de vidro, corriam para abraçar o

— quase sempre — primeiro passageiro a descer do avião.

Lembro-me de uma viagem, salvo engano, ao Japão, quando o telefone não tocou, mas assim mesmo seguimos para o aeroporto. E, então, o passageiro não chegou... até hoje me lembro do corpo amortecido. A mãe tentando esconder o pânico, Rodolfo chorando e Flávia, no meu colo, respondendo calmamente ao gentil senhor ao nosso lado, que perguntava o que estava acontecendo: "Nosso pai não chegou". Foi o tempo suficiente para a mãe desligar o telefone, público e de ficha, aliviada com a resposta de que ele havia perdido a conexão por causa de uma passageira presa na alfândega e responsável pelo atraso dos demais. Uma longa manhã em um aeroporto que não dispunha de muita distração para crianças.

Neste dia, a corrida pela pista foi praticamente autorizada pelo funcionário encarregado de abrir a porta de vidro. Vantagens da época romântica da aviação, quando os funcionários do aeroporto pareciam acompanhar nossos embarques e desembarques.

Hoje as viagens não são tão frequentes.

Há 13 anos dividimos o escritório. Ele nunca perguntou se eu queria, sempre foi natural a parceria. Quando deixou o escritório no Cehpar, passou a procurar uma sala que nos acomodasse. E aí estamos, hoje em uma sala do Instituto de Engenharia do Paraná, o que faz com que muitos perguntem se sou advogada dos engenheiros.

Sendo a única dos três filhos em Curitiba, hoje fazemos companhia um ao outro. A nosso modo, com nossos pactos e combinados feitos em silêncio, aprendo diariamente com ele.

Quando Valéria comemorou o primeiro aniversário, Maria do Socorro estava grávida pela segunda vez. Dizem na família que a primogênita é a mais festeira deles. Nesse aspecto, a mais parecida com a mãe. Naquele abril de 1973, numa quinta-feira 12, Côde deu à luz o segundo filho, agora um menino, Rodolfo de Sousa Pinto. Nelson não tinha ajudado nas questões práticas com Valéria, não ajudou com o filho homem e também não ajudaria depois, mas esse era o comportamento dos pais no Brasil da década de 1970. Mas, se Nelson não trocou fraldas do menino, iria trocar muita informação com ele adulto. O filho tem, segundo ele, o espírito empreendedor do avô português e viria a fazer negócios no setor de energia. Se aproximaram bastante, isso sem contar o aspecto físico. Da mãe, Rodolfo herdou o lado social.

Nelson, meu pai, por Rodolfo

Posso dividir em três aspectos a influência e o aprendizado que tive e tenho com o meu pai.

O primeiro é em relação à família. A nossa sempre foi muito unida, muito próxima, claro que com as brigas de irmãos e coisas do gênero. Mas, numa retrospectiva, nunca vivemos uma crise familiar. Hoje, já tendo formado a minha própria, é possível dimensionar quanto isso não foi simples. Reparto esses méritos entre meu pai e minha mãe. Apesar de todas as viagens dele, sempre manteve uma presença paterna muito forte. Ele me disse que fez questão de fazer da casa um ponto de encontro da família e de amigos próximos. Eu e minhas irmãs tentamos repetir isso, de forma consciente ou não.

O segundo foi a importância dele (mais até pelo exemplo do que por conselhos diretos), na minha formação acadêmica e profissional. Não escolhi a Engenharia por pressão ou incentivo dele, mas herdei a determinação pelo conhecimento, sempre o vi estudando: "Não adianta fingir que sabe, tem que saber de verdade!" ou "Se não consegue explicar é porque não aprendeu direito". Ouvi isso várias vezes.

Por fim, e o mais gratificante, é a sorte de trabalharmos juntos. Pude contratá-lo para prestar consultorias em barragens, tive oportunidade de presenciar o renomado consultor dar explicações, encontrar soluções e criar alternativas para problemas e desafios das mais diversas naturezas. Várias vezes me vi, durante essas reuniões, pensando: "Puxa, é o meu pai, que orgulho!".

Me sinto um privilegiado. Sou filho, ex-aluno, colega de profissão, cliente e amigo do meu pai. Um homem que fez a vida por conta própria e por méritos próprios e que até hoje é a minha principal referência.

A família crescia. O projeto arquitetônico da sonhada casa se desenvolvia. As questões profissionais, se não saíram como alguns imaginavam — Nelson não foi dirigir uma empresa estatal durante o período do ex-professor no governo —, caminharam para uma direção que o satisfazia e lhe permitiram criar um percurso próprio e interessante, mais de acordo com a sua vocação. Entrou para o Board de Consultores do projeto de Foz do Areia, podia focar as questões técnicas como gostava. Tudo parecia muito bem e aí veio uma baita surpresa.

Uma criança que perdeu o pai antes de atingir a adolescência e se lembra dele imóvel num leito é um adulto que toma um enorme susto ao se perceber com falta de movimentos numa cama, ou ao acordar numa UTI depois de alguns dias em estado de coma. A mãe dessa criança, que enviuvou cedo, e vê o filho mais velho, cuja criação requereu muitos esforços, estar numa idade parecida com a que o marido adoeceu, debilitado e num estado passível de comparação, deve ter revisto um filme dramático. A jovem esposa com dois filhos deve ter se questionado se era o mesmo filme. Religiosas como eram, Stella e Maria do Socorro oraram e pediram com toda a força. Claro que o tio Mário agiu rápido, a "equipe médica" da família também tinha o Renato, e alguns especialistas colegas deles. O diagnóstico apontou encefalite viral. Encefalite viral é uma inflamação do cérebro e pode ser mortal. Os dados apontam que os casos fatais da doença vêm diminuindo bastante. Na medição feita pelo periódico médico *The Lancet* em 2010, entre seis e oito pessoas faleciam num grupo de 100 mil afetados, mas em números totais os óbitos atingiram 120 mil casos. Há mais de quarenta anos o quadro era mais drástico. O histórico com o Nelson pai não deixava ninguém tranquilo. Mas, em 1974, quando ele sentiu o problema, já se sabia que a brevidade do quadro agudo era um sinal de possível recuperação completa. Sequelas indesejadas podem ser: paralisia muscular, problemas de memória e aprendizagem, dificuldades na fala e na audição, epilepsia, movimentos musculares involuntários e alterações visuais. Passado o susto, observou-se que nem essas alterações visuais o Nelson teve. Permaneceu daltônico...

Recuperado, Nelson seguiu no trabalho e não soube muito bem o que pensar quando o seu Miessa, diretor administrativo nos últimos anos da

Eletrocap, foi até ele, constrangido, meio que se desculpar por não ter ido ao hospital visitá-lo. O colega confessou que ficara assustado, como se uma espécie de síndrome estivesse acometendo as pessoas da área. Naquele espaço de tempo tinham falecido o Parigot, o Hiram e o Isaac Milder, este durante o período de Nelson no hospital. Alguns ficaram com medo da coincidência.

O sonho de um imóvel na praia para que a família pudesse descansar nas férias voltou quando alugaram uma casa em Guaratuba para um período de recuperação da encefalite. Tinham iniciado um movimento por meio de um investimento num pequeno apartamento no esquema de time-sharing, com direito a alguns dias por ano, logo depois do casamento — ou pelo menos era assim que eles pensavam que seria. Usaram uma vez e durante o período de ausência na França em 1971, os investidores resolveram transformar o prédio num flat à revelia dos cotistas. Nelson sequer foi buscar as ações a que tinha direito. O susto tinha-os feito pensar um pouco mais em qualidade de vida. A doença que o acometeu tende a ser mais comum em crianças ou idosos, e pegara o Nelson no auge do vigor, mas ela só se instala quando a pessoa está com seu sistema imunológico baixo. Algo o incomodava, mas era tempo de juntar algumas economias e comprar um apartamento no terceiro andar de um predinho sem elevador construído sobre pilotis, no centro da praia mansa de Caiobá. A construção tinha duas entradas independentes, a dos Sousa Pinto dava frente para a transversal. Era o início do vôlei na vida deles. Alguns bons anos mais tarde, Côde brincou com Nelson que a melhor solução para ele continuar na rede era adquirir o primeiro andar do outro bloco, de frente para a praia. Segundo ela, a economia de joelho no sobe e desce dos andares poderia ser utilizada nas quadras de areia.

O ritmo de trabalho foi sendo retomado, no Board de Foz do Areia e na Federal. O Cehpar tinha muito que crescer. Nelson e Côde tinham uma preocupação: aumentar um pouco mais a família, queriam mais um filho. Assegurados pelos médicos de que a doença não deixara sequelas, não demorou muito para a concepção da Flávia.

Se 1974 foi um ano de preocupação para os Sousa Pinto, não deixou de ser também para o Brasil. Uma seríssima epidemia de meningite assustou o

País; o governo ficou acuado, receoso de colocar o povo brasileiro em pânico. As informações eram contraditórias e a situação requereu, na mudança de governo, a criação de uma Comissão Nacional de Controle da Meningite. O exército teve de entrar em ação nas megaoperações de vacinação de milhões de pessoas em poucos dias. O quadro era preocupante, mas a transparência contribuiu para que a informação fosse uma grande aliada no combate.

> "O meu sogro era um fiscal honesto, mas naquele tempo a decisão do governo foi aposentar todos compulsoriamente. O trabalho era sua vida, com a inação começou a definhar. Os amigos encontraram uma solução, conseguiram colocá-lo como gerente da fundação dos funcionários da receita e ele voltou a vibrar. Fez aquilo funcionar, a honestidade dele ficou clara, e sua vida e saúde voltaram ao normal."

No domingo, 6 de julho de 1975, os jornais relatavam que o tenista americano Arthur Ashe, no dia anterior, tornara-se o primeiro negro a vencer o tradicional torneio de Wimbledon. Já fizera o mesmo em outros dois Grand Slams, o Aberto da Austrália e o Aberto dos Estados Unidos. Só não venceu Roland Garros. Nelson e Côde só não puderam assistir à partida porque as transmissões não eram tão frequentes naquela década. Ashe foi um tenista importante, atingira a posição de número 1 do mundo no final dos anos 1960, parecia em decadência e enfrentava um motivado jovem em ascensão, Jimmy Connors. Não deu chance, 3 x 1. O americano teve um importante papel no fortalecimento da ATP (Associação dos Tenistas Profissionais) e lutou pelo mundo do tênis. Numa transfusão de sangue, foi infectado pelo vírus da Aids e morreu cedo, com apenas 49 anos. A quadra central do Aberto dos Estados Unidos leva o seu nome — não é pouco. O casal deste livro já assistiu a muitas transmissões nesse estádio. Mas naquele 6 de julho as atenções estavam em outro lugar: nascia Flávia de Sousa Pinto. A família que foi sendo planejada depois do casamento estava completa. Flávia se acha a mais parecida fisicamente com a mãe.

Nelson, meu pai, por Flávia

Meu pai foi a ausência mais presente que eu conheço. Ele viajou muito, mas sempre foi pai. Eu não senti falta, ele e minha mãe conseguiram educar os filhos sem fazer drama com a distância.

Já cresci, casei, formei família, mas ainda assim não faço nada importante sem falar com ele. Não é obrigação, é prazer, é troca.

Diz a lenda que eu nasci como uma espécie de prêmio por ele ter se recuperado da doença. Talvez por isso, a vida toda disputei o pai com a mãe. Ela o chamava de "Su", eu o chamava de "meu Su".

O pai me ensinou muito, principalmente a importância do tempo — que ele é precioso, que é muito desperdício ficar sem fazer nada, que o nosso tempo é finito!

Fomos criados para o mundo, não para eles. Prova disso foi o intercâmbio que nós três fizemos nos EUA em uma época em que poucas pessoas falavam sobre isso.

Toda vez que ia viajar, ele fazia questão de mostrar no mapa para onde iria. E depois tinham os cartões-postais, um para cada filho, sempre se fazendo presente.

A gente não tem nada pendente, e sempre foi assim, a ponto de eu sentir possível sair para morar fora mesmo no período difícil da saúde da mãe. Muito pelo contrário, recebi total apoio dos dois para mais essa mudança. Hoje em dia, falo com ele várias vezes na semana, mesmo sem grandes novidades, só para ficar sabendo um do outro. Uma vez liguei em um feriado americano, e ele, com seu humor rápido, mandou desligar porque no Brasil as pessoas trabalhavam.

Uma curiosidade da família: somos em cinco, o pai e a Valéria são destros, a mãe e o Rodolfo, canhotos, e eu, a caçula, sou ambidestra, no meu ponto de vista, para equilibrar as coisas.

Assim que a mãe faleceu, ele me disse: "É difícil para mim, mas muito mais difícil para você e seus irmãos. Mãe é mãe!".

Conversando com os três filhos e com o Nelson, é imperioso concluir que são uma família unida, que se gosta, mas não são dados a tantos beijos e abraços. Era um ambiente mais austero. O pai foi um típico provedor, literalmente saiu para conquistar o mundo e sempre voltava. Nunca deixou Côde esperando como Penélope. Uma, duas vezes por ano levava-a para algum lugar do mundo. Por isso a casa precisava ter uma rotina organizada. Eunice, uma funcionária que ficou anos na família, contribuiu bastante, tinha até autorização para bater. Não que o fizesse, sabia impor respeito, embora tivesse que frequentemente correr atrás deles depois que aprontavam alguma. As crianças preferiam acreditar que ela não conseguia alcançá-los; eu prefiro acreditar que ela não queria alcançar — ajuda a educar mais na base da brincadeira. Nelson não batia, no máximo algumas sacudidas, uns beliscões. Pelo papel cunhado por ele e pela mulher, não precisava de muito mais que um movimento, corporal ou de voz, para convencer os filhos a obedecer. Côde tratava do dia a dia, tinha energia e dom para a função. No meio da semana as coisas funcionavam, com o Nelson na cidade ou viajando, e nos fins de semana ele apoiava a Côde, que ampliava sua ação de acolhimento da família. Foi lá, na residência da Vicente Machado, que muitas das celebrações familiares passaram a acontecer.

As crianças se provocavam como quaisquer irmãos. Valéria e Rodolfo se uniam para tentar convencer a menor de que ela era na verdade filha de um repolho — atire a primeira pedra quem nunca tentou diminuir um irmão inventando uma mãe diferente, ou uma adoção; faz parte da disputa fraternal. Hoje são bastante unidos. Assumem que o pai e a mãe passaram um modelo que muitos podem julgar machista — o filho homem tinha privilégios à mesa —, mas também souberam transformar isso numa caricatura e se divertir.

Tinha uma rede no meio

Depois de crescidas, as filhas, quando querem provocar o pai, o chamam de Nelson Luiz — a Valéria — e de Doutor Nelson, a Flávia. Mas é mais uma demonstração de carinho e da possibilidade de brincadeira por trás do jeitão sisudo dele, que se mantém, mas não consegue mais afastar filhos adultos quando esses sabem que há amor e carinho ali. Aliás, justiça seja feita a Nelson, em dois momentos, enquanto entrevistava os filhos, houve ligação dele, que não sabia que eu estava ouvindo. As ligações terminaram com abraços e beijos. Sim, a vida vai temperando até homens racionais.

Se em Curitiba Rodolfo lembra do pai preparando palestras, numa época em que os slides eram selecionados — ele entendia aquilo como um ritual e, garoto, mantinha-se a distância —, todos os três reforçam que o pai, apesar de menos sociável do que Côde, se esforçava na condução dos encontros sociais e familiares. Ficava até quando dava e não fazia cerimônia para ir tirar uma soneca ou se recolher para trabalhar. A sogra se acostumou a ouvir: "Dona Lourdes, meu pijama está me chamando". Preferiram limitar a casa ao uso mais íntimo. Raros foram os momentos em que o casal recebeu pessoas com algum cunho profissional, para complementar negócios. As exceções eram aos amigos estrangeiros. Não obrigou nenhum dos filhos a estudar francês para que o Bouvard se sentisse mais em casa. Já o inglês era estimulado, junto com uma visão mais ampla de mundo e para quando recebia os americanos Barry Cooke, Tom Leps ou Jim Libby.

Aliás, o professor rígido parecia ficar lá no Centro Politécnico. Em casa, não cobrava dos filhos notas elevadas. Podia contribuir, mas deixava-os livres para escolher inclusive o curso de formação. As lições eram mais uma tarefa de Maria do Socorro. Aos domingos podia até dirigir e levar a família à missa. Geralmente não entrava e ia conversar com os amigos na Boca Maldita, no centro da cidade, enquanto a mulher e os filhos assistiam à celebração. Todos estudaram em colégios ligados a ordens religiosas católicas. Rodolfo estudou com os jesuítas do Medianeira; já as meninas, depois do Esperança, das irmãs franciscanas, foram para o Sion ou o Dom Bosco — Valéria no francês, até cumprir o magistrado, e Flávia no Dom Bosco. As netas curitibanas voltaram aos maristas.

Toda essa liberdade tinha uma única contrapartida: um intercâmbio nos Estados Unidos. Até perguntava se os filhos queriam ir. Diante da resposta afirmativa, restava um "Que bom, assim vai querendo". Se hoje isso é muito comum — empresas especializadas vendem esse sonho para os adolescentes —, na década de 1980 não era assim tão usual, mas o Nelson tinha se tornado global e queria passar isso para os filhos. Embora os três "reclamem" que nunca foram levados para as viagens internacionais, que nos próximos capítulos serão quase tão comuns quantos excursões da CVC, teve ano em que ele viajou quinze vezes para fora do País, e não faltou pedir: ou o Nelson ia sozinho ou levava apenas a esposa. Eles reconhecem que a casa tinha fartura, mas sem desperdício ou ostentação. Não eram cobertos de presentes, mas não faltavam recursos para um curso, em qualquer lugar que fosse. Para a Disney, roteiro habitual nos planos de viagem de muitos amigos com uma condição social semelhante, só foi a Flávia porque não quis fazer festa de 15 anos. A Valéria tinha feito uma grande, para trezentas pessoas lá na casa, e aí o Nelson meio que teve de aceitar a opção da caçula. Talvez tenha pensado no próprio sossego. Rodolfo lembra que foi morar numa cidadezinha de Vermount, 400 habitantes, e Valéria foi para Kennesaw, na Geórgia. Flávia foi parar em Hamilton, 12 mil habitantes, no frio estado do Illinois. Era, na visão dela, a que tinha menos habilidade no idioma inglês, mas foi estimulada. Ela lembra que as ligações eram muito caras e ficavam mais frequentes quando o Nelson estava trabalhando em algum lugar do mundo. Era mais barato do que no Brasil, mas os pais não foram visitar os filhos. Respeitaram o espaço e a capacidade deles de vencerem os obstáculos e se adaptarem. Nelson lembra que Flávia se adaptou tão bem que no final acabou responsável pelos filhos mais novos da família americana numa viagem do casal. Com a Valéria houve alguns problemas com a irmã americana. O máximo de intervenção do Nelson foi pedir para o *adviser* ir até lá verificar *in loco*. Sobreviveram os mortos e os feridos, era coisa de adolescentes. O Rodolfo recebeu uma visita do pai — tinha ido no segundo semestre dos americanos e decidiu ficar um ano completo; aí foi necessário fazer uma matrícula fora do programa. O filho lembra do pai sentado num banco do aeroporto, observando-o, até que fez uma espécie de "ei" e no encontro apertaram as mãos, mesmo fazendo seis meses que não se viam.

Se o Nelson não impôs o que deveriam estudar, decidiu também não impor o time para o qual torcer, e aí a coisa complicou. Rodolfo não estava disposto a sofrer tanto na primeira infância. Desde que nascera, só tinha dado Coritiba, com exceção de 1977, quando o Grêmio Maringá empurrou o coxa para o vice-campeonato. Mas ele queria gritar "é campeão" e nesses momentos o inimigo invade com os conhecidos. No caso dos Sousa Pinto, quem introduziu um verde e branco naquele lar rubro-negro foi o primo Rodrigo. Ele e Léo, marido de Maria Victória, torciam para o Coritiba e influenciaram o garoto na virada dos anos 1980. E o Rodolfo ficou viciado em futebol. Seguiu coxa mesmo com o Atlético equilibrando o jogo e tendo uma década de 1980 mais vitoriosa que o rival. O estrago estava feito, e bota estrago nisso. Rodolfo arrastou a caçula Flávia para o seu lado da arquibancada. Voltei ao assunto futebol porque ele era motivo de discussão, sim, naquela casa. Só não era mais porque o filho respeitava a mãe e aguentava firme e quieto todos os recortes de jornal que ela punha no quarto dele. Côde era parcial — quando o Coritiba ganhava, que o filho descobrisse; quando perdia, fazia questão de prestar o serviço. A recuperação do Atlético e a pressão da mãe com o aval do pai não foram suficientes para ele virar a casaca. Rodolfo lembra ainda de algumas viagens a São Paulo, onde seu padrinho Carlos levava o sobrinho ao estádio. É uma demonstração inequívoca de que, entre os irmãos, o Carlos sempre teve mais jeito com criança. O filho caçula dele, Mauro, tem boas recordações do casal. Associa as brincadeiras de Nelson a assuntos ligados à engenharia, mesmo com crianças, para quem tinha a paciência de explicar os fenômenos de refração de um espeto ao entrar na água. Também associa o tio às lancheirinhas que ele trazia da aeronave da Varig, nas suas passagens por São Paulo, ou ao relógio Casio que ganhou de uma ida ao Japão e que manteve no pulso por décadas. Vale destacar a emoção de Mauro ao falar de Côde e de como ela o fazia se sentir em casa nas férias em Curitiba ou em Caiobá, e da observação dele sobre o modo como o tio enfrenta uma discussão: raramente dá o braço a torcer. O sobrinho acha importante a ressalva de que racionalmente ele está certo em não dar o braço a torcer na enorme maioria das vezes. Só não chegou a concordar com o tio na discussão não muito antiga que tiveram sobre os novos conceitos capazes de explicar o porquê o avião voa. Também na memória do sobrinho, o tio gostava de um uísque — importante que fosse 12 anos — e lia romances em inglês na praia.

As idas para a praia ficaram marcadas na memória e no coração dos filhos. Era mais uma atividade de férias de janeiro. O Paraná está longe de ser o Nordeste e ter o clima quente das praias daquela região do País, mas, passados o réveillon e as festas da família, lá ia o comboio dos Sousa Pinto vencer os quase 120 quilômetros e poder relaxar de frente para o mar. Nelson e Rodolfo iam na frente — parece que existia uma regra não escrita, de que os homens iam desbravando os perigos —, no Chevette, e Côde e as duas filhas atrás, na Caravan, mas não podiam ultrapassar.

Regras também existiam na hora das refeições; não tão rígidas quanto em Curitiba, onde o almoço era às 12h30 e o jantar às 19h30, com relógios alinhados a Greenwich; ou no ano quando, depois do almoço, tinham de deitar e ler até as 16h. Na praia era tudo um pouco mais livre. Se uma toalha vermelha aparecesse na janela, era hora de comer. Outra regra à qual com o tempo todos se acostumaram era que, ao ouvir o Nelson chamar mais alto "filha", sabiam que procurava por Côde, e não por Valéria ou Flávia. De resto, era correr na praia, tomar uma caipiríssima ou cerveja, voltar para casa, descansar e voltar lá pelas 16h30 para a atividade mais séria: o jogo de vôlei.

A atividade foi crescendo até que alguém conseguiu com que o Rubens Szezesniak, que tinha uma empresa de estruturas metálicas, instalasse arquibancadas na calçada próximo à cancha. Se perder já não é algo que os humanos aceitem facilmente, perder com plateia é mais difícil ainda. A disputa até era divertida, e apesar da falta de regras — só não valia tocar na rede —, era séria. Todos queriam ganhar, embora o mais comum fosse fazer uma divisão que equilibrasse os times. Virara rápido um Fla-Flu, ou como é mais popular por lá, um Atletiba. Diversão garantida, e para o Nelson, mais ainda, pois um racionalista como ele não podia deixar de enxergar uma enorme vantagem naquilo: você vira um "amigo de vôlei", que se interessa e se compromete apenas com o que a pessoa é na praia, sem compromissos sérios e reais fora daquele ambiente. Tudo podia ser mais leve, bem aproveitado. Alguns chamavam o local de "rede do seu Nelson". Foram momentos marcantes que viveram ao longo de muitos anos. Quem também entrava na disputa de vez em quando era Jaime Lerner. E aí, tanto a Côde quanto o Nelson estavam em ação, e conseguiram a façanha de nunca brigar quando estavam em lados opostos da rede. Mas não tinha essa de deixar o outro ganhar...

A foto da turma do vôlei é uma daquelas queridas e representantes de uma fase boa da vida. Mas, se a esportiva família Sousa Pinto não pôde comemorar grandes vitorias nas quadras e campos por um de seus membros, pôde fazer por um amigo próximo e querido. O curitibano Emanuel Fernando Scheffer Rego foi colega do Rodolfo no Medianeira e acabou ficando próximo da família. Se desde os tempos dele como atleta de quadra do Curitibano já queriam levá-lo para a praia, imagine como o desejo aumentou quando ele trocou as quadras de piso duro pelas de areia. Cabe esclarecer que o vôlei da

"A Maria do Socorro foi minha única grande confidente. Com quem eu trocava, gostava de ouvi-la. Não tinha faculdade, mas além da inteligência social, me ajudava a compreender melhor algumas questões. Foi também uma grande companheira de viagens. Sempre que possível, a gente conciliava uma viagem a trabalho com momentos de lazer. Conhecemos vários pontos do mundo."

turma em Caiobá era mesmo de seis e não em duplas, como a modalidade acabou se consagrando. Se Nelson e Côde gostavam de torcer pela televisão em várias modalidades, puderam de fato se emocionar ao celebrar as vitórias do Mano, como eles chamam Emanuel antes e depois da consagração, que não foi pouca. O cara não apenas foi eleito o melhor jogador da última década do século pela FIVB (Federação Internacional de Voleibol), como é também o maior vencedor do Circuito Mundial, com dez títulos, e o maior ganhador das etapas, com 77 medalhas de ouro, 37 de prata e 41 de bronze. Também é o atleta com maior número de títulos no vôlei de praia, com 155. Participou de cinco Olimpíadas e possui uma medalha de ouro, em 2004, uma de prata, em 2012, e uma de bronze, em 2008. Se ele sozinho entrasse no quadro de medalhas dos Jogos Olímpicos, estaria na frente de 56 países e dividiria a posição de 95º com Costa do Marfim, Hong Kong e Síria. Ficaria à frente dos vizinhos Equador e Paraguai. É das poucas pessoas que o Nelson conhece que viajou pelo mundo mais do que ele.

Uma casa onde se esbofeteava muito, mais aos fins de semana

Se numa quadra de vôlei de praia o Nelson nunca passou de um jogador mediano esforçado, numa de peteca a história é outra. Isso mesmo, Nelson foi um jogador de peteca bem mais razoável (adjetivo dado pelo próprio), um dos pioneiros do esporte no estado. É possível que todo brasileiro já tenha brincado de peteca na vida. É comum crianças ganharem uma de brinquedo, de presente, ou como prenda em festas juninas. A peteca — que em tupi-guarani quer dizer esbofetear, golpear com a mão — era utilizada como diversão pelos índios que aqui estavam antes da chegada de Cabral. Passou séculos sendo apenas brincadeira até que os mineiros resolveram ter um esporte para chamar de seu e determinaram que a peteca utilizada deve ter um diâmetro de 5,2 centímetros, não podendo pesar mais do que 42 gramas e a altura, já contabilizando as quatro penas, não pode ultrapassar 20 centímetros. As regras foram sendo criadas e difundidas. Em 1975 surgiu a pioneira Federação Mineira de Peteca. A quadra cabe num espaço de 15 por 7,50 metros e a rede fica numa altura máxima de 2,43 metros, dependendo de algumas condições. São dois jogadores para cada equipe, mas, ao contrário do vôlei, a peteca precisa ser devolvida em um movimento único; não há toques entre companheiros de equipe na mesma jogada. As partidas são vencidas pelos melhores em três sets e esses são conquistados por quem atingir 25 pontos primeiro, com a diferença obrigatória de dois pontos. Caso seja necessário um terceiro set, o objetivo são 15 pontos, também com os dois de diferença obrigatória. Como a equipe que sacou tem 20 segundos para concretizar o ponto, o esporte é bastante dinâmico. Quem joga se apaixona.

Quando Nelson foi visitar as obras da Hidrelétrica de Emborcação, em Minas Gerais, no início dos anos 1980, começou a observar as canchas no canteiro de obras da Andrade Gutierrez. De início pensou que era vôlei, e quando viu adultos jogando aquele brinquedo de um lado para o outro, ensaiou desdenhar. Mas ficou impressionado com o entusiasmo com que todos falavam. Ganhou um livro de regras escrito por diretores da empresa. Viu tanto que um dia aceitou o convite para a viagem seguinte, colocou shorts e tênis e foi, meio descrente. É possível que na primeira vez tenha sentido apenas o benefício de extravasar alguns sentimentos mais fortes ao poder golpear a peteca com toda a força. Aos poucos foi percebendo a estratégia e toda a movimentação física. Quando se deu conta, voltou para casa querendo contar a novidade aos amigos.

Quem conhece o Nelson sabe que ele não perderia a oportunidade de se divertir e tirar um sarro dos amigos mineiros. Num tom sério, dedicou a origem do jogo a um teórico problema de saúde dos mineiros. Eles eram muito mão fechada — será que existe algum leitor deste livro que não saiba que habitantes de todos os outros estados brasileiros fazem o que hoje se chamaria de bullying com os nascidos nas Gerais? Por isso então, como recomendação médica, como a única forma de combater a atrofia, foi institucionalizado o jogo. Para quem contava, a garantia do sorriso vinha. Nelson descobriu que já existiam alguns precursores, juntou-se a eles no Clube Curitibano.

O fato é que logo o grupo aumentou. Atualmente o clube tem quatro quadras. Outros clubes também construíram as suas, a Federação existe. Os mineiros ainda têm a supremacia, mas é um esporte que cresce pelo mundo.

A casa da Vicente Machado viu crescer em seu quintal uma cancha do esporte. Domingo em Curitiba virou dia oficial da peteca. O parceiro Renato Bonardi atesta que o raciocínio rápido ajudava bastante o Nelson em quadra. Era comum também que, enquanto estava acontecendo o jogo, filhos de jogadores, de amigos ou amigos dos filhos fossem pedir ao Nelson para que ele ajudasse na explicação de alguma matéria. Não formou efetivamente nenhum outro atleta do esporte na família, embora Maria do Socorro jogasse com as amigas e tenha incluído, por causa de uma funcionária de sua casa, o hábito de combinar a peteca com a cuia de chimarrão.

Este é um bom espaço para contar que o Nelson deu uma boa ajuda ao Renato durante o mestrado dele. Se já conversavam sobre a universidade, sobre as responsabilidades e desafios de um professor universitário, a ajuda no tema da dissertação — um modelo matemático inédito para avaliar a microcirculação intestinal — uniu-os mais. Foi Renato quem melhor me anunciou a despedida do Nelson das canchas. O Renato continua, mas era inevitável que percebessem a vantagem que os jogadores mais jovens levavam. Em 2007, quando completou 75 anos, Nelson informou aos amigos e ao parceiro que estava se retirando, enquanto ainda conseguia jogar e vencer algumas partidas. Bonardi, na entrevista, fez a conexão dessa atitude dele com um conselho que recebeu de um dos papas de sua área, o cirurgião coloproctologista britânico John Goligher, que dizia que a atividade acadêmica, principalmente as palestras, demanda muito estudo e há momentos em que não se pode falhar, podendo ser muito fácil destruir uma imagem duramente construída. Por isso aconselhava a parada das palestras depois da aposentadoria, para não correr riscos. Nelson percebeu que já não conseguia render mais tão bem numa cancha. Parou aos 75, mas também percebeu que continuava a "conversar muito bem com a água", expressão que utilizou algumas vezes em nossas conversas.

Assim, seguiu em frente no trabalho. A amizade com o Renato continuou firme, mesmo sendo desafiada por perdas impactantes para os dois. Renato é mais emocional, Nelson mais controlado. O vinho entrou na vida do Renato, ele jura, por recomendação do cardiologista e nisso ele influenciou o Nelson, que virou assinante de um clube da bebida. Renato está pensando se precisa entrar, por muito tempo manteve a adega cheia com os presentes dos pacientes, mas agora está menos tempo no dia a dia da clínica e, se a adega não esvaziou, muitas garrafas já foram consumidas, algumas das melhores tendo o Nelson como companheiro.

E então a família cresceu e vieram os netos

Talvez o Nelson seja racional demais para ser um avô totalmente diferente do pai que foi. A casa da Vicente Machado serviu muito tempo como ponto de encontro de amigos, mas é claro que era a casa do Nelson e da Maria do Socorro, nunca foi a casa da Maria Joanna. Havia regras e todos sabiam. À direita quase não entravam, era lá que ficava o escritório do Nelson. À medida que as obras em que ele se envolvia foram ganhando peso mundial, os amigos foram entendendo e respeitando a responsabilidade dele; os filhos, também. Se a casa era o palco dos encontros sociais, do barreado anual, das festas de Natal, dias 24 e 25 e, por um tempo, até o dia 26, oficialmente com "os restos" para os Abreu, em eventos que chegavam a reunir 150 pessoas, ela também era dos momentos difíceis — os velórios dos avós foram realizados ali.

Os filhos voltaram do intercâmbio e foi chegando o momento da faculdade. Valéria lembra do pai corrigindo prova e dando 3, 4 de forma habitual. O Direito foi um caminho natural. Cursou na PUC e relata que a única intervenção que o pai fez foi quando pensou em aceitar um trabalho na Ernest Young que implicaria transferir a faculdade para a noite. Avisou a filha que por dinheiro não devia fazer, não naquele momento, era melhor priorizar o aprendizado. Valéria acabou a faculdade e logo se casou, em 1996, mudando-se para Mato Grosso do Sul, onde a família do marido tinha um hotel. Os pais também não interferiram nas escolhas amorosas dos filhos, respeitando-as. Em 8 de setembro de 1999 nascia a primeira neta de Côde e Nelson, Júlia de Sousa Pinto Poli, mas o casamento de

Valéria não seguiu o que os noivos pensaram e veio a separação, com a menina ainda pequena e o retorno dela e da mãe para Curitiba. Júlia acabou interagindo bastante com a avó, enquanto a mãe refazia a vida profissional e recebia suporte dos pais. Depois de alguns anos, Valéria casou-se com Ederson Mazano da Costa, em 22 de julho de 2006. Em 1º de setembro de 2007 nascia a primeira filha do casal — os netos já vieram sob a tecnologia do ultrassom. Valéria e Ederson resolveram homenagear a avó, perguntaram ao Nelson e ele pediu para que fosse igual ao da mãe, Stella de Sousa Pinto Costa.

O Rodolfo, que foi um aluno "bem médio", resolveu no intercâmbio que iria fazer Engenharia. Surpreendeu quando foi aprovado na Federal, não porque não acreditassem no potencial do rapaz, mas porque dava trabalho para a mãe. Deixava o boletim embaixo do travesseiro dela, mas nunca sozinho, sempre com um bilhetinho em que procurava, com tom sentimental, corrigir o grau de visão da mãe daquelas notas vermelhas ou num azul muito próximo. Mas foi mostrando desempenho ao longo da faculdade. O primeiro 10 na aula do Nelson foi questão de honra, mas depois ele relaxou e foi abaixando. Formou-se, chegou a ser estagiário no Cehpar e a arranjar emprego na Copel. Parecia que seguiria uma linha próxima à do pai, mas daí resolveu descolar. Arranjou um emprego em Goiás e, quando este não mais o satisfazia, contou com a ajuda do Nelson para um mestrado no Oregon. Lá descobriu a vontade de estudar, virou um aluno "straight A", tipo Nelson, e depois ainda faria um curso executivo em Stanford antes de decidir mudar o rumo da vida de busca de emprego para oferta de empregos. Depois de morar em algumas cidades, resolveu virar sócio numa empresa de Engenharia e montou outra de energia. Conheceu a gaúcha Carolina Paiva D'Almeida no último emprego, já em Florianópolis, e em 6 de setembro de 2008 eles acrescentaram o de Sousa Pinto ao nome dela. Moravam no Rio de Janeiro quando a primogênita Olívia D'Almeida de Sousa Pinto nasceu, em 29 de junho de 2009, mas depois voltaram para a cidade catarinense, onde nasceram Gustavo D'Almeida de Sousa Pinto em 7 de março de 2011 e o caçula Miguel D'Almeida de Sousa Pinto, em 6 de outubro de 2013.

Flávia tinha uma dúvida: ao mesmo tempo que era boa com números, gostava de questões humanas. Conversou com o Nelson sobre as engenharias e começou a fazer Engenharia Cartográfica na Federal, mas não estava feliz.

Às vezes matava aula e ia conversar com o pai. Mudou para Psicologia na PUC e enveredou para a área de RH em empresas. Em Curitiba, trabalhou na Bosch, Brasil Telecom e ALL, onde conheceu Alysson Barros Paolinelli. Também não demoraram muito para casar, porque ele teve outra oportunidade de emprego em Juiz de Fora. Flávia lembra que estava receosa de apresentar o namorado ao pai. Temia alguma rispidez, mas se surpreendeu quando Nelson ofereceu servir-lhe um uísque. O namorado logo mandou uma cachaça de Minas para o pai e o casamento aconteceu em 6 de setembro de 2002. Depois do interior de Minas, o casal mudou-se para São Paulo e resolveu passar um ano sabático na Flórida, que já foi aumentado. A vida em Weston tem se mostrado uma experiência diferente e interessante para todos eles. Lá o primogênito Giovanni Paolinelli, que nasceu em 24 de março de 2004, se adaptou muito bem. Na escola do bairro encontrou um professor que trabalha sua atividade motora fina, ajudando-o a desenvolver a linguagem. Os irmãos Rafael Paolinelli, que nasceu em 9 de dezembro de 2006, e Alice Paolinelli, nascida em 23 de janeiro de 2012, mesmo que voltem, já estão vivendo o tal intercâmbio que o Nelson e a Côde achavam que os filhos precisavam fazer.

A vida não tem ordem, nem regra

Depois que cresceram e se casaram, Rodolfo não precisava mais defender as irmãs para os pais, mostrando a eles que elas eram como as jovens de seu tempo. Com netos de idades tão diversas, ficou mais difícil para o Nelson lançar os desafios de Matemática que propunha para os filhos. Esses também lembram que saíam pouco para comer fora. Como a vida do pai já era passada em grande parte entre hotéis e restaurantes nas viagens, em Curitiba ele queria mesmo era tempero caseiro. A tradição, mas aí mais uma vez para o casal, era a celebração do aniversário de casamento no Ile de France, onde se iniciara o namoro.

O restaurante foi fundado por dois imigrantes, Emile e Janine Decock, em 1953. Depois da Rua Dr. Muricy, mudou-se para a Praça 19 de Dezembro e lá se encontra, perto do Passeio Público, há décadas. Desde os anos 1970, quando o casal instituiu a tradição das comemorações, é tocado pelo filho dos fundadores Jean-Paul Decock e sua esposa Clara. O segredo foi não se render à moda da *nouvelle cuisine* e se manter fiel a um cardápio de pratos clássicos. Claro que não foi fácil, mas marcou a apresentação dessa culinária para algumas gerações de curitibanos e o local de escolha dos Sousa Pinto.

Um sítio de três alqueires nos arredores da cidade foi comprado como investimento no início da década de 1980. Depois concluíram que, além das árvores e das pequenas lavouras, poderiam, pela proximidade, fazer uma casa, também simples, para servir de ponto de atração para os familiares. Ninguém se lembra de ter dormido lá uma única noite. Mas, se eles não foram ao sítio, a cidade foi, e hoje o sítio está dentro da área urbana da capital.

A Rua Vicente Machado testemunhou os moradores a trocarem por outras regiões e alugarem suas casas para comércio, o que levou o casal a pensar com mais cuidado na segurança, até que decidiram mudar para um confortável apartamento atrás do Clube Curitibano, a partir de onde as braçadas do Nelson ficaram ainda mais fáceis. As caminhadas regulares com a esposa depois do almoço nos jardins da casa, em Curitiba, também deixaram de acontecer. Precisaram encontrar outra rotina para que ela pudesse servir de suporte ao marido, opinar sobre questões de contratos e projetos. Todos da família se recordam da casa com muito carinho. Em momentos de nostalgia pensavam até em voltar para lá, mas a dinâmica da cidade impôs outra condição.

A vida também apresentou uma condição de saúde desfavorável à Côde. Durante alguns anos sua saúde se debilitou, e ela foi apresentando dificuldades de alimentação e comunicação. A certa altura não conseguia mais viajar com o Nelson e passou a preocupar a família, deixando de ser a avó ativa, que fazia questão de reunir os familiares em torno dela. A casa dos avós começou a requerer um pouco mais de silêncio do que o normal. A avó, que era mais próxima das crianças, não conseguia se manter nas brincadeiras. As equações matemáticas do avô não conseguiam competir com os aplicativos visuais que tanto atraíam os jovens. Foram alguns anos de sofrimento, em que o esforço de celebração à vida e o espírito de união deles se manifestou enquanto foi possível no Ile de France, acompanhando também a luta do restaurante na defesa de uma tradição clássica. O casal Sousa Pinto se identificou com isso até que, no dia 23 de dezembro de 2017, Nelson concluiu que, se não podiam ir ao Ile de France celebrar os 47 anos de matrimônio, a comida do restaurante viria até sua casa. Maria Victória ajudou a deixar o apartamento com ares românticos e os dois comemoram juntos tudo o que a vida tinha lhes proporcionado. Formaram uma família que soube encarar os desafios e se manter unida, crescer aceitando as mudanças inevitáveis do tempo, mas honrando e celebrando as bases que até hoje a sustentam. O Natal de 2017 foi muito diferente daquele que a Côde gostava de promover. Logo depois ela teve de ser internada para uma cirurgia na perna. Os médicos não precisavam alertar para a gravidade da situação, todos estavam tristes. Durante o procedimento, houve algumas complicações devido ao estado geral dela e Côde não conseguiu se restabelecer.

Pessoas afetivas deixam um vazio maior. Côde estava sem acesso à sua espontaneidade, sem sua capacidade e vocação de amar e se dedicar à família. Todos sentiram muito e tentam se recompor. Nelson deixou de ter sua maior companheira, a regente da família e da vida dele quando não está "conversando com a água", como costuma dizer, embora até nesses momentos ela o apoiasse. Ele, outra vez, teve de encarar a não naturalidade da vida, e em público, não permitiu que suas comportas emocionais se abrissem. Esforçou-se para gerar energia suficiente para seguir ativo e palpitando num assunto que poucos no mundo conhecem mais. Isso implicou duas viagens para a Colômbia e uma para os Estados Unidos nos meses seguintes. Ele preparou suas malas, como sempre fez, mas a volta para casa perdeu o brilho. Voltemos ao engenheiro, voltemos no tempo.

9 – Foz do Areia – o início da consultoria internacional

A Eletrocap logo foi incorporada de volta pela Copel, já na inauguração da Capivari-Cachoeira. Não existia mais como a empresa independente que fora, mas é claro que com a meta cumprida possibilitava ao estado novos planos de desenvolvimento e investimento. Pedro Parigot afastou-se da presidência da Copel para se dedicar à campanha como vice-governador. Arturo Andreoli, que estava como diretor técnico, assumiu no lugar dele e acabou sendo efetivado. Ele havia entrado na Eletrocap e logo passou para a empresa mãe. Para quem pensava pelo lado técnico, Nelson era uma espécie de substituto natural do mestre, mas uma lição que todo engenheiro precisa acolher, mesmo que não pratique, é que a vida é política. E política é para quem quer e sabe praticar, frase que não embute nenhum senso de valor sobre os desafios éticos que o País enfrenta em relação aos políticos eleitos.

A ligação de Nelson com Parigot vinha da escola, do rigor técnico. Com o Andreoli a diferença de estilo era maior, mas praticamente não existia distinção de idade: um era de 1931, o outro de 1932, embora Nelson tenha se formado bem mais cedo e até sido professor dele. O Andreoli era italiano de nascimento, e o pai trabalhava em hidrelétrica na Europa. Também foi um bom aluno e tinha uma presença física marcante. Não apenas era alto, mas volumoso, se impunha. Era bastante arrojado e dono de grande percepção, e foi inevitável reconhecer a capacidade técnica do Nelson e todo o desempenho dele à frente do projeto do Capivari, e que era preciso encontrar uma posição à altura. Quando Parigot se viu governador, os celeiros naturais de talentos para tocar a administração do estado eram a Federal e a Copel. Os pupilos foram sendo alocados em empresas estatais e havia um "disse me disse" de que o Nelson seria convidado para assumir a Sanepar, a empresa de saneamento. A posição não fazia os olhos dele brilharem, mas pensava que era sua "obrigação" aceitar. Imaginava que receberia o convite e a contextualização. do próprio mestre. Mas nem sempre as conversas são diretas e retas, e Nelson sentiu falta disso. O governador escalou seu secretário de Obras, Osiris Stenghel Guimarães, para fazer o convite. O convite à Sanepar não se concretizou. Se já não era o interlocutor esperado, a oferta deixou Nelson livre para recusar. O plano era colocá-lo como diretor de uma autarquia nova que congregaria o pessoal dos antigos Daee (Departamento de Águas e Energia Elétrica) e DAE (Departamento de Águas e Esgotos), que não tinha sido incorporadas à Copel e Sanepar, com outro ligado à proteção do Meio Ambiente, e que seria denominada Surehma (Superintendência dos Recursos Hídricos e Meio Ambiente). Por mais que ele, como costuma dizer, "gostasse de conversar com as águas", ali teria de gerir muitos funcionários, usar o tempo para um trabalho administrativo e político, muito longe de sua vocação, e os grandes desafios técnicos que o estado enfrentaria ficariam em outras empresas. Agradeceu e esperou uma solução na Copel.

Essa não foi uma conversa que tive abertamente com o Nelson, porque acho que ele não ficaria à vontade. É uma pessoa reservada e formal. Mas, na minha interpretação, esse foi o episódio-chave da vida dele. O *turning point*, em que soube segurar fundo e se reinventar, ficando na mesma posição. Não se abateu, confiou na sua capacidade técnica e na condição de abrir uma trajetória diferente da dos colegas e amigos. Os companheiros de Iowa o chamariam de *maverick*, de *free spirited*. E foi o fato de ele ter ficado firme e se desenvolvido como técnico, mesmo que para isso tivesse de mirar o mundo, que fez este livro virar realidade. De alguma forma ele sempre quis convencer os engenheiros de que existe valor para grandes engenheiros, que o caminho para o crescimento não é, unicamente, migrar para o universo da gestão. Quantos, diante desse escorregão, não conseguem se reequilibrar, caem, se machucam e se abatem? Nelson vinha de um intenso trabalho técnico, era visto por muitos como o segundo na faculdade do homem que passou a ter todo o poder no estado. Os menos formais o chamavam de "peixinho" do Parigot, mas nem o sucesso do Capivari, nem o ótimo trabalho reconhecido nele, na universidade e no Centro de Hidráulica tinham sido capazes de colocá-lo numa posição de destaque, numa grande empresa do estado. Ele nunca quis se colocar como gestor. Sabia, inclusive, que essa não era a sua principal característica, mas nem todos que alçaram esses voos estavam completamente preparados. Ele teve autoconfiança para esperar uma solução. Ficou na Copel à espera de uma oportunidade.

Arturo Andreoli preferiu Paulo Aguiar na diretoria técnica e escalou Nelson para a nova diretoria de planejamento. A movimentação não durou mais do que um ano e aí ele foi pragmático e resolveu incluir o Nelson na junta de consultores de uma importante obra que se iniciaria, seguindo a estratégia bem-sucedida de Salto Osório: Foz do Areia. A função dessas juntas era facilitar o relacionamento com bancos e organismos financiadores internacionais; os consultores garantiam a qualidade e faziam uma espécie de auditoria técnica. Nelson era o júnior desse Board, que contava ainda com o inglês radicado nos Estados Unidos Barry Cooke, o americano James Libby e o geotécnico Victor de Mello, que se destacou atuando no Brasil. A obra de Foz do Areia era representativa porque tinha uma dimensão grandiosa. Se Salto Osório geraria 1.050 MW e Salto Santiago, 1.420 MW, Foz do Areia atingiria uma capacidade de geração de 1.676 MW. A exploração do potencial do rio Iguaçu requereu uma costura política entre a empresa paranaense e a Eletrosul, de cunho federal. O presidente da Copel soube fazer essa amarração e foi importante na decisão de aceitar uma ousada solução apresentada por Barry Cooke — selecionar a barragem de enrocamento com face de concreto, que não apenas seria a primeira no País, como também a mais alta do mundo na época. Andreoli gostava de marcas, Nelson de desafios e aprendizados, e aceitou a instigação de contribuir para o êxito dessa iniciativa, da qual não ignorava os riscos inerentes à quebra de recordes mundiais: a extrapolação para dimensões nunca antes exploradas.

Diga-me com quem andas que te direi quem és

Se durante o projeto do Capivari Nelson entendeu a dimensão e soube se cercar de pessoas competentes na execução, cimentando a aproximação com Bouvard, na primeira reunião da junta, apesar de se sentir em casa, ficou claro que precisaria estudar bastante para seguir o nível dos colegas. Como ele diz, "era evidente que eu estava superdimensionado". Mas não seria depois dos 40 anos que daria menor importância às suas opiniões. Sempre foi incansável no embasamento delas e percebeu que precisava não apenas se manter assim, como até se aprofundar. Sabia que seria aceito por eles porque fora designado pela Copel, mas estava em busca de mais, da construção do próprio nome. Concluiu rapidamente que estava diante de uma chance única. Ele também se lembrava do passeio a cavalo com o mesmo James Libby pela Serra do Mar, ainda em 1955. Recém-formado, fora destacado para a missão mais porque falava inglês, escalado para ser uma espécie de guia, claro que com conhecimentos técnicos. Libby havia sido o chefe da International Engineering e trabalhado em Furnas, e tinha vindo checar o potencial do esquema Capivari-Cachoeira. De simples acompanhante, Nelson não teve nada. Resolveu tirar o máximo daquele engenheiro. Ouviu atentamente o que ele tinha a dizer sobre o rio, as comparações com projetos em outros lugares do mundo, pegou dicas de livros com ele e anotou. Depois comprou vários dos livros e os estudou. Em 1955 não conseguiria prever que se tornariam amigos e colegas. Mas nos primeiros encontros da Junta de Consultores foi ficando claro que ali havia esse caminho. Ele passou a acreditar que os amigos que insistiam para que ele procurasse uma posição operacional podiam estar errados, que estavam apenas olhando para a trajetória tradicional. Ele conseguiria outra, mais próxima de suas características pessoais e desejo, mais focada no estudo e no conhecimento, na observação, mais perto da de um cientista. Preparar-se e investir naquela direção foi um passo fundamental na caminhada. Inicialmente os encontros aconteceram no âmbito da Copel, no Paraná. Não demorariam muito para se expandir mundo afora. Nem o Nelson poderia imaginar que o currículo, depois de 40 anos, incluiria, além dessa Junta de Consultores, outros 29 grandes projetos no Brasil e mais trinta espalhados por vinte países do mundo. Desenvolver participações nesses Boards também permitiu a Nelson dar vazão à sua vontade de escrever. Além de ser um dos autores do livro *Hidrologia básica*, de natureza didática, em que dividiu a autoria com Antônio Carlos Holtz, José Augusto Martins e Francisco Gomide, lançado em 1976 e já reeditado inúmeras vezes — a obra é um clássico para os estudantes da área —, foi também autor de capítulos sobre barragens de enrocamento com face de concreto, que se tornou sua especialidade em importantes livros editados pelo mundo. Na área de cavitação e aeração de fluxos de alta velocidade, ajudou a pesquisar os limites do conhecimento e contribuiu para o seu progresso. Foi a oportunidade de se tornar um especialista nesse tipo de escoamento, com muitos trabalhos escritos. Sua participação em obras de barragens e enrocamento com face de concreto e grandes vertedouros, na China, Colômbia, Lesoto, Malásia e outros países o comprovam. A representação do mapa-múndi incluída neste livro deixa clara a extensão de sua atuação.

Nada melhor então do que utilizar os perfis que o Nelson escreveu sobre Barry Cooke e Tom Leps para a academia de Engenharia para apresentar os amigos neste livro.

James Barry Cooke nasceu em Londres em 1915, mas sua família imigrou para Los Angeles em 1926. Depois de um ano no Pasadena Jr College, transferiu-se para Universidade da Califórnia, em Berkeley, onde se graduou em Engenharia em 1939. Passou os dois primeiros anos na Pacific Gas and Electric Company (PGE), em San Francisco, e depois, de 1942 a 1946, na Europa, como major do Corpo de Engenheiros, participando do planejamento de missões operacionais na França e Alemanha, tendo sido agraciado com uma medalha de bronze. Depois da guerra retomou sua posição na PGE e trabalhou em dezoito novos projetos e na manutenção de setenta usinas em funcionamento. Ao longo da ligação dele com a companhia, envolveu-se em mais de 110 projetos de barragens e em mais de 200 quilômetros de túneis.

No texto Nelson lembrou que o primeiro encontro com Barry Cooke aconteceu no *tour* por barragens que ele fez após a conclusão do mestrado. Teve a sorte de ser recebido por ele e ficara impressionado com a atenção na apresentação e, principalmente, com o entusiasmo na defesa da tecnologia das barragens de face de concreto. Destacou a participação do amigo como *chairman* de importantes congressos. A atuação e o reconhecimento possibilitaram a Cooke se aposentar mais cedo da PGE e iniciar, em 1961, uma carreira de consultor independente, aos 46 anos. Essa nova fase implicou centenas de milhares de milhas voadas anualmente e barragens de face de concreto sendo edificadas em vários cantos do mundo, ao longo de outros 43 anos, até que a saúde o impediu de estar presente, embora, como ressalte Nelson, gostasse de conversar sobre os projetos até os últimos dias de vida. Em outro texto escrito por Thomas Leps, companheiro de tantos Boards e viagens, fica-se sabendo que Barry tinha um pouco mais de dificuldade para dormir à noite, o que contrastava com uma enorme facilidade de dormir em cadeiras ou poltronas de viagem, fossem essas de avião, ônibus ou carro, mesmo que estivesse sob calor sufocante e as condições do piso em nada lembrassem uma superfície plana. Da culinária brasileira, era capaz de escolher uma caipirinha bem gelada e um prato de canja fumegante. Aliás, não posso concluir que especialistas em barragens tenham esse hábito de consumir alimentos muito quentes, mas descobri essa peculiaridade do Nelson também. Tudo muito, muito quente.

Barry Cooke recebeu, em 1993, o Distinguished Engineering Alumnus Award de Berkeley, por suas contribuições para o desenvolvimento das barragens de face de concreto, entre outras pesquisas e conquistas. Já tinha sido agraciado, em 1982, com o Terzaghi Lecturer do encontro anual da Sociedade Americana de Engenheiros Civis. Como estamos em um livro de engenheiro, é melhor destacar que Karl Von Terzaghi foi um engenheiro austríaco que imigrou para os Estados Unidos e dividiu sua carreira entre o MIT e Harvard. É considerado um dos pais da Mecânica dos Solos e da Geotécnica, além de um dos mais destacados engenheiros do século XX. No obituário escrito pelo Nelson para Cooke, há a inclusão de um trecho da filha Bonnie, que achou importante lembrar da generosidade do pai, fosse apoiando a filha da secretária a cursar a faculdade, fosse dando todo o suporte ao irmão com Alzheimer. Mas nem toda a bondade foi suficiente para comover a mulher nas partidas de tênis — ela inevitavelmente o vencia. O consolo dele era o mesmo do Nelson: braçadas frequentes numa piscina, para manter o corpo tão ativo quanto a mente. Barry Cooke faleceu em 25 de abril de 2005, aos 89 anos.

Thomas Macmaster Leps nasceu em 3 de dezembro de 1914, em Keyser,

West Virginia, mas se mudou com a família cedo para San José, na Califórnia. Estudante destacado, graduou-se em Engenharia Civil pela Universidade de Stanford e logo em seguida fez mestrado no MIT. Antes da universidade fizera trabalhos como guarda de parques, ora numa motocicleta, ora num cavalo, atividade que o marcou para o resto da vida. Era também um praticante de esportes, entre eles a natação e o hiking, um amante da natureza.

> "A Índia é interessante, Dhauliganga foi a primeira barragem de face de concreto naquele país. Eles têm muitos rios, muita gente, precisam de água e, por isso, de uma boa tecnologia de barragens. Os ingleses ajudaram, mas eles têm vasta experiência própria. Quem fez propaganda internacional das barragens de face de concreto foi o Barry Cooke – ele convencia todo mundo, inclusive nós. Foz do Areia foi a mais alta até então no mundo, e isso trouxe reconhecimento internacional. Aí o professor Pinto começou a ser chamado na China e em outros lugares."

Começou a carreira como engenheiro assistente no U.S. Bureau of Reclamation, a agência americana para controle dos recursos hídricos, trabalhando por dois anos nos Laboratórios em Denver. Do Bureau foi para a DeLeuw Cather & Co, onde ficou por mais dois anos até ser inserido na Marinha, responsável pelos projetos dela no Havaí e em Okinawa. Depois da guerra, reiniciou a carreira como engenheiro na Edison, no sul da Califórnia, onde se tornou o engenheiro chefe e responsável por grandes projetos de geração elétrica. Alcançou elevado prestígio como especialista em Mecânica dos Solos, mas também por suas opiniões técnicas no projeto e construção de grandes obras hidrelétricas. Em 1961 ainda mudou mais uma vez de emprego, para a Shanon & Wilson, antes de se tornar consultor independente para poder usufruir a imagem que construíra em mais de cem projetos nos Estados Unidos, Canadá e em outros quinze países ao redor do globo. Dez desses projetos foram executados no Brasil. Era um mestre na elaboração de relatórios de segurança, escrevia de forma precisa, objetiva, clara e direta. Produziu mais de trinta artigos de repercussão ao longo da carreira e alguns capítulos significativos em livros importantes. Usou sua retórica para engrossar a defesa de Barry Cooke das barragens de face de concreto. Foi eleito membro da Academia de Engenharia em 1973 e em 2006 recebeu da Sociedade das Barragens Americanas o prêmio Lifetime Achievement.

Nelson trabalhou pela primeira vez com ele no Board de Dona Francisca, no sul do Brasil. Viriam outros seis deles, apenas no Brasil. Sempre admirou o aspecto ético do amigo, foi outro grande companheiro de conversas e questionamentos. Também destaca que pertencia a essa classe especial de engenheiros americanos que, tendo experimentado a pressão da engenharia de guerra no início de sua carreira, trouxeram para sua vida profissional a abordagem prática e a honestidade profissional necessárias para uma boa engenharia de grandes projetos hidrelétricos.

James W. Libby era mais jovem que Barry e Tom. Nasceu em 27 de junho de 1920 em Los Angeles, Califórnia. Seus pais eram médicos missionários e por isso passou grande parte da juventude na China. Voltou para os Estados Unidos para cursar a faculdade, no Reed College, em Portland e se graduar em Engenharia Civil pelo MIT. Foi oficial da Marinha na Segunda Guerra Mundial. Tornou-se um importante engenheiro hidrelétrico, trabalhando em aproximadamente cinquenta barragens ao redor do mundo, 25 delas no Brasil, onde recebeu em 1995 a Ordem do Rio Branco. Era um amante da música e passava muitas horas ao piano ou órgão, muitas vezes em companhia da mulher, Birdie. O livro que indicou para o Nelson comprar, *Hydroelectric handbook* (segunda edição), escrito por William P. Creager, um engenheiro prático, cujos livros sobre hidrelétricas e barragens alcançaram fama na primeira metade do século XX, praticamente requereu uma obra estrutural para vir dos Estados Unidos para o Brasil — tinha nada menos que 1.150 páginas, e quem quiser conhecer o que dizia aquele engenheiro da prefeitura de Baltimore, em Maryland, terá que desembolsar hoje o equivalente a 300 dólares. Os raros exemplares são disputados. Infelizmente James Libby não era membro da Academia de Engenharia e o Nelson não pôde escrever um obituário homenageando-o. Libby faleceu em 15 de maio de 2001 em Brookings, no estado americano do Oregon, aos 80 anos.

Se essa era a trinca dos grandes modelos para os conselhos, Nelson acha importante destacar o geólogo Pedro Marques, também de Curitiba, um pouco mais velho que ele e que foi professor na Federal, um excelente profissional na área e também muito amigo do amigo Massucci.

O elevado nível da formação e a experiência em projetos que os colegas do Nelson possuíam foi uma das maiores alavancas que ele encontrou para a nova carreira que se iniciava. Era também um estímulo adicional para exigir mais na faculdade e no Centro de Hidráulica. Em condições inferiores por falta de recursos, estrutura e intercâmbio, Nelson não só colocou para si estar no mesmo nível que os seus colegas de Board, mas também para o pessoal da faculdade, queria transformar o Centro de Hidráulica em referência internacional. Conseguiu, mas isso é assunto para o próximo capítulo. Por enquanto, além do afinco para dar conta da questão técnica, Nelson destaca que os três — Barry, Tom e James — o ensinaram que tão importante quanto o conhecimento técnico e a formação é a força ética, a capacidade de apontar o fenômeno ou a solução, independentemente de interesses externos à otimização do projeto, algo que os colocava no mesmo patamar do amigo Maurice Bouvard.

Outra herança positiva depois que se decidiu que a barragem seria mesmo de face de concreto e que o recorde mundial era um desafio a ser vencido foi a verdadeira volta ao mundo que Nelson, Pedro Marques, engenheiro da Copel, e Regis Danton Corrêa, consultor da CFRD, acabaram dando para visitar as obras. Foram trinta dias intensos passados entre Austrália, África do Sul, Califórnia e Havaí. Verdade, daquela vez ficou faltando uma na Europa. Nas entrevistas descobri que eles passaram por Fort Collins, onde Francisco Gomide fazia o doutorado. Foram dias mais descontraídos.

A democracia voltou, mas o crescimento sumiu

O governo militar resolveu apostar na criação de infraestrutura para o País, nem que para isso o modelo de investimento privilegiasse o crescimento do Estado, atuando como empresário em vários setores, em muitos projetos sem discutir os retornos, postergando a conta para o futuro porque existia crédito abundante e barato. Enquanto a economia crescia rápido e muito, tudo ia bem, embora o material já desse sinal de desgaste em termos políticos. Passadas décadas, ainda se discute a maneira ideal de se fazer reparos à atuação pouco democrática de policiais e membros do governo. Se o País crescia economicamente, politicamente estava engessado. Brasileiros mais idealistas e combativos sofreram, alguns pagaram com a própria vida, foi um período feio da história. Mas nada dura para sempre. A mais do que controlada abertura começou a mostrar que seria inevitável, mas, no front externo, um enorme susto.

Se a Guerra dos Seis Dias já tinha confirmado, em junho de 1967, que a relação entre Israel e o mundo árabe estava longe de caminhar para uma solução, e os novos acontecimentos no Vietnã, com reflexos na América do Norte, evidenciavam mais problemas pela frente, não apenas para a política externa americana e o orçamento em Washington, que se viam assustados com a Guerra Fria, quando os árabes, Egito e Síria resolveram atacar Israel no Yom Kippur em 6 de outubro de 1973 e partir para uma conquista territorial, o mundo não podia imaginar o que viria pela frente. O conflito, maior do que o anterior, mas ainda contabilizado em dias, vinte, encerrou-se em 26 de outubro e permitiu aos árabes perceber que Israel obtinha ajuda americana. A resposta foi um boicote aos Estados Unidos e Europa com o que eles tinham de mais interessante para o resto do mundo: petróleo. O preço do barril — os árabes então eram mais preponderantes ainda na produção — passou de 3 para 12 dólares, valores da época, com efeitos colaterais em várias regiões e praticamente todos os setores. Um ensaio de caos.

Mas caos mesmo viria no segundo choque, no final da década, em 10 de fevereiro de 1979. Um exilado político, líder religioso xiita, volta e, depois de tantas trapalhadas do antigo xá Reza Pahlevi, que também era um ditador mas acabou abandonando o país quando sua posição ficou insustentável, assume prometendo uma revolução islâmica. Guerra é guerra. Se os Estados Unidos tinham recursos iranianos em bancos, os iranianos tinham cidadãos americanos na embaixada, ainda que em teoria esta tivesse sido invadida por estudantes iranianos que pediam Pahlevi de volta para ser julgado. Cada um resolveu que iria ficar com o que o outro tinha em seus domínios. O mundo acostumou-se a ver a imagem sisuda daquele líder barbudo, sempre de turbante, enrijecendo as ações. Novamente o fornecimento de petróleo ficou afetado. É possível que o aitolá Khomeini tenha negociado com Ronald

Reagan, o republicano que bateu o democrata Jimmy Carter na eleição de 1980. Não conseguiu resolver a situação de 52 reféns por mais de um ano. Foi um adversário duro para Carter, além de outros problemas. A suspeita se deu porque os reféns foram libertados no mesmo dia da posse de Ronald Reagan. Durante o conflito, que rendeu até filme vencedor de Oscar, *Argo,* em 2013, além de tantos outros, o valor do barril deu novo salto, de 13 para 34 dólares, também em moeda da época, causando inúmeros impactos num mundo que ensaiava conectar-se tecnologicamente.

Khomeini arranjou muitos inimigos entre os que não aprovavam a sua visão. O extremismo foi aumentando e, em 1989, ele condenou à morte o escritor inglês Salmon Rushdie por ter escrito *Versos satânicos* e incluir na obra de ficção um tanto de interpretação da situação na região. O absurdo foi ele, líder de um país, convocar qualquer cidadão do mundo simpatizante à causa a executar o escritor. Rushdie viveu escondido e com proteção policial por mais de 13 anos, se é que consegue de fato se sentir seguro em algum lugar depois do acontecido. Mas o pior, sem alongar muito, foi a disputa com Saddam Hussein, a princípio um aliado do Ocidente. Saddam Hussein iniciou uma guerra contra o vizinho que durou quase uma década e não ficou restrita àquela região. O conflito ainda traria muitas consequências ao mundo nos anos seguintes. O que se deixou de produzir de petróleo no período foi quase insignificante diante do cultivo de um terror religioso e político, um extremismo que se estenderia e mostraria ao mundo cenas inimagináveis, espalhando pânico para todos os continentes.

No Brasil, a situação da dívida foi se agravando e ganhando contornos irreconciliáveis. Não apenas o FMI (Fundo Monetário Internacional) entraria no noticiário, como os postos de gasolina passariam a fechar nos fins de semanas, entre outras medidas de restrição. Nenhum cidadão comum podia planejar livremente uma viagem mais longa de fim de semana com seu carro sem os perigos acochambrados de estocar combustível inflável em galões em casa. O crescimento chinês começou a arrefecer, as soluções encontradas não davam conta e a inflação subia. A eleição de 1974 sinalizou que, se foi possível manter o governo dos estados, o legislativo já indicava a crescente insatisfação da população. Nada menos do que 16 dos 22 senadores eleitos eram do MDB, o tal Movimento Democrático Brasileiro, partido que aglutinou a oposição depois que o Ato Institucional nº 2 instaurou o bipartidarismo. A Arena (Aliança Renovadora Nacional) venceu em alguns estados do Norte, Nordeste e em Mato Grosso. O governo tinha a máquina e conseguiu se manter nas eleições de 1978, nem que para isso fosse necessário criar os senadores biônicos, eleitos pelo voto indireto.

Ernesto Geisel substituiu Médici depois de vencer o candidato da oposição Ulysses Guimarães, que se posicionou apenas para marcar terreno e conseguiu levar o voto de 76 deputados, contra 400 do general. Geisel assumiu a nação em 15 de março de 1974. Iniciou um processo de abertura e recomendou menos rigor do regime em relação aos contrários. Muito importante para este livro, Geisel definiu o início das obras de Itaipu. O Brasil sonhava grande e queria ter a maior hidrelétrica do mundo; era preciso alinhavar com o vizinho Paraguai, mas esse é assunto para o próximo capítulo. Geisel tinha total noção do problema do petróleo, sua cadeira anterior fora a da presidência da Petrobras. Manteve à frente do Ministério da Fazenda durante toda a sua presidência um dos mais talentosos economistas do país, Mário Henrique Simonsen, que apenas conseguiu controlar a situação num movimento de viés negativo, diminuição do crescimento (embora 8,2%, 5,2%, 10,3%, 4,9% e 5% de taxa de crescimento pareçam astronômicos perto do que tivemos no final do século XX e início do século XXI), aumento da inflação e da dívida externa, que passou de 12,5 para 43,5 bilhões de dólares.

Geisel conseguiu tornar seu sucessor João Baptista de Oliveira Figueiredo, que prometeu fazer do Brasil uma democracia. Negociou anistia política para quem tinha saído do País, acabou com o bipartidarismo, mas conseguiu deter uma emenda que marcava para seu sucessor a escolha por meio do voto direto. A situação econômica se deteriorou com os reflexos do Irã e Figueiredo, que teve como primeiro ministro da Fazenda o catarinense que se mudou para Curitiba para cursar Engenharia na Federal do Paraná Karlos Rischbieter, foi se cansando da posição. O crescimento em dois anos foi negativo e em outro não tirou o zero da frente; a inflação, que ficou em 77% no primeiro ano, passou dos 200% no último, e a dívida externa outra vez dobrou, encostando na casa dos 100 bilhões de dólares. Nesse cenário complexo, as grandes obras tendem a sofrer mais.

No Paraná, com a morte do Parigot, foi eleito, ainda indiretamente, Emílio Hoffmann Gomes, outro engenheiro do estado que teve atuação ligada à água e energia elétrica antes de ser deputado. Nas últimas duas eleições indiretas para o estado assumiram Jaime Canet Júnior, entre 1975 e 1979, e, por fim, Ney Braga voltou ao governo, após ter servido como ministro da Educação e Cultura de Geisel entre 1974 e 1978. Mesmo contando com todo o reconhecimento por ter impactado o Paraná desde sua infraestrutura, quando se afastou do governo para concorrer à eleição para senador em 1982, não conseguiu vencer o jovem deputado Álvaro Dias — obteve 1.120.000 votos, contra quase 1,7 milhão do vencedor. Para o governo, seu aliado, Saul Raiz, perdeu para José Richa. Ney Braga depois esteve entre os fundadores do Partido da Frente Liberal e a favor da emenda Dante de Oliveira, derrotada numa triste noite de 25 de abril de 1984 quando, após intensa mobilização popular no País, 298 deputados disseram "Sim" em favor das diretas, número inferior aos necessários 320. Apenas 65 deputados votaram contra, quase o dobro se ausentou e três se abstiveram, curiosamente três deputados do PDS do Paraná. Quatro outros deputados do mesmo partido, mais próximo ao general Figueiredo, votaram a favor. Se dependesse do Paraná, os brasileiros teriam ido às urnas eleger seu presidente ainda naquela década, e não os deputados, em 15 de janeiro de 1985, dariam 300 votos de vantagem a Tancredo Neves sobre Paulo Maluf. Dos 34 votos paranaenses, além das três abstenções, foram um ausente, seis "Não" e 24 "Sim". Ney Braga estava alinhado com o antigo vice-presidente Aureliano Chaves. Para a surpresa de muitos, o PFL migrou para uma aliança com o PMDB de Tancredo, indicando José Sarney como vice. Ney Braga acabou como diretor-geral de Itaipu entre 1985 e 1990.

Quem disse que sapo de fora não chia?

A imagem que se tem de consultor nem sempre é a mais positiva. São inúmeras as piadas sobre a função. Sempre evão existir aqueles que acharão que foi muito caro ou que o conhecimento estava disponível internamente. "Nós nos esforçamos mais!". Foi com esse slogan que um homem encabeçou a virada de uma empresa e a fez se tornar lucrativa pela primeira vez em anos. Esse homem, que depois de uma bem-sucedida carreira em bancos, foi convencido por um dos sócios de outro banco a assumir a operação da Avis, a locadora de veículos. Chegou, entendeu o setor e a transformou, criando também uma marca pessoal. Foi Robert Townsend, que, além de fazer tudo isso com a Avis, cunhou a famosa piada: "Consultor é alguém que pede emprestado o seu relógio para lhe dizer as horas e depois sai com ele".

"Em Itaipu, um dos membros do Board era o Hans Einstein, filho do Albert Einstein. Ele era da Universidade da Califórnia, havia me recebido quando da minha viagem depois do mestrado e era um dos maiores especialistas mundiais em sedimentos. Tem um chiste engraçado que todo mundo reproduzia. Diz a lenda que quando o pai perguntou para o filho no que estava trabalhando, ao ouvir a resposta 'sedimento', Albert Einstein logo replicou: 'Esse assunto é muito complicado. Uma vez cheguei a estudá-lo e concluí que o melhor era cair fora'."

Foi sabendo disso e de que muitos amigos tinham ido ser presidentes ou diretores de empresa que Nelson decidiu seguir firme na trajetória dos conselhos e como consultor da Copel. Os esforços para interagir com os seus colegas de Board e o resultado prático em termos não só de aprendizado, como também de troca, o deixaram motivado. Ainda não era um consultor reconhecido, teria então que deixar a sua marca. Tinha muito a aprender, mas, além de conexões, já tinha uma bagagem profunda do Capivari, uma sólida formação técnica e uma reconhecida vontade e capacidade de estudar. Nelson conseguiu se transformar no consultor em que se tornou porque na primeira grande obra aprendeu uma importantíssima lição: "Sabedoria é saber os limites da própria competência!".

Conhecendo o Nelson nas muitas horas que passamos juntos, é fácil imaginá-lo agindo para ampliar esse limite. E tem conseguido. Nas mais de quatro décadas como consultor, não se cansou de estudar, de tentar prever o que a água poderia fazer. Repetiu algumas vezes uma frase que o amigo Pacelli criou: "A água é muito precisa", daí explicando que se há uma falha no projeto, a água vai encontrá-la. E é esse o trabalho que aprendeu a fazer, desafiar essa capacidade da água, respeitando-a sempre.

Então entrou em cena Fernando Azevedo, um cabra interessante, como Nelson gosta de dizer. Fernando também fora aluno dele, um dos melhores, colega de turma do Andreoli, e tinha ido para a Eletrosul depois do primeiro emprego na Eletrocap. A Eletrosul estava construindo a Usina Hidrelétrica de Passo Fundo, e havia uma dúvida em relação ao túnel de adução, que interligava a tomada de água com a casa de válvulas. A usina que acabara de ficar pronta não era pequena. O lago começou a receber água, o túnel também tinha grandes dimensões, entre 5 e 6 metros de diâmetro, com 5,7 quilômetros de extensão, todo revestidos em concreto. Quando a água ia começar a entrar no túnel, num dos últimos testes percebeu-se um vazamento. A operação foi logo interrompida. Havia o receio de que o defeito pudesse danificar não apenas o túnel, como trazer consequências maiores para a região. Um dos projetistas recomendou injetar mais cimento. Foi feito, voltou-se a liberar o lago, a água começou a subir e os vazamentos aumentaram. Fernando lembrou-se daquele chefe técnico que fazia questão de ir pessoalmente, com o consultor da época, o Bouvard, percorrer a pé os 14 quilômetros do túnel do Capivari, fazendo inspeções quase centimetrais e repetindo como é difícil conhecer a natureza das rochas, tentando descobrir possíveis fissuras, pontos frágeis. Tudo ficava mais difícil pelas dimensões, pelo enorme diâmetro. No túnel do Capivari usou-se outra tecnologia, sem revestimento, mas Nelson acredita que as inspeções encontraram a necessidade de reforçar, fosse com parafusos ou anéis de concreto, por volta de uma dezena de pontos. Melhor ser precavido do que confiar piamente na teoria de que, se o túnel aguentou na escavação, aguentará depois de cheio.

Nelson até hoje cita a questão da barragem de Malpasset, orgulho da tecnologia francesa, exemplo primoroso de barragem em arco, tida como irrompível até que um dia o pior aconteceu. Construída na Riviera Francesa entre 1952 e 1954, a barragem funcionou normalmente até que, no final de novembro de 1959, houve um período de fortes chuvas e o reservatório estava cheio. Em um dia foi possível observar um minúsculo vazamento. A água caía na vertical. Depois de algumas discussões, observaram-se algumas trincas no pé da barragem. Por volta das 21h do dia 2 de dezembro decidiu-se que as comportas deviam ser abertas para melhor controle da situação. Tudo parecia estar funcionando quando, na virada da noite, a barragem rompeu, "abriu como uma porta", liberando uma imensa onda de 40 metros de altura, misturada com partes de concreto se deslocando a uma velocidade de 70 km/h. Foi uma tragédia, quase 500 pessoas mortas e muita destruição. Estudos posteriores apontaram que nem todas as análises da rocha haviam sido feitas devido às restrições de fundos. A conclusão é que a água se infiltrou pela fundação. A recuperação custou muito mais caro e foi impossível reparar os danos humanos. Nelson e Bouvard estudaram muito aquele acidente, produziram juntos alguns artigos sobre segurança de obras subterrâneas em que as infiltrações têm um papel importante e são, em geral, mal compreendidas. Algumas das grandes tacadas da engenharia são aprendidas em grandes acidentes. Foi o caso de Malpasset.

Esse foi o Nelson que, depois de analisar e reanalisar o caso de Passo Fundo, teve a segurança para dizer e escrever que não havia risco envolvido, que no máximo a água que vazasse representaria uma perda insignificante e, com a cobertura rochosa sempre acima da pressão piezométrica do túnel, a água não teria para onde ir ou encontraria um ponto de fuga muito distante. Assinou que podiam continuar a encher o túnel, independente da infiltração. Foi o que foi feito e tudo funciona normalmente até hoje. Ele classifica essa primeira experiência externa à Copel como um caso clássico de obra de túnel no basalto. Perguntado se estava receoso, respondeu que estava era convicto, que tinha pensado nas diversas hipóteses e suas possíveis implicações. O trabalho o fez retornar ao estágio pós-mestrado no Colorado, quando ia observar e dar opiniões sobre o problema no Golfo do México. Estreou com um bom conselho.

Do mesmo modo que apareceu uma questão no Brasil para resolver, surgiu um problema na Colômbia e ele se dedicou com o mesmo afinco e ajudou a resolver uma situação grave, colocando-se do lado que o tempo provou estar certo. Foram casos importantes para reforçar a confiança. Ele começava a trocar tintas com os seus amigos de Board, a agregar sua visão e os seus casos. Trocas que aconteciam nas reuniões das juntas passaram a ocorrer em viagens internacionais. Os artigos começaram a repercutir, ele entendeu que era importante marcar presença também nos eventos do setor.

Icold e outros simpósios

A International Commission on Large Dams (Icold), ou Comissão Internacional de Grandes Barragens, é uma instituição criada em 1928 que hoje tem comitês em mais de cem países e aproximadamente 10 mil membros individuais, entre engenheiros, geólogos e cientistas de organizações governamentais ou privadas, empresas de consultoria, universidades, laboratórios e construtoras. Eu me assustei com esse número, fiquei pensando numa base de comparação e fui atrás do número de jogadores de futebol profissionais no mundo. O relatório mais recente da Fifa é de 2007 e apontava que, dentre os 275 milhões de praticantes do mais popular esporte do planeta, 113 mil eram profissionais[1]. Ou seja, o número de jogadores de uma atividade capaz de, se não parar o país em que entra em campo, pelo menos decretar feriado no nosso, é apenas 11,3 vezes maior do que os envolvidos com barragens em termos de tecnologia e conhecimento. Claro que é possível alguém dizer que as hidrelétricas têm uma capacidade muito maior de parar um país do que a Copa do Mundo. E isso é, como no futebol, mais verdade ainda no caso do Brasil. Compare as principais fontes de energia elétrica no Brasil e no mundo[2]:

Fonte	Mundo (em % 2015)	Brasil (em % 2016)
Carvão	39,3	4,2
Gás natural	22,9	9,1
Hidráulica	16,0	68,1
Nuclear	10,6	2,6
Solar, eólica, geotérmica, maré	4,9	5,4
Derivados de petróleo	4,1	2,4
Biomassa	2,2	8,2

1 • Disponível em: <https://www.fifa.com/mm/document/fifafacts/bcoffsurv/emaga_9384_10704.pdf>. Acesso em: 15 ago. 2018.

2 • Disponível em: <http://www.epe.gov.br/pt/abcdenergia/matriz-energetica-e-eletrica>. Acesso em: 15 ago. 2018.

Em 2017 éramos 7,2 bilhões de habitantes no planeta. Mesmo com a taxa de fertilidade continuando a cair como vem ocorrendo, as projeções da ONU são de que seremos 8,6 bilhões em 2030, 9,8 bilhões em 2050 e 11,2 bilhões em 2100, ou seja, um acréscimo de 82 milhões de habitantes humanos por ano. A demanda de energia aumentará. Não bastará apenas o desenvolvimento tecnológico capaz de racionalizar a utilização dela, será necessário oferecer um crescimento contínuo de eletricidade, conseguindo equilibrar uma geração que tampouco cause maiores danos a um meio ambiente já desgastado e próximo da extinção de seus recursos. Não é um desafio pequeno. E a energia hidrelétrica está no centro dessa discussão. Quando as grandes obras brasileiras foram projetadas e construídas, havia uma definição mais clara da predominância da necessidade de geração sobre possíveis dúvidas de preservação de meio ambiente. É necessário e natural que os ambientalistas tenham ganhado espaço e importância, e toda adequação requer movimentos que antes da acomodação podem se mostrar radicais, para um lado e para outro. Como visto, a matriz hidrelétrica, que já foi maior, ainda é bastante significativa para o País. Os grandes projetos construídos já exploraram bastante o potencial dos rios brasileiros. Os avanços de distribuição passaram a permitir a exploração da região Norte, mas as questões ambientais levaram a uma diminuição dos reservatórios, muitas vezes inviabilizando economicamente novos projetos da magnitude de uma Itaipu, de uma Belo Monte. O objetivo deste livro não é discutir as melhores alternativas para a matriz hidrelétrica brasileira, é ressaltar aspectos da trajetória de um homem que contribuiu com o seu conhecimento para que tenhamos chegado até aqui sem maiores restrições energéticas, viabilizando plantas geradoras de energia limpa e renovável, mas dependentes da formação de reservatórios e da transformação das regiões próximas.

Nelson consegue observar a questão dos dois lados. Por um lado, aprendeu, como poucos no mundo, a planejar, vistoriar ou aconselhar a construção e manutenção dessas barragens, mas, por outro, ele foi genro de Romeu Castello Branco. A família do sogro tinha origens em Remanso, uma das cinco cidades citadas na música da dupla Sá e Guarabyra que botou os brasileiros a cantar emocionados pelo fim delas por causa da construção da Usina de Sobradinho, uma unidade geradora de 1.050 MW no rio São Francisco, construída entre os anos de 1971 e 1980, cujo projeto incluiu um lago de 4.214 km² de espelho d'água, um dos maiores lagos artificiais do mundo. No ano de 1974, quando as cidades foram alagadas, 12 mil famílias foram afetadas, aproximadamente 70 mil pessoas foram reassentadas e novos municípios foram criados com os mesmos nomes. Nem todos que cantam "Adeus Remanso, Casa Nova, Sento Sé / Adeus Pilão Arcado vem o rio te engolir / Debaixo d'água lá se vai a vida inteira / Por cima do cachoeira o gaiola vai subir / Vai ter barragem no Salto do Sobradinho / E o povo vai se embora com medo de se afogar...", têm consciência de que essas cidades voltaram a existir em outro lugar e que o lago, além de municiar a usina, ajuda a controlar o abastecimento de água da região, fortemente afetada pela seca. Bons engenheiros são capazes de botar grandes obras em pé e impactar o lado prático da vida humana. Bons músicos são capazes de criar lindas canções e impactar o lado emocional da vida humana.

Voltando ao Icold, é o principal órgão do setor para a troca de conhecimento e experiência na construção e manutenção de barragens e explicita sua missão como a de garantir que as barragens sejam construídas de maneira segura, eficiente, econômica e minimizando os impactos no meio ambiente. No início queria obter avanços no planejamento, projeto, construção, operação e manutenção de grandes barragens e de outras obras a elas conectadas, fazendo que as informações técnicas e conhecimentos pudessem circular entre os seus membros, que todos pudessem evoluir, avaliando os acertos e também os erros dos outros. Com a diminuição dos rios a serem explorados, o foco foi adaptado para a segurança de barragens, o monitoramento do desempenho, a reanálise de barragens antigas e vertedouros, os efeitos do envelhecimento e o impacto ambiental. Formas de otimizar a geração e evitar acidentes como o da Riviera Francesa, narrado neste livro.

Se engenheiros tendem a ser seres racionais e práticos, embora alguns grandes músicos tenham passado pelas aulas de Engenharia, não quer dizer que não queiram aproveitar a vida. Aliás, é por serem pragmáticos que o Icold sabe da importância de incluir uma intensa programação social em seus congressos e encontros anuais. Durante muitos anos, Nelson fez o possível para encaixá-los numa agenda que foi ficando cada vez mais atribulada à medida que as viagens e consultorias foram se espalhando. Sempre que possível, incluía a presença de Côde nelas.

Nelson não contabilizou em quantos dos encontros do Icold esteve presente. Foram muitos, mas dois foram marcantes. Em 1994 ele desembarcou em Durban, na África do Sul, 98 anos depois de o português Fernando Pessoa chegar para viver quase dez anos na cidade. Pessoa foi um dos maiores escritores do mundo, mesmo tendo falecido moço, sem sequer atingir o cinquentenário. No poema *Datilografia*, cuja autoria é creditada ao heterônimo Álvaro de Campos, ele começa: "Traço sozinho, no meu cubículo de engenheiro, o plano / Firmo o projeto / aqui isolado / Remoto até de quem eu sou". Essa ideia de Pessoa esteve, sim, embutida no Nelson durante a vida. Sempre preferiu o cubículo do engenheiro, nunca se arriscou na poesia — embora tenha existido um Nelson que se arriscava a criar poesias, nem que apenas em casa, para agradar à mulher, o Nelson pai. Para o 18º Congresso Internacional do Icold ele mergulhou no escritório para se aplicar com afinco à posição de relator geral da questão 71: "Deterioration of Spillways and Outlet Works", dedicando-se imensamente para conduzir as discussões sobre o assunto e obter um resultado que o seu maior crítico julgou muito bom: ele mesmo. Com o Nelson é assim, só depois de aprovado pelo crítico interno ele vai a público. O funcionário é rigoroso, mas também costuma ser rápido. E funcionou como um ótimo escudo, com uma excelente margem de acerto, consolidando uma posição de destaque na área. Aí, o outro encontro marcante do Icold.

No domingo, 18 de julho de 2006, enquanto a maioria dos brasileiros desembarcava em Munique para torcer pela seleção no segundo jogo contra a Austrália, com a esperança do hexacampeonato, a seleção canarinha de engenheiros ligados a grandes barragens chegava a Barcelona para dar início ao 74º encontro anual e ao 22º Congresso. Daquela vez Nelson não precisou se preparar tanto em termos técnicos. Não tinha apresentação formal a fazer, a presença dele lá seria diferente, um discurso de agradecimento. Recebeu naquela edição uma das três medalhas distribuídas a cada congresso para um profissional de destaque nesse universo. Claro que o Nelson gosta e fica feliz, mas mantém a vaidade sob controle. Não é fácil ser um ser racional...

"As coisas não são assim automáticas, requerem dedicação. O Oscar, do basquete, diz que o chamam de mão santa, mas é mão treinada mesmo. Depois do treino, ele chegava a praticar mil arremessos. Eu nunca parei de estudar, de pesquisar, observar, buscar soluções."

A indicação prontamente aceita pelos membros da Comissão Internacional de Grandes Barragens partiu de, seu presidente, Cássio Viotti, engenheiro da Cemig antes de virar consultor, depois de se aposentar da empresa. Formado na Universidade Federal em Belo Horizonte, fez o mestrado na Universidade de Illinois, em Urbana-Champaign, outro centro de excelência na engenharia de barragens. Cássio também teve importante papel em associações, no Brasil e no mundo, chegando a ser presidente do Icold. Para conhecer melhor o Nelson, conversei com o Cássio e o Walton Pacelli, quatro anos mais velho e formado em Juiz de Fora. Com carreira em Furnas, tornou-se um dos maiores especialistas em concreto no Brasil, também atuando fora do País. Poderia escrever um livro sobre os dois. São vizinhos, moram no mesmo prédio e gostam de um papo. Claro que recebem bem; a Purica, esposa deste, foi amiga da Maria do Socorro, se encontravam muito em viagens, e mantém a tradição da cozinha mineira. Os dois alternam alguns graus na avaliação do Nelson; para um, ele é firme; para o outro, quase intransigente.Mas concordam plenamente que ele tem uma visão global impressionante. Especulam se foi o DER que deu a ele essa visão geral de projeto e destacam também o bom humor e a capacidade de se colocar e até liderar uma situação com um "jeitão" próprio. Da conversa também saiu a necessidade de destacar as importantes contribuições de Sérgio Nertan Alves de Brito, falecido em 2015, formado pela Federal de Minas, onde foi professor, e com mestrado em Geologia de Engenharia também por Illinois, e de Arthur Casagrande, da Universidade de Harvard, um dos pioneiros da Geomecânica e que trabalhou em vários projetos da Cemig.

Para quem não está mergulhado nesse universo, o site do Icold tem informações interessantes. Grande barragem é uma obra que tem altura superior a 15 metros da fundação inferior até a crista ou a que comporte mais de 3 milhões de metros cúbicos. As principais utilizações de uma barragem são: irrigação, geração de energia, fornecimento de água, controle de fluxo, recreação e navegação ou fazenda de piscicultura, embora possam ser para vários propósitos ou um desses específicos. Os três tipos mais comuns são barragens de terra, de enrocamento e a gravidade. A escolha depende das características do local e de questões técnicas. Dentre os países-membros da associação, o Brasil se encontra em quinto lugar, com 1.364 grandes barragens. Adivinhe se não é a China hoje o país com o maior número delas, 23.841, seguida por Estados Unidos, com 9.265, Índia, com 5.100 e Japão, com 3.118[3]. O Brasil hoje não possui nenhuma barragem em construção entre as vinte mais altas do mundo. A barragem mais alta do mundo é a de Rogun, com 335 metros, no Taijiquistão, um país da Ásia Central bastante montanhoso e sem contato com o mar. A segunda é a de Bakhtiyari, no Irã, com 315 metros. Para completar a lista existem outras duas na Suíça, uma no México e uma na Colômbia. Todas as restantes estão na Ásia. Para fins de comparação, Itaipu tem uma altura de 198 metros e é a segunda mais alta do Brasil. A primeira é Irapé, com 208 metros. Em termos de capacidade instalada de energia, Itaipu, com seus 14.000 MW, foi a maior do mundo até a inauguração, em 2010, da Hidrelétrica de Três Gargantas, na China, com seus 22.500 MW, embora em termos efetivos de geração, a brasileira tenha produzido em 2016 alguns gigawatts/hora a mais. Belo Monte e Tucuruí são as outras duas brasileiras na lista das maiores. Há uma interessante tabela para quem quer conduzir discussões sobre o impacto e as mudanças na vida da população. Nenhuma hidrelétrica brasileira está na lista das que resultaram nos maiores reassentamentos de pessoas. Nada menos do que quinze desses projetos aconteceram na China, sendo que o de Três Gargantas implicou a remoção de 900 mil pessoas[4].

ABRH — no time do Nelson, quem bate o pênalti é o Cavani

Em 13 de agosto de 2017 o brasileiro Neymar da Silva Santos Jr. entrou em campo pela primeira vez com a camisa do Paris Saint-Germain, depois da

3 • Disponível em: <http://www.icold-cigb.net/article/GB/world_register/general_synthesis/number-of--dams-by-country-members>. Acesso em: 18 ago. 2018.

4 • Disponível em: <http://www.icold-cigb.net/article/GB/world_register/general_synthesis/classification--by-resettled-persons>. Acesso em: 18 ago. 2018.

contratação que ainda em 2018 se mantinha como a mais cara de todos os tempos no futebol, 222 milhões de euros — valor suficiente se não para a construção de uma grande usina hidrelétrica, pelo menos para de algumas PCHs (Pequenas Centrais Hidrelétricas). A estrela brasileira, junto com seus novos companheiros, deslocou-se quase 500 quilômetros entre Paris e a pequena comuna de Guimgamp para enfrentar o time local. O estádio de 18 mil pessoas estava lotado, embora morem na pequena comuna na região da Bretanha pouco mais de 7 mil habitantes. Foi um domingo festivo e de acordo com as expectativas, apesar dos 45 minutos iniciais terem se encerrado em 0 *x* 0. Logo no início do segundo tempo, o lateral Ikoko marcou contra e começou a facilitar a vida para o time da capital. Dez minutos depois o brasileiro, do meio de campo, lançou o uruguaio Edinson Cavani, cinco anos mais experiente e que havia chegado ao clube em 2013. Esse não perdoou e ampliou. Alguns minutos depois ocorreu a inversão e Cavani serviu Neymar, tudo dentro da pequena área. O brasileiro fechou o placar, deixando sua marca no primeiro jogo.

O espanhol Unai Emery, técnico da equipe francesa de então, a partir do jogo seguinte percebeu que a harmonia entre os dois não seria natural. Até ali Cavani tinha a prioridade de bater faltas e pênaltis. O ego do uruguaio não era pequeno. Quando chegou do Napoli, contratado por 64 milhões de euros, representou a quinta contratação mais cara da história do futebol. Houve alguns desentendimentos, parte da equipe começou a jogar no time de um, parte na do outro, a torcida se dividia. Eles foram se acertando forçosamente até que na noite de 17 de janeiro de 2018, diante do frágil Dijon, a maior estrela do time foi vaiada depois de fazer quatro gols e o PSG ganhar de 8 *x* 0, isso mesmo. O argentino Di María tinha feito os dois primeiros gols. Cavani, aos 21 minutos, fez o seu e igualou o recorde anterior de 156 gols do maior goleador do clube até então, o sueco Zlatan Ibrahimovic. Aí Neymar fez os três seguintes e o garoto que em poucos meses ficaria ainda mais conhecido, Mbappé, o sétimo. Aos 81 minutos de jogo o centroavante Cavani foi derrubado na área, o juiz marcou pênalti, os torcedores se entreolharam. Aceitavam que Neymar passasse a cobrar, mas seria o recorde para Cavani. Tensão no estádio, o brasileiro pegou a bola e foi bater. Converteu e saiu para comemorar. Em jogo fácil, a torcida esqueceu o adversário e alguns chegaram a vaiar o brasileiro. Ele saiu de campo sozinho, não parou para dar entrevistas. O time foi campeão da Ligue 1 e caiu na Liga dos Campeões diante do futuro campeão Real Madrid. Emery foi demitido, pela derrota, mas também porque não conseguiu controlar as desavenças entre os seus jogadores. Talvez se o Cavani tivesse batido aquele pênalti...

Essa introdução é para exemplificar a atuação do Nelson na criação da ABRH (Associação Brasileira de Recursos Hídricos). Ele me contou o episódio de várias formas, mas foi o engenheiro Benedito Braga, antigo secretário de Saneamento e Recursos Hídricos de São Paulo, e tantas outras posições num currículo extenso e importante, que relatou que, durante as discussões para a formação da associação, quando um integrante do governo — com posição relevante nele, mas sem maior formação acadêmica ou ação técnica — quis assumir a presidência, Nelson resistiu à intromissão e lascou: "Escuta aqui, você chegou agora para jogar no time e já quer bater o pênalti. Não vai, não!".

Os garotos eram uma turma de engenheiros de excelente formação que acabaram se conhecendo melhor nos Estados Unidos e de lá, imaginando que precisavam fazer mais pelo Brasil, pensavam que era importante ter uma associação que reunisse os profissionais do setor, incentivando-os à produção científica e ao desenvolvimento tecnológico. Benedito Braga era originalmente da USP de São Carlos, tinha feito um mestrado em Hidráulica na Poli em São Paulo e estava em Stanford, fazendo mestrado e doutorado em Hidrologia. Francisco Gomide, que havia sido aluno do Nelson, estagiário do Centro de Hidráulica e depois o responsável pelo setor de Hidrologia, tinha ido para a Colorado State University fazer mestrado. A CSU, como é chamada, vivia seus dias de glória, muito por causa de um iugoslavo genial e uma das principais mentes da Hidrologia, Vujica Yevjevich. Esse professor convenceu Gomide a partir direto para o doutorado. Lá também estavam outros dois brasileiros cursando o doutorado: Jerson Kelman, que era da Federal do Rio de Janeiro, e Carlos Eduardo Morelli Tucci, da Federal do Rio Grande do Sul. Moçada com formação de ponta e vontade de fazer. Eram, na média, treze, quinze anos mais jovens que o Nelson — estavam na faixa dos 30 e o Nelson, o experiente, tinha 45 anos. Quem visitar o site da ABRH encontra na ata da fundação um pouco dos bastidores da eleição da primeira diretoria[5]. O que o Nelson queria garantir é que a associação tivesse de fato uma atuação científica, que se transformasse numa entidade capaz de gerar conhecimento técnico, muito mais do que qualquer ambição política. Os jovens que estavam à frente do movimento confirmam, celebrados 40 anos da existência da entidade, a importância do papel que ele desempenhou. Foi uma união do ímpeto desses e de outros citados aqui, com o respeito e o incentivo à produção. Aliás, parece que essa foi uma das razões para convencer o Nelson, "botar a engenheirada para escrever".

Kelman lembra que a falta de democracia no País levava qualquer encontro a se transformar numa desculpa para se fazer política. Como diz, "até reunião de condomínio virava plataforma de discussão política". Mas afirma que o papel do Nelson foi fundamental para garantir que aquela associação se desse em torno de pessoas com perfis e posicionamentos diferentes, porém que estivessem dispostos a batalhar pelos conhecimentos em recursos hídricos. Essa é a lembrança de alguém que se supunha o mais de esquerda do grupo, com uma passagem anterior pela AP (Ação Popular), um grupo de esquerda com ligações na origem com a Igreja Católica e com forte atuação contra o regime militar, que acabou tendo vários de seus membros ocupando espaço em governos ou casas legislativas no País, ou, como no caso de Kelman, em associações do setor ligadas à água.

Por sugestão do Nelson, a ABRH não admite a reeleição do presidente com mandato de dois anos. Nunca um presidente foi reeleito, mas a associação, talvez por isso mesmo, evoluiu constantemente e hoje participa ativamente em todas as decisões sobre recursos hídricos do País.

Outro exemplo dado por Kelman sobre a seriedade do Nelson é o de uma das primeiras dissertações de mestrado que sairiam do curso do Centro de Hidráulica. Jerson foi convidado para compor a banca. Preocupado em não ser um bom membro por falta de conhecimento sobre a especificidade do assunto, resolveu estudar para poder participar melhor. Encontrou um problema na tese e avisou o Nelson que seria melhor então que ele fosse dispensado, para evitar maiores constrangimentos. Nelson fez questão de que ele participasse

5 • Disponível em: <https://www.abrh.org.br/SGCv3/index.php?P1=2&P2=3&P3=6&P1T=institucional&P2T=quem_somos&P3T=ata_da_constituicao_da_associacao_brasileira_de_hidrologia_e_recursos_hidricos>. Acesso em: 22 ago. 2018.

e colocasse os problemas que descobriu. Depois da participação do Kelman, o candidato teve de refazer sua dissertação e foi aprovado, mas a festa com a família presente teve que ser adiada. Mas não deixa de ser um exemplo de como o espírito corporativo não imperou.

A ABRH foi um sucesso, tendo seus congressos respeitados, reunindo muitos profissionais e repercutindo as principais discussões. Quando recebeu o prêmio citado neste livro, homenagem ao antigo associado Flavio Terra Barth, pioneiro da administração de recursos hídricos, Nelson resgatou um tanto dessa história. Mas Gomide lembra que deu certo trabalho convencê-lo da importância da própria presença, acredita que seja uma daquelas pessoas que têm vergonha de parecer pretensioso, um perfil que está bem longe de ser predominante. Mostra também que ele nunca se esforçou tanto para ser um formador de equipes no sentido do trabalho, além do estímulo técnico, da cobrança e do suporte para buscar a melhor solução — o que nunca faltou no Nelson, mas no sentido do humano, do detalhe, capacidade maior do Parigot, que também era exigente com as pessoas, mas gostava de articular apoios e tal. Se na ABRH[6] então topou o desafio, embora não tenha partido para a campanha, não deixou o intruso bater o pênalti.

6 • A Associação Brasileira de Recursos Hídricos, citada neste livro como ABRH, nome que utilizou por décadas, passou a operar com um novo nome a partir de 2018: ABRHidro.

10 – Cehpar, um caso de amor institucional

Na minha conversa com Francisco Gomide, descobri que o apelido da América do Sul *é water continent*. A média de chuva por ano nos outros continentes quando se retira a América do Sul é de 800 milímetros. Nessa nossa ponta de baixo das Américas, a média é de 1.600 milímetros. No Brasil, é de 1.800 milímetros e, na Amazônia, de 2.400 milímetros ao ano. Numa matéria de 2015, o jornal *El País* trazia: "Brasil, Colômbia e Peru lideram lista de países com mais água no mundo"[1] e explicava que, apesar da abundância — entre os dez países com mais água no planeta o Brasil é o primeiro, a Colômbia o terceiro e o Peru, o oitavo —, a região ainda não dispõe de abastecimento adequado. O primeiro parágrafo da matéria cita um estudo do Banco Mundial que mostra que até 2050, 1,1 bilhão de pessoas viverão em cidades sem água suficiente. A população cresce, as demandas por água e energia aumentam, mas o recurso não.

Um terço dos recursos hídricos renováveis do planeta se encontra na América do Sul, território que perfaz apenas 9% do total em extensão. Outro dado importante é que apenas 2,5% da água do mundo é consumível, embora já existam projetos operando capazes de tornar a água do mar potável, e a agricultura utilize aproximadamente 70% dessa água potável. Como dito no

---

1 • Disponível em: <https://brasil.elpais.com/brasil/2015/03/04/internacional/1425491803_078422.html>. Acesso em: 23 ago. 2018.

capítulo anterior, caminhamos para 11,2 bilhões de pessoas ao final deste século. A partir de 2024 existirão mais indianos do que chineses e, entre 2017 e 2050, metade do crescimento da população mundial se concentrará em nove nações: Índia, Nigéria, República Democrática do Congo, Paquistão, Etiópia, Tanzânia, Estados Unidos, Uganda e Indonésia. O Nelson de 2018 consegue olhar para essa lista de forma tranquila, ciente de que se fosse há uma, duas décadas, era para esses países que estaria arrumando a mala e de onde deveria mandar notícias. Aliás, a história da inclusão do celular na vida dele foi curiosa. A princípio ele resistia. Numa dessas viagens, ele havia deixado o hotel da capital e ido para o interior, visitar uma obra, local de acesso mais difícil e conexão ruim. Houve um sequestro de um engenheiro brasileiro relatado na imprensa daqui. Quem estava diante da televisão era a Maria do Socorro, que ficou aflita por várias horas até conseguir falar com o marido, se tranquilizar e determinar que ele estava terminantemente obrigado a passar a utilizar o celular. Claro que tal postura não cobre as falhas de sinais, mas já a deixava mais tranquila.

A água segue sendo uma das principais questões para que a vida no planeta consiga se desenvolver de forma minimamente equilibrada. A quantidade do recurso que circula pelo planeta é constante, o chamado ciclo hidrológico, e com o aumento das demandas, a única solução é utilizá-la de forma mais racional e inteligente. Nesse ponto, a enorme maioria dos engenheiros ligados às hidrelétricas é defensora da utilização delas como uma fonte limpa, renovável, capaz de auxiliar no fornecimento para consumo, e que as desapropriações inerentes tendem a ser um problema contornável diante de outras opções piores. Os "barrageiros" acreditam que os ambientalistas tendem a não olhar o todo de maneira otimizada, mas novamente, como já dito aqui, este livro não entrará nessa polêmica.

Não consigo precisar quanto toda essa questão da água e, principalmente, da energia elétrica estava na cabeça do professor Parigot de Souza e do outro jovem professor Isaac Milder quando resolveram que fundar um centro de estudos na universidade era uma necessidade e uma opção não apenas para garantir conhecimento aos estudantes, mas também para contribuir de forma concreta com soluções para o desenvolvimento do Paraná. Se já falei do Parigot, é justo contar um pouco quem foi o Milder. Filho de Nathan e Pesia Milder, nasceu em Curitiba em 17 de outubro de 1926. Optou pela Engenharia e se formou em 1949, sendo um dos primeiros bons alunos a ser atraído para a turma do Parigot. Entre 1955 e 1956 fez cursos no Instituto Politécnico de Grenoble e estagiou no Laboratoire National d'Hydraulique et Environnement, indo no ano seguinte para Milão estudar no Politécnico di Milano e estagiar na Societé Edison. Voltou para Curitiba cheio de ideias e entusiasmo. Encontrando em Parigot apoio e liderança, tornou-se assistente dele.

Tentou dedicar-se integralmente à universidade, mas não encontrou apoio institucional. Após um ano largou a universidade por um cargo de engenheiro na firma Serete, em São Paulo. Lá chegou a diretor técnico e, depois, a presidente. Após alguns anos, fundou a Milder-Kaiser, que entre vários projetos importantes esteve na base de Foz do Areia. Mas, por essas razões do destino, Isaac Milder faleceu em 17 de abril de 1974, antes de completar 50 anos, deixando a admiração de muitos amigos e um exemplo de competência técnica.

Outro dos méritos de Milder foi como assistente do professor Parigot. Num sábado, 14 de março de 1959, quando o mundo ocidental, preocupado, recebia notícias da reunião em Bonn, então capital da Alemanha, entre o primeiro-ministro inglês Harold Macmillan, que tinha voltado da União Soviética, e o colega local, Konrad Adenauer, para discutir um tratado de paz e evoluir com a situação de Berlim, em Curitiba a preocupação das pessoas do departamento de Hidráulica já era pacífica, embora muito importante para eles. Milder, numa reunião do Conselho Universitário da Federal do Paraná, ajudou o mestre a apresentar os primeiros estatutos e assistiram juntos à aprovação da existência legal do Centro de Estudos e Pesquisas de Hidráulica e Hidrologia (Cephh).

O Centro nascia com muita determinação e ambição, e de início encontrou eco em Leão Schulman, presidente da Central Elétrica de Figueira S.A. (Utelfa), para desenvolver um estudo em modelo hidráulico das condições de assoreamento na tomada de água da termelétrica de Figueira. Nesse caso, coube a Nelson, que retornava de Iowa, substituir Milder e coordenar os ensaios com fundo móvel, utilizando serragem de imbuia, peneirada e tratada.

Parigot e Milder estudaram as chuvas intensas da cidade e o impacto delas no clima e no sistema de galerias pluviais, e acabariam chegando à equação de Parigot, resultado das análises e medições das curvas IDF (intensidade-duração-frequência), que o mestre realizou e botou seus alunos para aprender. Era tudo ainda modesto, mas o espaço era tão restrito no campus da Federal que o novo centro se viu obrigado a ser construído e começou a operar ainda num Centro Politécnico em obras. Os modelos seguintes seriam muito maiores, mas a capacidade de projetar o futuro daqueles engenheiros garantiu as condições espaciais e de funcionamento dentro da obra maior da nova sede de parte da Federal, que seria inaugurada apenas em 1961. Mas foi em abril de 1970 que Parigot tomou uma decisão fundamental para que este capítulo pudesse relatar alguns dos resultados que o Centro atingiu. Além de ter colocado a Copel nos trilhos e criado uma base para torná-la uma empresa de controle do estado eficiente, Parigot, sabendo que uma missão mais política ainda o aguardava — a vice-governança do Paraná — e ciente das dificuldades de operacionalização dos projetos que o Centro começava a vender, como uma compra simples de material para um estudo de algum cliente privado, resolveu apoiar um convênio entre a Copel e a Universidade em que a empresa efetuaria os pagamentos relativos ao laboratório e ao pessoal, e a Universidade receberia parte da receita dos estudos em forma de compensação pelos investimentos na estrutura do laboratório. Foi uma parceria que propiciou muitos frutos, não apenas desenvolvimento tecnológico como também formação no exterior de mais de trinta profissionais brasileiros. O diretor do Centro de Hidráulica continuou sendo escolhido pela Universidade e o Centro pôde superar algumas dificuldades burocráticas inerentes a uma instituição pública do porte da Universidade.

Outra figura importante que esteve junto com o Nelson no início do Centro foi Brasil Pinheiro Machado Filho. Seu pai foi catedrático de História na Federal e, antes, prefeito de Ponta Grossa. Tornou-se procurador e também entrou para a política. Acabou sendo governador interventor por um breve período, exercendo depois mandato de deputado antes de uma longa carreira no Tribunal de Contas do estado. O filho já nasceu em Curitiba e se formou engenheiro na Federal em 1959, não sendo aluno do Nelson porque coincidiu de este estar em Iowa no ano em que teria a matéria. Pinheiro Machado ficou próximo do Milder e do Parigot, e depois do Nelson. Por ser mais novo, não se conheceram no Santa Maria — o colégio ele fez no Rio de Janeiro, durante o mandato do pai como deputado. Depois da faculdade, passou oito meses em Paris num estágio e, quando o Parigot assumiu a Copel, recebeu o convite para juntar-se ao grupo. O primeiro projeto foi Salto Grande do Iguaçu, grande só no nome. A equipe técnica que ficava numa salinha na Praça Zacarias era limitada ao Nelson, ele, um projetista e uma secretária. O Centro de Hidráulica era algo que se misturava às atividades da Copel. Quando a Eletrocap foi formada, ele acabou ficando na Copel, mas seguiu na convivência com o Nelson na empresa e na universidade. Em 1964 foi a vez dele conhecer Iowa City e fazer um mestrado. Ele lembra que durante o tempo lá recebeu uma visita do Nelson. Antes, para ir, acabou deixando as funções de coordenador do Centro de Hidráulica para o Nelson.

Na volta à Copel, foi designado para integrar o Comitê Sul, para o estudo do potencial hidrelétrico dessa região do País. Pinheiro Machado se lembra das disputas e da tentativa de transformar a Eletrocap no embrião da Eletrosul, mas não foi essa a expectativa vencedora; ele acabou pedindo demissão da universidade e foi para a Eletrosul, no Rio de Janeiro, montar o departamento de engenharia. Depois de três anos de Eletrosul, resolveu aceitar um convite do Isaac Milder e integrou a Milder-Kaiser em São Paulo.

Pinheiro Machado se lembra da habilidade de Isaac Milder que para se associar à gigante americana Kaiser, um grupo fundado por um filho de imigrantes alemães, Henry Kaiser que, além de grandes obras, tinha estaleiros e até fábrica de automóveis. Foram sócios da Willys e da Jeep. Conseguiu reunir capital junto a pessoas diversas, como o banqueiro Júlio Bozano e o publicitário Mauro Salles, entre outros. Em vários grandes projetos o Nelson começou a ser chamado como consultor. A crise dos anos 1980 pegou a empresa de jeito. Um líder como Isaac faz sempre falta, e a empresa foi vendida para o Cnec Engenharia, que então pertencia à Camargo Correia. O Cnec (Consórcio Nacional de Engenheiros Consultores) havia sido fundado no mesmo ano do Centro de Hidráulica por profissionais oriundos da Escola Politécnica da Universidade de São Paulo e, anos depois, entrado na mira do empresário Sebastião Camargo num período em que o grupo era mais forte em obras. Brasil Pinheiro Machado trabalhou no Cnec até 1986, quando, com outros amigos, resolveu que era tempo de empreender. Surgia a Intertechne, uma empresa paranaense que cresceu e chegou a ter por volta de mil funcionários, tendo trabalhado em grandes e importantes projetos no Brasil e no mundo. A Usina de Belo Monte foi um deles. Além de hidrelétricas, a empresa que nasceu atuando apenas com elas e com projetos de energia se expandiu para outros setores. Nessa divisão, um parceiro constante quando o projeto envolve questões complexas de engenharia tem sido o Nelson. Pinheiro Machado lembrou na nossa conversa que os sócios insistiram para que Nelson integrasse a sociedade, mas este preferiu seguir na carreira independente, que já tinha decolado na segunda metade da década de 1980. A proximidade se deu com a parceria nos projetos complexos, quando Nelson atua como uma espécie de orientador, não apenas devido ao reconhecimento e à importância do nome dele como técnico, como também pela capacidade de estudar os problemas, participando e instrumentalizando decisões. Pinheiro Machado destaca que a capacidade de enfrentar problemas técnicos do Nelson é rara e ímpar, mesmo diante de situações nas quais ele não domina o conhecimento, tendendo sempre a começar do começo. Classifica a amizade deles como sólida e antiga, imune às pequenas divergências da vida. Quando insisti para ele me falar mais do estilo do Nelson, veio com a definição: "Ele é uma pessoa autocentrada, como o são aqueles que têm consciência de sua importância". É algo, sim, que acrescenta a este perfil e já me permite voltar ao Centro de Hidráulica. Como curiosidade, no último dia de 2009, a Camargo Corrêa vendeu o Cnec para a australiana WorleyParsons por 170 milhões de reais, num ano em que a empresa havia faturado em obras o equivalente a 225 milhões de reais.

Tinha um vórtice no meio do caminho

A complexidade de utilização das águas de um rio é bastante minimizada, se não controlada totalmente, quando se efetiva um bom modelo reduzido, no qual os fenômenos hidráulicos podem ser simulados e mais bem compreendidos. É como se fosse o momento em que os engenheiros brincam

A lua de mel envolveu uma viagem de carro a São Paulo e claro que teve foto da Côde com a represa do Capivari ao fundo, antes do destino final em Bariloche.

Em Bariloche.

E logo vieram os filhos: aqui com os três, Valéria, Rodolfo e Flávia, na casa da Vicente Machado, com as respectivas mães ao fundo.

Stella, os filhos, as noras e os netos.

A prima Maria Alice de Moraes Paiva (primeira à esquerda) foi próxima a vida toda. Com Jorge de Abreu Paiva e Regina Mader Ribas. Além do casal Sousa Pinto, na frente da mesa, Paulo de Abreu Mader

Com os amigos: na ponta direita, Benito Zanelatto, casado com a prima Stella Moraes; abraçados, Renato Bonardi, casado com a prima Maria Cristina Abreu, e o cunhado Thadeu Castello Branco.

Com os cunhados Léo Fontan e Maria Victória

Com amigos da Engenharia; ao centro, inclinado, o Massucci, que ao longo dos anos se tornou o amigo mais próximo.

Parte da turma da praia de Caiobá. Nos campeonatos tinha até arquibancada fornecida pela Orpec, do Szezesniak, outro colega desde o Santa Maria.

Na visita ao que restou da barragem de Santa Helena, na Bahia, com os demais consultores que analisaram o desastre: Flávio Lyra, Guy Bordeaux e Victor de Mello, 1998.

Com o amigo Barry Cooke em viagem de consultoria no Marrocos.

Grupo de engenheiros em reunião do Board de consultores de Itaipu, já na fase de operação.

Equipe do Cehpar no pavilhão principal dos modelos hidráulicos. Pedro Marques, o primeiro à esquerda, part
cular amigo e consultor para questões de geologia.

No mesmo pavilhão, construído para abrigar os modelos de Itaipu, em 2018, com o modelo de Belo Monte.

Em Portugal, colaborando em curso sobre barragens de enrocamento, patrocinado pela Nato, Lnec, 1991.

Em viagem de campo patrocinada pelo Icold.

Com o colega do curso de mestrado em Iowa, Ben Yen, na ocasião chefe do departamento de Hidráulica da Universidade de Illinois, participando de um simpósio em Taiwan.

Com o grupo de engenheiros brasileiros em uma primeira missão na China para divulgar a experiência brasileira em barragens de enrocamento com face de concreto, 1984.

Na China, 1984, palestras frequentes para audiências numerosas, sempre muito atentas.

Em um momento descontraído recebendo a visita de uma delegação chinesa, no apartamento de Caiobá, que interrompeu o tradicional jogo de vôlei na praia (note a joelheira do atleta).

Na casa da Vicente Machado, explicando algum princípio de hidráulica.

Em Kunming, China, aproveitando a folga do domingo, 1984.

Na Índia, com um encantador de serpentes, 1999.

Com Maria do Socorro, no grupo de reciclagem na França, poucos meses depois do casamento.

Em 1995, durante a cerimônia de recebimento na National Academy of Engineering, em Washington. Nelson na segunda fila, atrás de um colega de terno mais claro.

As constantes viagens com a Côde, em Bali.

No Círculo Polar Ártico.

Confraternizando com estudantes japonesas, entre as ilhas de Honshu e Hokkaido.

Repousando, porque ninguém é de ferro, no Canadá.

No Brasil, a família foi crescendo, os filhos se casaram.

Os engenheiros Sousa Pinto, dois autores de textos clássicos em suas áreas: Nelson com *Hidrologia Básica* e Carlos com *Curso Básico de Mecânica dos Solos*. A distância é apenas porque um mora em Curitiba e outro em São Paulo.

lson, Côde, os filhos Valéria, Rodolfo e Flávia, os cônjuges Ederson, Carolina e Allyson, e os netos Júlia, Giovani, Rafael, Stella, Olívia, Gustavo e Alice. Miguel ainda estava para chegar.

Aos 87 anos mantém uma rotina de natação aos finais de semana e ainda algumas viagens em projetos no Brasil e ao redor do mundo – verdade que num ritmo mais tranquilo... E agora o Miguel já havia chegado.

de engenheiro de forma séria. Você conhece o "Brincando de engenheiro"? É um jogo clássico para crianças, pequenos blocos de madeira em que os quadriculados imitam os tijolos e existem algumas variações de peça: a com uma janela, a de janela dupla, a com o relógio, a ponte vazada e o telhado. As cores geralmente são azul, vermelho e verde, e o desafio da criança é montar castelos ou cidades. Na caixa, que varia conforme a quantidade de peças, a chamada é: "Desenvolva o pensamento lógico, a imaginação e a criatividade das crianças". É um clássico da infância, uma primeira introdução a um mundo tridimensional, um exercício de reconstrução, de projeção da vida real. Os pequenos engenheiros aprendem que toda obra tem de ter estrutura para poder crescer e outros conceitos. Eu gostava do meu, lembro dele com carinho. Já os modelos reduzidos dos centros de pesquisa são geralmente em escala 1:50 ou 1:100 e envolvem um esforço grande de reprodução das condições naturais. Além de soluções práticas, são um excelente campo de provas para estudantes. Viraram uma especialidade do Cehpar.

Às vezes chamadas erroneamente de maquetes, é na verdade o uso deles que permite reproduzir em escala quantitativa os fenômenos hidráulicos.

A literatura da área aponta que foi o engenheiro Carlito Flavio Pimenta que se propôs a executar a primeira experiência no Brasil quando da construção da Usina Hidrelétrica Limoeiro, no rio Pardo, município paulista de Mococa, na segunda metade da década de 1950. Formado pela Poli de São Paulo, foi assistente do prof. Lucas Nogueira Garcez e, depois de um estágio no Laboratório Chateou, na França, trouxe os conceitos para o Brasil e fundou em 1953 o Laboratório de Hidráulica, seis anos à frente do Parigot e do Milder.

Na minha visita ao Cehpar, em fevereiro de 2018, eu não sabia muito bem o que encontrar embaixo daquela armação que mais remetia a um grande ginásio de esportes. Saí do prédio onde ficam os escritórios e salas de aula e, ao cruzar a entrada, não avistei nenhuma arquibancada. Apesar da altura da estrutura, rápido percebi que tudo ali se espalhava horizontalmente. Logo avistei uma placa "Modelo – Sítio Pimental da UHE Belo Monte – Escala 1:110" e, muito perto, uma pequena réplica do Cristo Redentor. Quando perguntei a razão, ficou clara a resposta: era apenas um uso deste símbolo brasileiro, declarado pela Unesco como Patrimônio da Humanidade, conhecido internacionalmente, para facilitar o entendimento dos visitantes, nacionais e estrangeiros, da escala do modelo. Quem já esteve no Corcovado, no Rio de Janeiro, nem precisa saber que a estátua tem 30 metros de altura sobre um pedestal de 8 metros no cume de um morro de mais de 700 metros, o que faz com que o monumento seja visto de vários pontos da cidade. Percebe que é grande quem não esteve também, tantas vezes a imagem já foi divulgada. Se o modelo de Belo Monte tivesse sido montado no laboratório da Universidade de Iowa, possivelmente teríamos uma réplica de estátua três vezes maior que a de Curitiba, mas aí, não com o Cristo, mas com a mulher que representa a liberdade, em Nova York, igualmente bastante conhecida e que chega a 90 metros de altura.

"Os melhores haviam sido alocados na Sanepar, queriam montar uma empresa para cuidar da política de água, e me convidaram para dirigi-la. Era a coisa que eu não gostava de fazer e sem a melhor equipe. Pensei: 'Não é o meu chão!'. Pedi um dia para pensar e agradeci. Eu era, em teoria, o 'peixe' do então governador, mas não fui para nenhum grande cargo. Só fui falar isso com ele ao me despedir, quando já estava muito doente e nos entendemos muito bem. Foi meu caminho para os Bords e para me transformar em consultor internacional."

Ainda naquela visita a outros galpões, observei pesquisadores estudando as consequências de resíduos num vertedouro do rio Iguaçu e mesmo um terceiro modelo, investigando as possíveis soluções para a questão de desvio de rios numa barragem na Colômbia, obra em que o Nelson está no Board.

Se esse modelo de Belo Monte só foi possível porque no início dos anos 1970 o estudo para Salto Osório marcou a entrada do Cehpar nos projetos em grandes rios, mais no início ainda, por volta de 1963-1964, no projeto de Salto Grande do Iguaçu, a equipe, com a participação de Brasil Pinheiro Machado, testemunhou a real contribuição do estudo na questão dos vórtices a montante de tomadas de água e da possibilidade de soluções concretas para a obra. No modelo em escala 1:50 percebeu-se uma circulação superficial intensa em frente à barragem em arco de um vórtice junto à tomada extrema direita, uma espécie de redemoinho que tende a criar um vácuo e puxar para baixo quem entrar no seu raio (os parques de diversão aquáticos pelo mundo costumam ter uma atração dessa com nomes relacionados), e que, para os pesquisadores, era resultado da separação por efeito da camada limite ao longo da parede lateral, sem arrastamento de ar. Não havia indícios de problemas mais sérios, mas depois de discussões optou-se por eliminar uma eventual repercussão no rendimento das turbinas. Com base nas observações e na literatura técnica, recomendou-se a instalação de três painéis com cerca de 1,25 metro de altura por comprimento variando entre 5 e 10 metros. A solução mostrou-se efetiva no modelo e no protótipo. Já no estudo de Salto Osório, vórtices também foram detectados e a conclusão foi de que não iriam atrapalhar a operação das turbinas. A obra seguiu o que se observou no modelo e o Cehpar foi construindo sua fama.

Sinildo Neidert, uma espécie de plinto do Cehpar

Rio Negrinho é uma pequena cidade na divisa entre Paraná e Santa Catarina, emancipada em 1953. As terras da região foram colonizadas por alemães descendentes dos pioneiros que chegaram ao Brasil em 1851 no navio *Colon*. Desembarcaram em São Francisco do Sul 118 alemães, entre homens, mulheres e crianças que foram, em sua maioria, para a colônia Dona Francisca, futura cidade de Joinville. Quando já não existiam mais terras para dividir, alguns imigrantes saíram na direção oeste. Entre eles estavam alguns Neidert e outros Mayer. As famílias mudavam de casa e de cidade na região com alguma facilidade — ora moravam em Rio Negrinho, ora em São Bento do Sul e ainda em Mafra. O garoto Sinildo Hermes Neidert nasceu em 8 de setembro de 1938, num lar que ainda enfrentava a resistência religiosa. A família do pai era de alemães católicos e a da mãe, de luteranos. A condição para o casamento acontecer era que os filhos fossem criados no catolicismo, mas o que marcou mesmo foi que todos só falavam alemão, até que, durante a guerra, esses imigrantes ficaram proibidos de utilizar aquela língua. Sinildo foi o caçula de Jenny Mayer e Eduardo Neidert. Jenny não gostava de seu nome e era tratada por Irma. O garoto tinha pouco mais de 4 anos e aprendeu rápido, a mãe, não. Nas décadas seguintes ela perguntava no idioma de Goethe e ele respondia no de Fernando Pessoa.

Ele veio para Curitiba estudar na Escola Técnica, virou técnico em edificações e fez um curso de carpintaria em paralelo. Mas, se não tinha muitos recursos econômicos, não lhe faltavam os intelectuais. Foi admitido em Engenharia na Federal e logo enveredou para a universidade e para o Centro de Hidráulica. Formou-se na turma de 1964. Cedo começou a namorar Dioneia Eunice, que era da sua região, tinha estudado Contabilidade e voltado para trabalhar na empresa do pai. Sinildo e Dioneia resolveram testar a amizade dos mais próximos: casaram-se num 30 de dezembro, obrigando os amigos a irem para Rio Negrinho.

Eles também casaram antes do Nelson e no início da década de 1970, já com a filha mais velha, Maria Helena, foram parar numa cidadezinha perto de Munique. Sinildo foi cursar uma especialização na universidade da capital da Baviera. Enquanto estavam por lá, receberam a visita do casal Nelson e Côde. Essa é para Maria Helena uma das primeiras presenças do Nelson na vida da família. Era no início o tio Nelson. Depois que a menina cresceu e foi estudar Engenharia e estagiar no Cehpar, ele virou dr. Nelson.

A vida de Sinildo e Dioneia sofreu uma reviravolta no nascimento da segunda filha, Juliana. Esta veio ao mundo com um problema que acabou demandando muita atenção e dedicação dos pais. Na visão de Maria Helena, os cuidados e a equipe de apoio desenvolvidos em Curitiba muitas vezes implicaram a opção do pai em não fazer mais nenhum curso fora ou mesmo aceitar convites para posições profissionais longe da capital paranaense.

Na mitologia grega, Hermes, o segundo nome de Sinildo, é filho de Zeus e de Maia — é o deus da riqueza, da sorte, da fertilidade, do sono, das magias, das viagens, das estradas, do comércio, da linguagem e dos ladrões. Parece que o nome não influenciou muito aquele engenheiro, que era muito querido pelos alunos, que os recebia em casa para tirar dúvidas próximo às provas, que levava o trabalho no Cehpar muito a sério e era próximo da família. Em vez de viagens, gostava mesmo era de caminhar na Avenida Nossa Senhora da Luz, nos fundos da casa, quando chegava estressado e era incapaz de levantar a voz para os outros. Todos reconheceram que a dedicação dele foi fundamental para que o Centro adquirisse a repercussão mundial que alcançou. Foi sempre uma segurança para o Nelson quando ele ficou como diretor do Centro, e também um ótimo apoio nos estudos que ele desenvolveu — sem o Sinildo, provavelmente o Nelson teria demorado um pouco mais para chegar às conclusões sobre o benefício da inclusão de um aerador nos vertedouros. Quando não viajavam juntos, como fizeram para a URSS, descrito no capítulo seguinte, Nelson podia desbravar o mundo mais tranquilo ainda, sabendo que o Cehpar estava em ótimas mãos. Para a filha, ele tinha orgulho e amor pelo Cehpar, aliás, eram sentimentos compartilhados pela maior parte da equipe. Muitos sofreram quando a estrutura acabou deixando a Copel e se integrando ao Lactec no início deste século. Sim, podiam ser acusados de ser um grupo fechado. Mas qualquer acusação dessa devia vir com o reconhecimento de que estiveram abertos a transformar a instituição numa das principais do mundo em Hidráulica e Hidrologia, recebendo o reconhecimento de vários profissionais e instituições externas.

Na história do Sinildo cabe destacar que quando o seu colega de Cehpar, Francisco Gomide, assumiu a presidência da Copel, em 14 de março de 1986, fez questão de levá-lo para assumir a diretoria técnica.

Apesar de ter se tornado uma área de excelência, nem todos os alunos de Engenharia se encaminhavam para a Hidráulica. Assim, as turmas do Nelson, na matéria optativa, geralmente eram pequenas e o professor era duro, alguns chegavam a temer uma conversa. Com o Sinildo a história era diferente, mas os dois vivenciaram um episódio que mostra que o Nelson é muito menos nervoso e explosivo do que aparenta. Foi o Sinildo quem descobriu que um aluno que já tinha passado de ano estava fazendo a prova para outro que tinha ficado de segunda época. Recolheu as provas registrando o fato e foi discutir com o Nelson o que fazer. O mesmo Nelson, que, quando estudante, ficava lá no diretório recebendo uns papeizinhos e resolvendo as questões, que, quando vira um ex-colega do Santa Maria, então aluno dele na Engenharia, fazer um movimento suspeito, se aproximou e não tirou a prova, apenas pegou a cola. Achou entretanto que aquilo era mais grave, alguma coisa precisava fazer pela manutenção da ordem. Ele acreditava que uma denúncia formal podia resultar na expulsão dos alunos, não queria prejudicar os estudantes a esse ponto, mas tampouco poderia passar em branco. Marcou um dia nem muito perto, nem muito longe, e pediu a Sinildo que chamasse os dois na sala dele. Para tornar o clima mais leve, deixou os "infratores" esperando fora. Quando entraram, desenxabidos, foi direto à questão: "Eu quero saber quem pagou o que para quem". Os dois, nervosos, se entreolharam e disseram que ninguém tinha pago nada, fora feito por amizade. Nelson avançou: "Como não pagou? Então por amizade alguém vai ser expulso da faculdade? Isso é justo? O professor Sinildo testemunhou e formalizou o flagrante, agora algo tem que ser feito!". Reforçou que era grave, que iria fazer as considerações com o Sinildo e os avisaria na semana seguinte, para deixá-los sofrendo mais um pouco. Conversou com o Sinildo, mais sobre os estudos que tocavam no Cehpar, e, passado o prazo, recomendou que não fizessem mais aquilo e que daquela vez estavam perdoados. Nelson não aliviaria sem uma lição. Possivelmente o Sinildo não chegaria a tanto.

Nelson é e tem fama de disciplinado e organizado, mas todo mundo tem um ponto fraco. O dele é definido por três letras e dois algarismos: HP 11 C. Um modelo de calculadora científica que a HP comercializou entre os anos de 1981 e 1989 e que, apesar de descontinuada, segue com adeptos até os dias atuais. Algo parecido acontece com a 12 C, a versão financeira. Permite programações e outros recursos, mas o fato é que Nelson utilizava bastante a tal 11 C para suas atividades na escola, no Cehpar e na consultoria, e vivia sem saber onde a tinha deixado. Então, qualquer aluno de Engenharia sabia quem era o dono daquele anúncio procurando uma calculadora daquelas para comprar e até se dispondo a pagar um preço acima do mercado. Ele teve de anunciar várias vezes, até que descobriu um aplicativo da 15 C para o celular. Esse pelo menos não some.

Voltando ao Sinildo, durante o período dele como diretor técnico da Copel, teve um problema de saúde e ficou internado, causando uma verdadeira procissão de pessoas da Copel, do Cehpar e da universidade até o quarto dele no hospital.

A filha relata que estudar na Federal e estagiar no Cehpar teve para ela mais ônus do que bônus. Sinildo, Nelson e os outros a tratavam como uma aluna normal, sem maiores condescendências, mas ela tinha de enfrentar a desconfiança de alguns colegas, que achavam que os filhos seriam beneficiados. Maria Helena fez mestrado, mas só depois de trabalhar um tempo. O conselho para ter uma experiência prática em vez de emendar só na faculdade veio de uma conversa com o Nelson que ela nunca mais esqueceu. Eram outros tempos e o professor sugeriu que era o momento de viver o ambiente de trabalho, nem que fosse "numa videolocadora". Vídeo o quê? Ela entendeu o conselho e trabalhou numa construtora antes do mestrado no Cehpar. Testemunhou que o Nelson era daqueles professores exigentes, claros, que explicavam sem dar muita chance para os alunos brincarem. Mantinha a formalidade, chamando os pupilos de senhores, assim como o pai. Ressalta que era possível perceber que se tratava de uma mente privilegiada, assim como o Gomide. Quando solicitada a explicar como era isso, deu uma boa resposta: "Uma pessoa fora da curva, como se tivesse um dom para números, para entender processos hidráulicos, como se não tivesse precisado aprender". E acha importante destacar que, apesar disso, conseguiu ter uma vida normal em família.

Para quem não sabe, plinto é o elemento que era usado no Egito para sustentar os obeliscos. Na arquitetura, é colocado sob a base de um pilar, de um pedestal, de uma estátua ou monumento, e toda barragem com face de concreto também tem um plinto. Os plintos são fundamentais na estruturação desse tipo de barragem e o *Manual do empreendedor sobre segurança de barragens*, da ANA (Agência Nacional das Águas), ao se referir às barragens de enrocamento com face de concreto, indica: "o plinto convencional (normalmente em maciços rochosos de boa qualidade) é constituído por uma laje apoiada sobre a fundação, com uma zona espessa (cabeça) criando o apoio, aproximadamente perpendicular, da laje da face de concreto", ou seja, o plinto é peça fundamental da estrutura da face da barragem. Assim como o Sinildo foi fundamental para a estruturação do Cehpar, também foi essencial para que a organização fosse vista como uma espécie de pedestal de desenvolvimento e conhecimento de hidrologia em nível mundial.

Em setembro de 1999 Sinildo foi diagnosticado com câncer de próstata. Em janeiro de 2000, foi tranquilo se submeter a uma cirurgia. As coisas correram bem no centro cirúrgico, mas no pós-operatório ele sofreu uma embolia pulmonar que o levou a um estado de coma e que se prorrogou por 72 dias na UTI. Todos da família Cehpar estavam preocupados, mas otimistas e esperançosos. Os mais crentes procuravam sinais positivos por todos os lados. Marcos Tozzi, de quem falarei mais adiante, era o responsável pelo Centro naquele período e tinha sido professor da Maria Helena. Em um desses dias de hospital, logo após uma visita, foi a uma loja do Extra fazer compras e num dos corredores encontrou a ex-aluna. Conversaram sobre o estado do Sinildo e se despediram, querendo acreditar que tempos melhores viriam. Ele se dirigiu para o caixa e, quando foi iniciar a passagem dos seus itens, um sinal tocou. Logo ele percebeu que a tal faixa estendida avisando que o milésimo comprador do dia ganharia um prêmio era verdade. Ele recebeu a sanduicheira, pediu para a mulher esperar um pouco e voltou aos corredores procurando pela Maria Helena. Encontrou-a e disse que aquilo só poderia ser um sinal, ele nunca havia ganhado nada em sorteios ou promoções. Outra despedida, um pouco mais alegre. Mas se o Tozzi conseguia impactar os alunos — foi várias vezes escolhido paraninfo —, percebeu que não era bom de sinais. Infelizmente, quando o Sinildo saiu da UTI e voltou para o quarto, não resistiu e faleceu antes de completar 62 anos. Um clima de total tristeza dominou os próximos e só foi superado por um maior ainda, quando quase em estado de choque, as pessoas ficaram sabendo, seis dias depois, que Dioneia, sua mulher, tivera um ataque cardíaco e falecera. Atônitos, foram da missa de sétimo dia dele para o velório dela.

A única saída foi tocar a vida e honrar os esforços dele para levar o Cehpar para o patamar que ajudou a alcançar. O Sinildo só não conseguiu ser tão discreto quanto gostava. Diz o Gomide que, se ele pudesse passar e não ser notado, adoraria. Deixou sua marca. Gomide também lembra que além de extremamente discreto, ele era uma espécie de sombra do Nelson, que reconhecia o temperamento tímido dele e tratava de fazer as justas homenagens e reconhecer todo o mérito do Sinildo. Como presidente da Copel, ao ler o currículo de quem indicara para diretor técnico, gastou uns 15 minutos só com os trabalhos relevantes.

Com a participação do Sinildo e do Ota, o Cehpar aproveitou a oportunidade oferecida pelo projeto do vertedouro de Foz do Areia (vazão específica alta, superior a 100 $m^3/s.m$ e velocidade da ordem de 40 m/s) para dominar a questão da aeração como método de prevenção da cavitação e contribuir para a literatura mundial com artigos na fronteira do conhecimento nesse campo. Foi uma oportunidade rara, muito bem aproveitada. Na admissão de Nelson na National Academy of Engineering, a designação é justificada especificamente: "Por soluções para resolver a questão da cavitação em fluxos de alta velocidade, em conjunto com contribuições e liderança internacional em projetos hidrelétricos".

Alguns planos mirabolantes até a economia se estabilizar

O Disco de Secchi, aparelho bem simples de medição do nível de transparência de um rio, mede geralmente entre 20 e 30 centímetros de diâmetro e é branco ou branco e preto. É colocado na água e a pessoa responsável vai empiricamente observando se ainda é possível enxergá-lo à medida que é afundado. Assim se podem comparar os níveis de transparência de rios, oceanos e represas, de uma forma simples e pouco tecnológica. Em 1985, não existia nenhum instrumento simples de medição da transparência de posse do primeiro presidente depois do período militar. O mineiro Tancredo Neves, presidente eleito e que já tinha ocupado todos os cargos eletivos no País, com exceção do de prefeito (até primeiro-ministro conseguiu ser), temia revelar o seu verdadeiro estado de saúde e atrapalhar a posse do seu vice, José Sarney. Só na véspera, no dia 14 de março, não mais resistiu e teve sua real condição apresentada ao País. Na manhã da posse, depois de quase 21 anos depois de presidentes militares, o País ficou sabendo que o eleito estava doente. Operado, teve o estado agravado e só foi transferido para São Paulo no dia 26 de

> "Não sei qual é a minha contribuição para a engenharia. Como professor, ajudei a formar muito aluno. Lembram de mim como bom professor, servi de inspiração para meia dúzia, nem todo mundo simpatizava comigo. Além da contribuição para a formação da ABRH, julgo que ajudei o Cehpar a se tornar um centro de excelência, sempre referendando padrões elevados. Criamos um belo curso de mestrado."

março, vindo a falecer em 21 de abril. Sarney assumiu e tentou manter alguns compromissos de campanha. Uma Constituinte foi convocada, sem uma eleição específica, e os parlamentares eleitos em 15 de novembro de 1986 se debruçaram em discussões para, em 22 de setembro de 1988, aprovarem uma nova Constituição. Claro que depois de tanto tempo sem comer melado, houve lambuzada. A intenção até parecia positiva, mas a conexão com a realidade ficou devendo. O futuro mostraria que vários pontos acabariam dificultando a modernização do País diante de uma nova realidade global.

A inflação, que em 1982 havia chegado a 104%, atingiu 242% em 1985. A dívida externa se aproximava dos 100 bilhões de dólares. Era preciso fazer alguma coisa. Em 28 de fevereiro de 1986 foi lançado o Plano Cruzado. O empresário Dílson Funaro era o ministro da Fazenda. Os produtos foram congelados e houve tabelamento de preços. Num primeiro momento, milhões de brasileiros viraram "fiscais" de um presidente que de uma hora para outra tornou-se popular. Mas quase tudo que vem de uma hora para outra vai. Claro que os preços congelados eram impraticáveis e os produtos começaram a sumir dos supermercados. Até dos pastos os bois fugiram, mas o pior aconteceu depois das eleições de novembro. Até aí, a inflação havia decaído de dois dígitos para algo pouco superior a 1%, o governo surfou nas urnas. Dos 23 estados possíveis, o PMDB, partido do governo, levou 22; o PFL, aliado, o outro. A mesma maioria se repetiu no Senado e na Câmara, em que os dois partidos somaram 77,6% dos deputados eleitos. No Paraná, Álvaro Dias venceu para o governo, José Richa e Affonso Camargo para o Senado e, dentre os trinta deputados com vaga, nada menos do que 24 eram do PMDB, puxados por Mauricio Fruet, com quase 100 mil votos. O ex-governador Paulo Pimentel garantiu a quarta posição entre cinco eleitos do PFL, com pouco mais de 45 mil votos.

Uma semana depois o governo assumiu que a situação era pior e lançou o Plano Cruzado II, com alterações de preços e um pacote fiscal que liberou a inflação reprimida. O ano fechou em quase 80%. O câmbio foi alterado e uma moratória unilateral declarada em 20 de fevereiro de 1987. Quem não paga não é bem-visto, regra universal. Funaro não segurou a posição nem por dois meses. Foi substituído pelo economista Luiz Carlos Bresser Pereira em abril; este não conseguiu fazer o plano que levava o seu sobrenome e congelou salários, preços e câmbio por noventa dias, para tentar controlar a escalada da inflação. O dragão que virou seu símbolo na mídia brasileira era desenhado cuspindo fogo e queimando a esperança de brasileiros. E se os 363% pareciam elevadíssimos quando Maílson da Nóbrega assumiu o ministério, os anos mostrariam que podia ser pior. Maílson tentou o Plano Verão e nada da inflação diminuir. Mas ele se segurou no cargo até a eleição do próximo presidente, suportando 980% e entregando sua passagem com uma taxa de 1.972% em 1989, cenário das primeiras eleições diretas desde a vitória de Jânio Quadros em 3 de outubro de 1960.

Depois de toda a frustração das Diretas em 1984, finalmente os brasileiros iriam escolher seu presidente. Sarney era reprovado por 56% dos eleitores, e ninguém conseguia ter noção do valor de nada. Um desconhecido e jovem governador soube canalizar a indignação e se tornou o "caçador de marajás", os funcionários que ganhavam muito sem trabalhar. Fernando Collor de Mello teve mais de 20 milhões de votos no primeiro turno; em segundo, Luiz Inácio Lula da Silva, que, na reta final, superou o ex-governador do Rio Grande do Sul e do Rio de Janeiro, e que chamara o petista de "sapo barbudo". Num país pouco acostumado a eleições, na televisão pôde-se assistir a um debate duro que mereceu uma edição parcial no *Jornal Nacional* e é tido como responsável pela vitória do alagoano por 4 milhões de votos.

Já se sabia que não haveria vida fácil no Congresso. Collor escolheu Zélia Cardoso de Mello para a economia. Além das promessas de modernização e das privatizações, a equipe econômica foi ousada e, no mirabolante Plano Collor, até a poupança foi congelada. O plano não segurou a inflação, que ascendeu de novo a 1.119% em 1992, quando o novo ministro já era o antigo embaixador Marcílio Marques Moreira, que tentou um plano que levou o próprio nome. A equipe anterior já tinha tentado o Collor II. Mas, apesar de trágica, a inflação não era o maior problema de Fernando Collor. Ele não conseguiu governar com o Congresso e viu a juventude ir às ruas com as caras pintadas contra ele. Foi o primeiro impeachment da história a ser iniciado e terminado, embora o presidente tivesse renunciado em 29 de dezembro de 1992.

O vice Itamar Franco assumiu e tentou unir a nação, ou a parte dela da qual dispunha. Chamou um senador sociólogo, Fernando Henrique Cardoso, para ser seu ministro da Fazenda, e esse tentou ampliar o arco de economistas em torno da necessidade de controlar a inflação. O plano que conseguiu dar um nome minimamente duradouro para a moeda brasileira, real, deixou para trás as várias tentativas frustradas — cruzado, cruzado novo, cruzeiro —, e, depois de ensinar as pessoas a pensar em URV (unidade real de valor), finalmente atingiu o objetivo e os brasileiros puderam começar a entender que tinham uma moeda e mínimas condições de planejar sua economia. O natural então foi fazer do ministro o novo presidente do Brasil na eleição de 1994, isso no primeiro turno, com mais de 54% dos votos.

No Paraná, em 1990, foi eleito Roberto Requião, com José Eduardo Vieira Sobrinho, do Bamerindus, para o Senado. Na Copel, o homem da Hidrologia do Cehpar, Fernando Gomide, foi escolhido para presidir a companhia entre março de 1986 e junho de 1993. Na eleição de 1994, Álvaro Dias não conseguiu retornar ao Palácio do Iguaçu, foi vencido por Jaime Lerner. Seu irmão Osmar Dias ficou com a segunda vaga ao senado. A primeira foi de Requião, que havia deixado o governo.

Uma nova visão de função de estado se formava de norte a sul do País, um tanto por visão de mundo, outro por senso prático de olhar o caixa e a capacidade de investimento dos governos. Collor não conseguiu privatizar nem 30% das empresas a que havia se disposto. O destaque foi a Usiminas. Itamar seguiu o programa e obteve sucesso em tornar privadas, entre outras, a Companhia Siderúrgica Nacional (CSN) e a Embraer. Era o Brasil seguindo os passos da Dama de Ferro, a primeira-ministra Margareth Thatcher, que ficou à frente do Reino Unido por mais de dez anos, vencendo a resistência de parte daqueles que acreditavam que as empresas estatais eram um patrimônio a ser preservado, sem observar a ineficiência e a incapacidade de investir. Basta lembrar a situação dos telefones no País: eram declarados no imposto de renda, disputados em heranças, para alguns era sinônimo de capital. Tudo isso e funcionavam mal.

Pelo mundo o muro de Berlim caiu, a União Soviética se desmanchou em seus países de origem, e a China se manteve comunista, mas muito atuante no mercado, não medindo esforços para ser a fábrica do mundo. Quando a soprano inglesa Sarah Brightman e o tenor catalão José Carreras entraram no estádio olímpico para interpretar a música tema dos Jogos Olímpicos de 1992, "Amigos para Siempre", e emocionar as pessoas, que sempre carregam uma disposição teórica de conviver com outros até maior do que a prática, nem Barcelona sabia que utilizara os Jogos para transformar sua história, nem o mundo tinha digerido completamente o que era a tal Equipe Unificada que terminara os Jogos em primeiro lugar e que representava doze dos quinze países que, até os jogos pré-boicote, competiam como URSS. O mundo havia mudado.

Em 1994, finalmente o Brasil conseguiu se sagrar tetracampeão. Um time pragmático foi para os Estados Unidos sabendo que o Romário que entrara no final das eliminatórias — pois, apesar da grande fase no Barcelona, não vinha sendo chamado — era fundamental. A decisão foi novamente contra a Itália, como no México, mas a história no estádio em Pasadena foi diferente. Ninguém conseguiu tirar o 0 *x* 0 do placar. Nos pênaltis, apesar de o zagueiro Márcio Santos desperdiçar o seu, o último batedor brasileiro nem precisou pegar a bola. Baresi e Massaro já haviam desperdiçado, o craque do time Roberto Baggio tinha de acertar para manter a Itália viva. O goleiro Taffarel errou o canto, se jogou para a esquerda, o italiano acertou o canto, mandou para a direito do goleiro, mas bem acima da trave. Depois de 24 anos o Brasil voltava a ser campeão, o primeiro tetracampeão do mundo.

Outras figuras importantes no Cehpar

O professor Parigot conseguiu gravar no DNA do Centro uma vocação ao estudo e à excelência e nisso se mostrou de fato um craque na formação de equipes. Poucos poderiam reconhecer essa característica e reforçá-la de maneira tão rigorosa como Nelson Pinto.

Para ser justo, o Cehpar merece um livro só dele, em que maiores detalhes, esforços e pessoas possam ser reconhecidos, em que alguém mergulhe na história e nos detalhes, em que mais personagens dessa epopeia possam ser entrevistados. Coube a mim assumir o risco de ser injusto ao focar mais a história do Nelson, risco que aumenta quando se escreve sobre um personagem tão forte e marcante como esse. Dois outros nomes que se dedicaram ao Centro e que acabaram tendo uma história de vida curta, Fábio Ramos e Julio Olinger, precisam ser destacados. A vida os levou aos 55 anos.

Quem não perdeu totalmente o sotaque da infância — o português é perfeito, mas tem um leve acento prussiano, como ele costuma dizer sobre a origem de sua alma — é Heinz Dieter Fill, que chegou ao Brasil em 1949, aos 12 anos, proveniente de Wiesbaden, uma das mais antigas cidades termais da Europa, mas que aqui demorou a assumir a hidráulica como destino. O pai era um médico que tentou retardar a revalidação do diploma e que, portanto, de tempos em tempos tinha de mudar de cidade. De Marília foram para uma Maringá que não tinha calçamento e de lá para Blumenau. O filho era ótimo em matemática e, quando chegou a hora do vestibular, a Engenharia foi uma opção natural. Foi aprovado no vestibular da Federal do Paraná no final de 1959. No terceiro ano começou Mecânica dos Fluidos com um Nelson, o primeiro contato dos dois, já mergulhando fundo no Capivari. Acabou mudando para a turma do Brasil Pinheiro Machado. Lembra que o primeiro professor era rígido e exigente, mas claro e justo. Nos dois últimos anos a universidade passou a oferecer graduação em Mecânica e ele acreditou nas oportunidades que a recém-chegada indústria automobilística iria representar.

Quando se formou, recebeu algumas ofertas de emprego, mas aceitou um presente do pai, que, depois de tanto adiar, tinha revalidado o diploma. Mas, numa viagem à Alemanha natal, encontrou um colega e aceitou virar diretor da Hoescht no Brasil. Queria rever a avó e alguns familiares. Resolveu procurar emprego por lá e começou a trabalhar na Bosch. Estavam investindo na América do Sul e o colocaram mais como tradutor do que como engenheiro. Ele sentia falta do País e negociou vir trabalhar na matriz em Campinas. Ficou mais um ano e desistiu. Em Curitiba, lembrou-se de um colega de turma que era diretor da Copel, foi pedir ajuda a ele. Não apenas havia sido colega e próximo de Arturo Andreoli na faculdade, como a esposa daquele era de Marília, de uma família amiga do tio do Fill, e o havia ajudado com o português. Andreoli argumentou que o Parigot gostava de bons alunos, mas teria que fazer um teste. O Fill é do tipo que nunca é reprovado em teste, conseguiu a posição de engenheiro da Copel, iniciada em abril de 1968. Trabalhava em alguns projetos e, de vez em sempre, o Arturo ligava pedindo para ele o substituir em uma aula. O Parigot era bastante ocupado, mas se portava como um autêntico catedrático — que já não era mais porque a universidade havia mudado para o modelo de chefes de departamento, mais o estilo americano, e chamou os dois para conversar. O chefe argumentou que, se o Andreoli não tinha tempo para dar aulas, que pedisse demissão e abrisse uma vaga para o Fill. Em 1972 ele prestou concurso e iniciou uma relação com a universidade que se estende até hoje. Depois de aposentado em 1997 na Copel, pediu regime integral na universidade. Quando fez 70 anos, em 2007, recebeu a tal cartinha de agradecimento e a aposentadoria compulsória no início de 2008, mas, por absoluto vício, pediu uma bolsa sênior, que é uma espécie de estágio para manter essas mentes privilegiadas em contato com os alunos da pós e com a pesquisa.

O Fill, que era formado em Mecânica, foi parar num mestrado em Energia Nuclear na Coppe, no Rio, quando o Andreoli acreditava que a Copel não montaria usina nuclear, mas teria de ter alguém que entendesse daquilo. Quando a tese ficou pronta, todo o programa nuclear brasileiro já tinha se transformado. De 1990 a 1994 ele cursou doutorado na Universidade de Cornell e, quando voltou, orgulhoso e animado para aplicar na Copel e no Cehpar o que tinha aprendido e desenvolvido numa das principais universidades do mundo, deparou com o programa de privatização e não pôde pôr em prática o que tinha visto. Ele lembra que a sua primeira atividade no Cehpar foi o projeto de Salto Osório e que aí pelo menos, não tendo de ir para o escritório da Copel e estando já na universidade, não precisava mais compensar o tempo de deslocamento, só as 12 horas de aula. Aprendeu o rigor desse controle com o Parigot, mantido pelo Nelson. Lembra também que com o Nelson professor não se podia apenas estudar para a prova. Quem fizesse isso teria dificuldades, era preciso se dedicar Crítico, Nelson diz: "Entre os hidráulicos, há os que entendem e os que não entendem a Equação de Bernouilli". Eu não me preocupei em pedir para que ele me explicasse o princípio, mas, para os ex-alunos e colegas dele, produzo aqui um parágrafo.

Daniel Bernouilli nasceu em 1700 em Groningen, na Holanda. Com uma mente rara, foi pioneiro em levar a matemática à mecânica e em 1738 escreveu em latim e publicou *Hydrodynamica,* que em 304 páginas apresentava o primeiro estudo sobre dinâmica dos fluidos. Se o Nelson fosse tão rígido quanto alguns insistiam, teria feito os alunos estudarem a equação no original, não acha? Mas ele ensinava a partir de outros livros. Segundo a Khan Academy[2], a Equação de Bernoulli permite analisar um fluido indo para cima ou para baixo através de tipos diferentes de tubos. De lá também se aprende que a equação é decorrência do princípio, e que este relaciona a velocidade à pressão de um fluido: "dentro de um fluxo de fluido horizontal, pontos de velocidade de fluido mais alta terão menos pressão que pontos de velocidade de fluido mais baixa". A tradução do Khan é que a água irá aumentar a velocidade se houver mais pressão atrás dela do que na sua frente. Se você não está entendendo, vou facilitar, para um fluido perfeito:

$$Z_1 + P_1/ + V_1^2/2g = Z_2^2 + P_2/ + V^2/2g = constante$$

A soma da cota Z, da altura de pressão $P/$ e da altura de velocidade é constante ao longo da linha de fluxo.

"Laboratórios tendem a ser muito fechados em si mesmos. O nosso é considerado muito bom por um dos consultores americanos – num determinado momento, como o melhor do mundo, mas era a opinião dele. A minha contribuição foi ter chamado atenção sempre para os projetos reais, dar essa conotação, de que a otimização deve visar o protótipo e não o modelo em si, para ser prática e útil."

Melhor concluir a história do Fill e passar para os outros, mas dá para imaginar que os alunos tinham que se dedicar de fato. O Fill foi vizinho de sala do Nelson e faz questão de reafirmar que foi devido ao estímulo dele que ao longo da carreira publicou 47 artigos em revistas técnicas, além de mais de setenta em congressos, fora os relatórios dos modelos. Para ele o Nelson foi sempre um amigo leal: "Uma pessoa com personalidade própria, de poucas palavras, mas sempre com tudo certinho e muito justo nas coisas. Promovia as pessoas que mereciam ser promovidas, não tinha história de jeitinho. Era trabalhar, produzir e daí ter os méritos e o reconhecimento". O único jeitinho que conseguiu foi obter a ajuda da secretária do Nelson para datilografar a

---

2 • Disponível em: <https://pt.khanacademy.org/science/physics/fluids/fluid-dynamics/a/what-is-bernoullis-equation>. Acesso em: 1º set. 2018.

dissertação de mestrado dele... O Fill e o Gomide eram da Hidrologia, o Sinildo e o Tozzi, da Hidráulica. Todos em algum momento dirigiram o Centro, reportando-se ao Nelson.

Francisco Gomide, que já apareceu algumas vezes nesta história, nasceu em Curitiba em 30 de novembro de 1945 e aos 23 anos graduou-se em Economia e em Engenharia Civil na Federal do Paraná. É um daqueles que os entrevistados não deixam de reconhecer o intelecto, a capacidade de processamento e a cultura. Para Nelson, ele cometeu a heresia de "trocar" a veia acadêmica pela política, porque se tratava de um acadêmico de primeiríssimo nível. Mas, como você verá, também teve uma carreira de primeiríssimo nível como gestor e em posições políticas.

No estudo de Salto Osório, o Sinildo, chefe direto dele no Centro de Hidráulica, foi para a Alemanha e ele foi promovido. Já lamentava ter perdido outro chefe para o exterior. Foi o Antônio Carlos Holtz, um "estrangeiro" naquele princípio do Centro — já que havia estudado na Poli em São Paulo, se formado em 1960 e só chegado ao Paraná em 1964, também figura importante na história da hidráulica brasileira e paranaense —, que convidou as três maiores notas da turma para uma entrevista e contratou Gomide como estagiário. Era outro que estimulava a produção. Ter um trabalho ainda como estudante selecionado para um Congresso no México é um feito que Gomide dedica a Holtz, que deixou o Centro e Curitiba porque achou que a oportunidade da OEA (Organização dos Estados Americanos) em Washington era daquelas que não se podia perder. Queria contribuir com os estudos da hidrologia do continente, era uma espécie de especialista na Bacia do Prata. Antes de chegar à OEA, passou um tempo, enviado pelo Cehpar, com a Canambra para utilizar o que tinha aprendido no estágio de seis meses na EDF da França. Depois de Washington, não retomou mais o vínculo com a sala de aula, e ficou por duas décadas na Eletrobras, no Rio de Janeiro, onde chegou a diretor de planejamento. Depois foi secretário-geral do Ministério das Minas e Energias. Na aposentadoria, o garoto de Itararé que rodou o mundo escolheu Curitiba para morar.

Voltando ao Gomide, não custa lembrar que os autores do livro de Hidrologia são o Nelson, ele, o Holtz e o Martins. Por ter sido, além de diretor do Centro, presidente da Copel entre março de 1986 e junho de 1993, de Itaipu entre 1993 e 1995 e antes de assumir o Ministério das Minas e Energia em 2002, e ainda ter presidido as empresas Escelsa (Espírito Santo Centrais Elétricas S.A.) e Enersul (Energética de Mato Grosso do Sul), ele tem uma visão muito forte dos lados técnico, gestor e político, já que esteve à frente de empresas que tinham parte de seu capital controlado pelo Estado num momento de euforia e bastante discussão, fosse pelas privatizações, fosse pela crise que ficou conhecida como "do apagão", e que levou o governo federal a decretar,em 15 de maio de 2001 uma medida provisória criando a Câmara de Gestão da Crise de Energia Elétrica. Ele atuou até o final do governo FHC, passando o ministério para a ministra e futura presidente Dilma Rousseff.

Essa experiência e a ação do Gomide o afastaram dos cálculos e modelos estatísticos e hidrológicos, da tal hidrologia estocástica em que ele foi um dos destaques, e que para simples mortais é a utilização da teoria das probabilidades e de outras técnicas matemáticas sofisticadas para lidar com eventos aleatórios. A congregação de esforços da Copel e da universidade foi fundamental para transformar o Centro num motivo de orgulho para a empresa, uma fonte de lucros e, principalmente, uma espécie de "joia da coroa", que além dos trabalhos práticos e importantes era o destino de visitas nacionais e internacionais. Aí, tanto da Copel quanto da universidade, filho bonito sempre tem pai e mãe...

Gomide citou na entrevista a obra *Duas culturas e uma segunda leitura*, de C. P. Snow, que prega quanto os intelectuais das ciências naturais e humanísticas ganhariam se não se fechassem ao outro, quanto de perda em empobrecimento seria evitado. E também compartilhou um aprendizado da política: "Para inimigo não se pede nada, nem demissão!".

Sobre o Cehpar, ele reforçou que o laboratório é o recordista mundial em quilowatts das usinas estudadas. Sobre o Nelson, fez uma comparação com o Parigot: "Diferente do Parigot, o Nelson é mais científico e de conhecimento mais profundo do assunto. Apesar de gente como eu e Sinildo, rigorosos fãs, ele não é um homem de fazer equipes e ser idolatrado, como o Parigot, que não era um cientista de estofo e profundidade, mas sabia desenvolver equipes. É questão de temperamento; tem um raciocínio científico, uma capacidade de resolver problemas das obras em cujo Board ele está. É um dos dez melhores engenheiros de recursos hídricos do mundo, pelo volume de obras e experiência acumulada". O Gomide também vai me ajudar a apresentar o Tozzi. Ele lembra que o Nelson dizia: "Esse é uma pedra bruta que precisa ser lapidada".

Marcos José Tozzi nasceu em Ourinhos, num domingo, 25 de fevereiro de 1951, quando o exército americano retomava a região de Hoengseong, que havia sido conquistada pelas tropas chinesas e da Coreia do Norte — os olhos do mundo se voltavam para as Coreias. Porque a família mudava bastante de cidade, os filhos foram estudar em Curitiba. O caçula Marcos nunca mais deixou o Paraná. Além de Engenharia na Federal, em 1974, já havia se formado em Matemática na PUC, dois anos antes. Uma das certezas da vida era que nascera para dar aulas. Ter sido escolhido com frequência como paraninfo ou homenageado foi apenas uma confirmação.

A formatura em Matemática permitiu mais dedicação ainda ao estágio no Cehpar. Estava na área de Hidrologia e, quando estava se formando, já com uma proposta para ir para a Eletrosul, no Rio de Janeiro, o Fill foi fazer o mestrado em Engenharia Nuclear e abriu uma vaga na área de Hidráulica. Ficou, mesmo com um salário de início menor. Já tinha sido contagiado. Também começou a dar aulas na escola, inclusive para alguns ex-colegas que tinham sido reprovados. Como era o mais jovem, as missões mais duras sobravam para ele, como as aulas na Universidade de Maringá, que iria formar a primeira turma e não tinha professor de Recursos Hídricos. Passava a noite no ônibus, sacrificava parte do fim de semana e voltava. Ter sido escolhido como professor homenageado provavelmente ajudou a segurar o tranco.

O governo paraguaio queria construir um modelo reduzido diferente da Usina de Itaipu, para estudar a navegação. Nelson conseguiu que tal iniciativa também ficasse sob a responsabilidade do Centro de Hidráulica. Foi a primeira e única operação fora de Curitiba e alguém tinha que ir coordenar tudo por lá. Adivinhe quem foi? Sim, o Tozzi. A mulher Silvete foi grávida mesmo, mas resolveu voltar para ter a filha no Brasil. Ficaram um ano e meio por lá e durante esse período o Tozzi pôde presenciar uma atitude do Nelson que alguns narraram e ajudam a confirmar sua aura de sério, ético e determinado. Foi durante uma reunião com a cúpula dos dois lados do empreendimento, quando alguém pediu para que o Nelson alterasse um relatório que estavam para receber caso percebesse algum erro. Ao ouvir isso, ele fechou a pasta que o acompanhava, avisou que até podia fazer um relatório emitindo a opinião dele, mas nunca mudaria o feito por alguém, e levantou-se em direção à porta. Algumas pessoas explicaram que ele não tinha entendido direito, pediram que reconsiderasse e ficasse. A insistência foi grande e tudo acabou se acertando, claro que sem o Nelson fazer o que julgava antiético. Para Tozzi, vivenciar aquilo foi uma espécie de lição de que existem princípios que não se negociam. Deixar isso claro e reforçar, caso seja necessário, faz parte e ajuda a consolidar uma posição de seriedade e ética.

Depois do trabalho no Paraguai, Tozzi foi fazer um mestrado em Davis, na Universidade da Califórnia. Havia se aproximado do professor Theodor Strelkoff quando ele viera dar um curso no Cehpar e o convidara para fazer mestrado lá. Tozzi viabilizou com a Copel uma espécie de apoio, mas, quando chegou, o professor tinha se desentendido com a universidade e rapidamente teve de encontrar outro mentor. Claro que recebeu depois estímulo do Nelson para desenvolver ainda mais a linha acadêmica. Fez um doutorado na Universidade de São Paulo, onde tinha um orientador formal, e o Nelson, a quem ele chama de doutor, como um orientador informal. O apoio da Copel agora era de um dia por semana. A rotina era pegar um ônibus no domingo à noite, passar a segunda na USP e voltar naquela noite mesmo. Mas Tozzi acredita que valeu a pena. Disse que também aprendeu muito quando foi uma espécie de revisor dos trabalhos do Centro, antes da revisão final do Nelson. Por conhecer a obstinação e o rigor do chefe, esforçava-se para entregar algo redondo. Aprendeu a contrapor um tanto de sua emotividade com a racionalidade que o chefe preferia.

Tozzi era um profissional tão competente quanto Sinildo, embora ele faça questão de classificar o seu antecessor em outro patamar, mas é inegável que tinham estilos muito diferentes, um mais discreto e germânico, outro mais emotivo e comunicativo.

Itaipu, curso de mestrado em Engenharia Hidráulica e seminário de 30 anos

A Ata de Iguaçu: Brasil – Paraguai foi assinada em 22 de junho de 1966. Foi o início oficial da Hidrelétrica de Itaipu. Os estudos de aproveitamento iniciados em fevereiro de 1971 indicaram dez possíveis locais para a implantação da usina, com cinquenta diferentes arranjos que, depois de avaliados, foram reduzidos a dois, com a possibilidade de duas barragens, até que se chegou ao projeto final. Em 1973 foi assinado um tratado entre os dois países, a Eletrobras pelo Brasil e a Ande pelo Paraguai, e finalmente, em 15 de maio de 1974, a Itaipu Binacional foi constituída. As dimensões, os desafios e a engenharia financeira, nada foi pequeno. Flávio Lyra era o *Chairman* do Board de Consultores que incluía Arthur Casagrande, Klaus John e Don Deere. A empresa optou por um Board permanente, que se reuniu vinte vezes entre 1975 e 2010, tendo, além de Lyra, a partir de 1999, Gurmukh Sarkaria e Nelson L. de S. Pinto como *Chairman* desta segunda geração. Foi formado o consórcio internacional IECO-ELC para desenvolver o projeto. As obras se iniciaram em 1975 e o reservatório começou a ser formado em 1982. A primeira turbina foi inaugurada, dentro do cronograma, em 1983, e as duas últimas, em 2007, também seguindo o que foi estabelecido nos estudos.

O Cehpar pode se orgulhar de ter tido uma participação importante nisso. Foram cinco estudos principais em modelos reduzidos e a decisão de não incluir um aerador. A dimensão do projeto de Itaipu não apenas atraiu os olhos da engenharia mundial como definitivamente incluiu o Cehpar numa posição central do mapa hidráulico do mundo, mas existiam as especificidades de um projeto binacional. Os franceses da Sogreah, integrantes do consórcio, queriam primeiro que o modelo fosse montado em São Paulo; depois tentaram agradar o lado paraguaio. Nelson recorreu ao governador e Tozzi foi para a obra conduzir o modelo hidráulico local. Depois que a confiança foi conquistada e que todos aceitaram que era em Curitiba que os modelos aconteceriam, um engenheiro francês impôs que precisaria ter alguém da confiança dele acompanhando os trabalhos. Os curitibanos não ficaram felizes, mas resolveram focar o lado técnico. O primeiro "espião" foi tranquilo: acompanhava, dava ideias, fazia relatórios, mas estava à beira da aposentadoria. Quem veio depois já tinha mais ambições e fazia uma espécie de "leva e trás" com a equipe em São Paulo. Até que na primeira reunião internacional, o Nelson foi franco e reclamou diretamente a ele. O homem viu que não tinha outra saída e foi se moldando, mudando o comportamento, aceitando que o trabalho lá era técnico e a liderança, não compartilhada, era do Cehpar.

Outro consultor importante que passou por Itaipu foi ninguém menos do que Hans Albert Einstein, segundo filho do pai da Teoria da Relatividade e um dos grandes especialistas do mundo em Sedimentos, assunto que Nelson reafirma ser complexo e que sobre o qual são raros os bons entendedores. Hans Einstein foi titular de Hidráulica da Universidade da Califórnia, em Berkeley, recebeu o Nelson no *tour* dele depois do mestrado e ajudou a alimentar o chiste sobre o conselho do pai Einstein que o Nelson realimenta antes de abrir um sorriso: "Olha, filho, eu fui estudar essa questão de sedimentos e achei complicada demais, melhor você cair fora". Albert, o pai, ficou na Teoria da Relatividade, menos complicada!

O ano de 1985 foi muito especial para os profissionais do Cehpar, uma espécie de consolidação da vocação de ensino e pesquisa de tantos profissionais que mergulharam fundo e viajaram pelo mundo em busca de conhecimento, seguindo a inspiração de grandes mestres, iniciada por Parigot e por alguns dos personagens citados aqui. Era o Centro cumprindo parte importante da sua missão. O curso logo ganhou reconhecimento acadêmico e foi um parceiro em eventos e no intercâmbio de alunos e professores. Se você encontrar um mestre em Recursos Hídricos pela Federal do Paraná, pode ter certeza de que ele conhece um pouco da história narrada neste livro. Ela continua lá, viva, honrando um tempo dos mais produtivos e como resposta à determinação e à dedicação desses homens que aparecem aqui e de outros que falhei em não incluir.

Em 1989 o Cehpar celebrava 30 anos e claro que a comemoração foi com um seminário que gerou conteúdo, discussões técnicas e a possibilidade de encontro entre protagonistas do setor do Brasil e do mundo. Foi possível receber pessoas que tinham feito parte da história, e cuja vida as havia levado para outro rumo. Foram debates que reforçaram a visão de um Brasil capaz de acreditar em si e na sua engenharia, capaz de pesquisar e descobrir soluções, gerar conhecimento. Os ecos até hoje são ouvidos.

Ia privatizar, não privatizou, mas muita coisa mudou

O processo de privatizações seguiu acelerado no governo Fernando Henrique Cardoso. No Paraná, Jaime Lerner, que já havia sido prefeito da capital por três vezes, venceu a eleição em 1994 e governou o estado por dois mandatos. Nesse período reforçou uma imagem moderna do estado e de sua capital, mostrando ao País e ao mundo obras sustentáveis e arquitetonicamente diferenciadas. Também conseguiu atrair significativos investimentos econômicos, mas uma de suas metas não foi atingida: a privatização da Copel.

> "Aquilo me revoltou! Eu já estava fora quando vieram me falar que o nosso laboratório de hidráulica seria dirigido por alguém de mecânica dos solos. Como alguém sem conhecimento do setor iria tocar uma instituição que tinha profissionais competentes e contratos e modelos de obras de grande responsabilidade? Não me conformei e pus a boca no trombone! Conseguimos!"

Não foi efetivada, mas atingiu um centro de excelência. Nos preparativos para a privatização da empresa, ficou decidido que, embora todos os avanços e a enorme contribuição do Cehpar fossem reconhecidos, para os olhos do mercado de capitais era melhor que a empresa não continuasse tendo o Centro como uma unidade de negócio. Também foi elaborado um programa de incentivo para aposentadoria de funcionários. O Centro iria continuar, mas teria de se integrar a outra unidade da Universidade. Acabou depois se integrando com outros institutos, cinco em Curitiba e um em Salvador, ao Lactec. Tudo iria continuar como estava, mas sem a presença de pessoas que foram fundamentais à história daquela instituição.

Não apenas o Nelson se aposentou, como também os outros mosqueteiros tratados aqui. Nelson seguiu diretor do Cehpar de 1967 a 1995. Nas poucas vezes em que se dispôs a algum enfrentamento político, o fez para defender os interesses do Cehpar na acomodação deste dentro do Lactec. Mas, em 1999, no que seria a celebração dos 40 anos, não houve nenhum grande evento.

O Tozzi acabou sendo atraído para uma proposta de introdução dos cursos de Engenharia no que viria a ser a Universidade Positivo, o Fill ficou na universidade, o Gomide também não conseguiu alimentar mais a relação. Conversei ainda com duas outras figuras que têm seus esforços na história do Centro, os engenheiros José Jungi Ota e Fernando Ribas Terabe, os dois de ascendência nipônica, disciplinados e rápidos na matemática. Ota trabalhou com o Nelson na tese de livre-docência dele e também nos estudos de aeração que serão descritos no próximo capítulo, e agradece o incentivo que o chefe deu para passar alguns anos na Universidade de Kanazawa, no Japão; e ainda, como ele mesmo diz, depois de "velho", ter ido fazer doutorado em Newcastle, na Inglaterra. Ota diz que com o Nelson tudo era com base nos décimos de milímetros, e que ele não admitia levar vantagens pessoais, buscando sempre o justo. Um professor, um diretor que não sorria, mas fazia as coisas certas. Alguém que decidia sem muita interferência, com pitadas de autoritarismo, mas que falava o que tinha de falar sem se perder e dono de uma ótima didática. Diz aliviado que nunca levou bronca em público, algo que o Nelson tampouco se furta de fazer, se necessário. Ota é outro que faz questão de ressaltar a importância e o peso de Sinildo para o Centro. Já o Terabe é mais jovem. Quando nasceu, em 1968, o Nelson tinha acabado de assumir o Cehpar. Quem foi aluno do Nelson foi o pai do Terabe, que o influenciou para estudar Engenharia. Formou-se no auge da recessão dos anos Collor. Bom aluno, foi estagiário do Ota, mas não havia vaga ao se formar. Nem vaga no Cehpar, nem emprego no Brasil, imigrou para o Japão, onde trabalhou numa gráfica de livros em Tóquio, sempre querendo voltar. De novo em Curitiba, passou num concurso da Copel, mas não foi chamado de imediato. Trabalhou também na Intertechne, do Brasil Pinheiro Machado, e pôde ver o Nelson em ação como consultor e checar as histórias que o pai e alguns tios, ex-alunos dele, contavam. Eram fiéis àquele engenheiro que dominava seu campo de atuação e mesmo assim se mantinha estudando e atualizado. Ota acabou fazendo mestrado lá e hoje é o gerente da área de

Hidráulica, também porque o Nelson se esforçou em manter à frente do laboratório na gestão do Lactec profissionais bem formados e diretamente relacionados à hidráulica.

Os dois lembram que, caso tenham alguma dúvida, eles ou qualquer outro profissional do Cehpar, basta ligar para o Nelson que é como se ele ainda trabalhasse lá: colabora sem hesitar e ainda é um dos principais "vendedores" do Centro, indicando-o em suas consultorias ao redor do mundo.

VOL. 88 PO2 ASCE POWER DIVISION NOVEMBER 1961
VOL. 88 PO1 ASCE POWER DIVISION
VOL. 87 PO3
VOL. 86 PO3
VOL. 116 NO. 10 ASCE HYDRAULIC
VOL.96 NO.PO3. ASCE POWER
VOL. 116 NO. 2 ASCE HYDRAULIC ENGINEERING FEB. 1990
VOL. 116 NO. 1 ASCE HYDRAULIC ENGINEERING JAN. 1990
VOL. 117 NO. 2 ASCE HYDRAULIC ENGINEERING FEB. 1991
VOL. 117 NO. 1 ASCE HYDRAULIC ENGINEERING JAN. 1991
VOL. 116 NO. 12 ASCE HYDRAULIC ENGINEERING DEC. 1990
VOL. 116 NO. 9 ASCE HYDRAULIC ENGINEERING SEP. 1990
VOL. 116 NO. 8 ASCE HYDRAULIC ENGINEERING AUG. 1990
VOL. 116 NO. 5 ASCE HYDRAULIC ENGINEERING MAY 1990
VOL.108 NO.HY11. ASCE HYDRAULICS DIVISION NOV. 1982
VOL.108 NO.HY12. ASCE HYDRAULICS DIVISION DEC. 1982
VOL.108 NO.HY10. ASCE HYDRAULICS DIVISION OCT. 1982
VOL.102 NO.HY3. ASCE HYDRAULICS DIVISION MARCH 1976
VOL.102 NO.HY5. ASCE HYDRAULICS DIVISION MAY 1976
ASCE HYDRAULICS DIVISION MARCH 1964
ASCE HYDRAULICS DIVISION NOVEMBER 1963

11 – As viagens pelo mundo de um não turista não acidental

Poucos anos depois de voltar de Iowa, Nelson encontrou o professor de estradas Paulo Aguiar, que, ao ouvir o que tinha estudado no mestrado, o estimulou fortemente a entrar num concurso do Instituto de Pesquisas Rodoviárias (IPR) sobre erosão ao redor de pilares de ponte. A ideia não parecia ruim, era um concurso "às cegas" e ele iria fazer adaptações. Lembrou-se do pai e escolheu o mesmo pseudônimo que aquele usava: Allets. Nas poesias que Nelson fazia para Stella, o noivo e depois marido assinava o nome dela ao contrário. Nelson, o filho, caprichou no trabalho porque nunca entra em nada para perder. Quando ficou sabendo, por intermédio de outro colega que fora ao Rio de Janeiro, que o professor Antônio José da Costa Nunes, famoso em Mecânica dos Solos e um dos maiores geógrafos do País, era um dos concorrentes, perdeu as esperanças. Mas alguns meses depois recebeu, surpreso, a notícia de que era o vencedor. Não se lembra do prêmio. Claro que ficou orgulhoso! Explica que a comissão, antes da identificação dos concorrentes, deve ter pensado que, pela categoria do texto, o trabalho era do Costa Nunes!

Mas me explicou o que é cavitação no detalhe e lembrou que foi esse fenômeno que o levou a propor uma viagem para a Rússia, na época União Soviética, quando ainda estava na Copel. Um acidente ocorrido no vertedouro de 120 metros de altura da usina construída no rio Karun, no Irã, deixara a Copel apreensiva quanto ao projeto do vertedouro de Foz do Areia.

O teorema de Bernoulli foi fundamental para se entender a cavitação, que nada mais é do que o fenômeno que pode ocorrer em um líquido em movimento quando a pressão é reduzida abaixo da pressão de vapor e a água entra praticamente em ebulição na temperatura ambiente, formando-se bolhas de vapor que são carregadas pelo fluxo a regiões de maior pressão, implodindo. Se a implosão ocorrer nas proximidades do contorno sólido, pode causar danos consideráveis. A União Soviética havia tido essa experiência em Bratsk, uma usina na Sibéria. Os soviéticos tinham mostrado, num congresso em Madri, como a utilização de aeração poderia resolver o problema. O engenheiro Semenkov era alguém que conseguia transitar no mundo internacional, e naquele congresso, apesar de não ter conseguido entrar na programação oficial, distribuiu cópias mimeografadas dos estudos que havia feito na barragem de Bratsk, que foi por algum tempo a maior geradora de energia no mundo, no combate à cavitação. Nelson achou que era uma boa então ir verificar *in loco* o que eles estavam fazendo. Propôs, o Andreoli topou, e aquele homem já acostumado a viajar iria passar mais tempo ainda dentro de aeronaves. Poderia até, se quisesse, dar uma de Macon Leary, personagem de William Hurt no filme *Turista Acidental,* um escritor de guia de viagens que não gosta de viajar. Não é um grande filme, mas serviu para Geena Davis ganhar o seu único Oscar, de atriz coadjuvante, e popularizar a expressão turista acidental. Na nossa história, o Nelson nem é turista, muito menos acidental.

Sibéria, lá vamos nós! Niet, niet!

A Copel contatou a embaixada da União Soviética e lá foi o Nelson, de Curitiba a Brasília, explicar ao embaixador quais eram as intenções dele. Foi bem recebido. O homem foi simpático — pelo menos o tradutor era — e recomendou em russo que ir em junho não era uma boa ideia, porque os pegaria em férias. Também no idioma de Fiódor Dostoiévski e Liev Tolstói, o homem recomendou a Nelson uma segunda, e mais factível, opção em setembro, mas é claro que pediu uma comunicação oficial e formal. O cartão verde veio logo depois. Com a aprovação da visita, eles se encarregariam de chegar a Moscou na data que seria oficializada e dali em diante seriam convidados do governo soviético. Esses, interessados em conhecer os esforços energéticos do Brasil, enviariam depois uma missão à Copel.

Isso foi no início dos anos 1980, ainda sob Leonid Brejnev, quando, no imaginário ocidental, Sibéria era uma palavra muito mais presente do que Glasnost e Perestroika. Sabia-se tanto da vida sob o regime comunista quanto dos grandes livros desses dois escritores citados. Muito se falava, mas pouco se conhecia. O que se dizia era que os inimigos do Kremlin, onde ficava o governo central, eram enviados para a inóspita região siberiana, onde o desafiante ia sofrer das torturas da região gelada. Com a morte de Konstantin Chernenko, Mikhail Gorbatchov foi eleito em 11 de março de 1985 — indiretamente, é claro —, para o posto de presidente da União Soviética e secretário-geral do Partido Comunista. A situação econômica já não estava tão favorável, não se gera riqueza sem produtividade nem em regime comunista, e Gorbatchov resolveu que implementaria mudanças políticas, uma abertura lenta e gradual, a Glasnost, na qual a população teria pitadas adicionais de liberdade de expressão, e também uma reestruturação econômica, a Perestroika, em que os recursos seriam drenados da defesa e o país se abriria para o mundo em termos de comércio. Depois, Gorbatchov virou até garoto-propaganda da Pizza Hut e ainda da exclusiva marca Louis Vuitton, mas a passagem do comunismo para o capitalismo foi bastante conturbada. Inclusive, em 26 de abril de 1986, houve um acidente que deixou o mundo de olhos bem abertos para a questão energética. Quando o reator 4 da usina de Chernobil explodiu, os soviéticos não imaginavam que se tratava do pior acidente nuclear da história, tentaram abafar. Não fossem os efeitos negativos da radiação se espalhar e ameaçar sair do controle, teriam conseguido.

Era na União Soviética pré-Gorbatchov que o Nelson e o Sinildo iriam aprender sobre a aeração e os possíveis resultados dela na cavitação. Estavam aguardando as instruções, certos de que tudo ficaria para setembro. Afinal, maio já estava chegando ao fim, mas o que de fato chegou numa segunda-feira foi uma comunicação de que deveriam estar em Moscou no domingo seguinte. O primeiro pensamento é de que seria impossível viabilizar a viagem, mas Nelson resolveu falar com a embaixada. O russo o tranquilizou: eles deveriam estar sábado logo cedo no consulado do Rio de Janeiro e sairiam de lá com o visto. Chegaram pontualmente, quem não chegava era o cônsul. Ligaram para o embaixador, que prometeu ajuda. O cônsul apareceu e trouxe uma história de fotografia que não estava listada antes. Ao tentarem explicar isso, ouviram que lá quem mandava era ele, não o embaixador. Aceitaram e saíram os dois pelo centro da cidade em busca da tal especificação de fotografia. Conseguiram, e assim fizeram para os detalhes que lhes foram pedidos. Depois de passar um dia de ambientação em "território russo", partiram para o Galeão com o visto num papel à parte. Não se emitiam vistos comunistas em passaportes para não complicar a vida dos viajantes em outros países. Era a burocracia soviética funcionando.

Depois de uma troca de avião em Paris, amanheceram em Moscou. Pegaram as malas na esteira, explicaram-se na imigração e, quando passaram pelo controle de bagagens, procuraram pelos próprios nomes. O aeroporto estava cheio e bagunçado. Olharam para todas as plaquinhas, mais de uma vez. Nada parecido com Nelson, Pinto, Sinildo ou Neidert. Concluíram que alguém se esquecera deles. Havia um grande painel onde imaginavam obter informações. Uma pessoa falou apressada em inglês: "Nem perca o seu tempo, está aí sem atualização há mais de uma semana". Precisavam encontrar uma solução.

No primeiro posto de informação, assim que o atendente percebeu que era em inglês, discou num telefone e entregou o aparelho na mão do Nelson. Ele ouviu que iria aparecer alguém. Depois de um tempo, duas pessoas se aproximaram: um guia de viagens corpulento, e um tradutor franzino, com uma arcada dentária que entregava as necessidades que passava. O Nelson acha que eles não tinham tido muita paciência para esperá-los, foram tomar alguma coisa. Aqueles dois seriam os filtros do mundo comunista para eles — um guia que claramente queria burlar o sistema e tirar alguma vantagem e um tradutor assustado e disposto a não entrar em conflito com o homem forte.

Que a vida não seria fácil, eles logo descobriram. Naquele fim de domingo foram deixados num hotel ainda em final de construção. Sabiam apenas que não tinha restaurante, que era próximo ao Jardim Botânico e que poderiam comer a duas ruas dali. Chegaram e viram uma aglomeração na porta e um porteiro que lembrava o guia no porte. Das poucas palavras em russo que sabiam, uma foi a que mais ouviam: *niet, niet*. O homem não deixava ninguém entrar. Na base da mímica, Nelson conseguiu convencê-lo a deixar falar com uma mulher que conversava com outras duas, do lado de dentro. Ao chegar, perguntou se falavam inglês, francês, português... Antes de desistir, tentou: alemão? Ao ouvir um sim, sinalizou que era só esperar. Voltou e disse para o Sinildo que era com ele, que precisava contar uma história triste e salvar o jantar deles. Sinildo provou sua eficiência. A mulher, uma espécie de gerente, sinalizou e o porteiro botou o Nelson para dentro. Os dois ficaram surpresos quando avistaram o enorme salão do lugar, com apenas algumas mesas ocupadas e a mulher mandando-os sentar numa mesa onde já havia um casal. O restaurante foi enchendo, havia música, pessoas dançando e eles perceberam que o local era obrigado a servir uma rodada. Como funcionários públicos, pouca diferença fazia se viabilizavam nova rodada e atendiam todos os interessados. Descobriram que no fundo havia um sistema de reservas, quem não as houvesse feito, só entraria se conhecesse o porteiro ou alguém, ou tivesse um alemão educado aliado a uma boa história, como o Sinildo. Tão importante quanto aprender sobre a aeração em Bratsk foi viabilizar reservas nos restaurantes. Cardápios grandes, mas para a maioria das opções: *niet*. Comiam o que dava.

Em São Petersburgo, já com reserva, escolherem um estrogonofe. O garçom para quem pediram desapareceu, Nelson teve de ir até a cozinha e tirar de lá o que imaginava ser um legítimo estrogonofe. Estava bem razoável.

O programa de viagem, além de Moscou e Leningrado — nome de São Petersburgo durante o regime comunista —, tinha seu ápice na Sibéria, diretamente nas instalações da barragem de Bratsk. Nelson estava curioso porque foi informado de que ficariam na casa de hóspedes que fora construída especialmente para receber o presidente Dwight Eisenhower. A inauguração não saiu como planejado porque, em 1º de maio de 1960, os soviéticos conseguiram derrubar um avião espião U2 e a relação entre os dois países se complicara um pouco mais. Mas, se não tinha recebido Eisenhower, o local hospedara a alta cúpula das autoridades comunistas. Apesar de ser diametralmente oposto a eles, Nelson e Sinildo sabiam da importância do local. O mundo era tão fechado que era como se pudessem perceber vestígios daquela elite inimiga. Usariam as mesmas instalações que um Khrushchev ou um Brejnev haviam utilizado. No verão, a temperatura ambiente não castiga, mas as águas continuam geladas. O tal guia queria se divertir um pouco, até trouxe um calção de banho para os brasileiros, mas só conseguiu fazer entrar na água o seu tradutor. Nelson e Sinildo ficaram assistindo a um pouco da diversão dos dois, preocupados se o mergulho em temperatura tão baixa não iria debilitar ainda mais o fraco homem; o outro "parecia um leão marinho".

O balanço final da viagem, além das inúmeras experiências humanas e culturais, só se mostrou amplamente positivo na escala da volta em Vancouver. Se em terras soviéticas sentiram na pele a ineficiência do comunismo, a esperteza do tal guia, que tentava ganhar algo a mais no transporte, na comida, em qualquer oportunidade; –a dificuldade de fazer a sociedade funcionar,– embora tivessem tido boas conversas sobre as pesquisas na barragem e outros órgãos, foi no Canadá que obtiveram os melhores documentos sobre o que os soviéticos tinham feito. Tudo muito bem registrado, o que tinham visto e o que imaginavam que lhes estava sendo negado. Os relatórios deixavam claras todas as possibilidades de teste que os soviéticos tiveram, porque as águas do lago Baikal contavam com uma vazão muito regular, muita água sobrando, possibilitando que se fizessem testes não em modelos, mas na própria obra. Agora estava transparente. Chegaram a Curitiba com os objetivos cumpridos, já cientes de algumas alterações que iriam propor para o projeto e determinados a aprofundar os estudos com aeração.

O tribunal Irã-Estados Unidos — quando um *expert* vira perito

Leroy Francis Harza[1] foi um ótimo aluno do professor Daniel Mead na Universidade de Wisconsin, em Madison. O professor Mead foi um dos pioneiros na defesa da independência de experts em engenharia no projeto e na construção das barragens e usinas, ou seja, que não seriam os donos os mais indicados para esse processo. Seu aluno Harza conseguiu montar uma empresa de engenharia logo após se formar, em 1912, e viu essa empresa crescer e participar de grandes projetos até sentir intensamente os efeitos da guerra. Ainda durante o conflito, e antes de perder a equipe para o combate, desenvolveu seu primei-

1 • Disponível em: <http://www.fundinguniverse.com/company-histories/harza-engineering-company-history/>. Acesso em: 11 set. 2018.

ro projeto internacional no Uruguai. Nos esforços de reconstrução pós-vitória dos aliados, a empresa soube se expandir em vários continentes, com grandes projetos em Taiwan, Iraque, Paquistão, Etiópia, Jordânia, Filipinas, Irã e Índia. A morte do fundador no início dos anos 1950 não abalou o crescimento da empresa. No Irã foi incumbida do projeto de três hidrelétricas que iriam resolver a questão do abastecimento para a capital Teerã e outras regiões. Novas regiões e países iam sendo incorporados ao portfólio até que uma das barragens de Karun apresentou problemas. Essas questões coincidiram com a tomada do poder pelo Aiatolá Khomeini, descrita quando se abordou a questão do petróleo e que levou o governo radical a suspender de forma unilateral todos os pagamentos. A Harza não foi um caso isolado. A crise política deixou o ambiente tenso, suspender o pagamento foi a solução em vários setores.

"Doutor, a coisa que eu sei fazer melhor, que faz o tempo passar mais rápido, é pensar num problema de engenharia hidráulica. Enquanto tiver saúde e mercado, estarei trabalhando, pensando, tentando resolver problemas, fazendo contas. Já me dei conta de que as coisas estão se aproximando de um fim. A perna dói, recorro a uma bengala para ter mais equilíbrio nos terrenos acidentados, mas, se dá para seguir, eu vou!"

Haia é a terceira cidade mais populosa da Holanda, a sede efetiva de seu governo e considerada por muitos como a capital jurídica do mundo. Muitos brasileiros ainda se lembram de que Rui Barbosa carregava a alcunha de "Águia de Haia" depois de sua participação na II Conferência da Paz, em 1907. A cidade sedia a Corte Internacional da Justiça e a Corte Permanente de Arbitragem, além de vários outros mecanismos de busca ou garantia de justiça, há mais de um século. Natural então que uma disputa de peso como a que envolvia todos os interesses americanos no Irã recebesse um tribunal específico na cidade. A questão da hidrelétrica era uma entre elas. Existiam três juízes: um americano, um iraniano e um holandês. O nome do Nelson foi indicado como possível perito. Os iranianos não concordaram e defenderam que, por ser brasileiro, se alinharia aos interesses do adversário. Depois que um alemão declinou o convite, o nome do Nelson voltou e foi aprovado. Nelson logo percebeu outra oportunidade se apresentando.

Imaginava que um ótimo desempenho nessa missão poderia lhe render boas indicações mundo afora. Iria se dedicar, como sempre.

A dinâmica era bastante interessante, ele lembra. Uma mesa enorme onde em uma perna ficavam os americanos, na outra os iranianos; na verdade, as equipes estavam desbalanceadas, cinco advogados ocidentais e apenas um oriental. Foi a primeira vez que ele ouviu o conceito de contraditório, ou seja, quando a opinião contrária é manifestada, tudo de forma pública, para os dois lados. Os americanos apresentavam faturas e comprovantes dos serviços executados, pediam o equivalente a 12 milhões de dólares da época. O iraniano tinha uma premissa clara: não eram engenheiros, não entendiam do assunto e contrataram uma firma especialista exatamente por esse motivo. Tal especialista efetivou o projeto com falhas, que resultaram em novas obras, que implicaram mais obras. O pedido deles não era apenas não pagarem os 12 milhões, queriam 200 milhões de dólares para cobrir os prejuízos decorrentes da operação.

Tudo era apresentado para os dois lados. Houve um encontro em Haia em que todas as dinâmicas foram apresentadas e as bases das questões, discutidas. Os juízes faziam perguntas para que os peritos pudessem estudar e enviar os relatórios. Nelson partiu em busca de fatos e evidências, fez um relatório técnico, direto. Relatório feito e enviado para as duas partes, primeiro chegou a manifestação dos iranianos. Os antes desconfiados não pouparam elogios, quase esfuziantes, pedindo inclusive autorização para agregar a peça num estudo de caso que pretendiam incluir nas universidades do país. Não fizeram ou recomendaram nenhuma alteração. Ao ler a posição deles, por um momento Nelson se questionou se não teria sido parcial em prol dos iranianos. Sabia que não, mas começou a pensar o que poderia vir dos americanos. A certeza de um trabalho bem-feito veio com a posição dos Estados Unidos: praticamente também concordaram com tudo o que tinha posto, sugerindo pequenas variações que o Nelson considerou nuances e não alterou.

Claro que o clima era tenso, como estava a situação no Irã. Mesmo protegidos pela imparcialidade e diplomacia holandesas, havia pressão para os casos extrapolarem os fatos. Eram regimes políticos, econômicos e até religiosos que estavam sendo julgados. Os iranianos não tiveram sua demanda atendida, não ganharam, mas entenderam que podiam confiar naquele brasileiro que, no início, pensaram que poderia ser influenciado pelos americanos. Aquele relatório técnico, conciso e preciso e a posição séria, inclusive quando Nelson repreendeu um dos advogados que, por ironia, resolveu rir de uma resposta de um iraniano — "deu de dedo", segundo ele —, foram responsáveis por mais trabalhos. Foi chamado para o Irã e indicado pela Harza para outros casos. Se, como diz o Pacelli, e o Nelson gosta de repetir, "a água é precisa", ele não mede esforços e estudos para ser o mais preciso possível.

Não se esqueça da minha Caloi — cada um brinca com o que gosta! Nelson, com Itaipu

Em algum momento da vida como pai, Nelson deve ter deparado com um pedido: "Não se esqueça da minha Caloi!". Foi uma campanha muito efetiva do fabricante de bicicletas que marcou mais de uma geração de brasileiros. Foi lançada em 1978, mas reproduzida durante toda a década seguinte. Tratava-se de um filho persistente que deixava recado para o pai não se esquecer desse presente específico no Natal. Cada um brinca com o que mais gosta. Se o pai Nelson teve de comprar bicicletas para os filhos, o adulto não deixou de pedir a oportunidade de "brincar" com o que mais queria então: operar um vertedouro.

Ele tinha gostado de saber o que os soviéticos haviam conseguido na Sibéria. As informações foram importantes para o projeto de Foz do Areia, e quando a barragem ficou pronta, e havia água abundante sem a operação total das máquinas, puderam fazer inúmeras medições porque ficaram mais de um dia fazendo esses testes. A importância desse fato é que somente assim é possível eliminar os efeitos de escala; os aeradores que haviam sido incluídos depois da viagem a Sibéria puderam ter seus resultados mais bem medidos porque nos ensaios em pequena escala a viscosidade e a densidade superficial interferem, mas Nelson queria mais. Se ter como campo de testes uma barragem cuja usina é capaz de gerar 1.676 MW como Foz do Areia já é um diferencial, que dirá uma obra bem maior? A maior do mundo?

Foi isso que Nelson conseguiu durante uma manhã, não na barragem como um todo, mas numa calha do vertedouro de Itaipu: ir regulando a vazão de 0 a 10.000 m³/s, com medidas intermediárias a cada 2.000 m³/s. Era observar, medir, fotografar, refletir, discutir e passar para a medida seguinte. Exercício fundamental para entender o fenômeno real sem os efeitos de escala. Aquela manhã em Itaipu gerou um artigo que obteve repercussão. Nelson ainda faria seus testes de aeração em mais duas barragens em tamanho natural, e quando a International Association for Hydro-Environment Engineering and Research (IAHR) decidiu publicar um livro sobre o assunto, pôde perceber que ele não tinha nada de brincadeira para o Nelson.

A primeira ideia era que o *Air entrainment in free surface flows* fosse resultado do trabalho conjunto de alguns dos principais especialistas mundiais no assunto. A questão era que nem todos pensavam da mesma forma e, dentre eles, o único que tinha experiência em medições em escala real era o Nelson. E você, leitor, se não conhece bem o biografado pessoalmente, já pôde perceber que não é do tipo que muda o discurso para agradar quem quer que seja. Assim que foi convidado, Nelson questionou que os autores não estavam totalmente alinhados; conhecia a produção dos outros e não vislumbrava um acordo, e isso poderia atrapalhar o bom andamento do livro. O responsável pela iniciativa era um alemão, ex-professor de Iowa, de quem Nelson se lembrava do tempo em que estivera lá. Concluiu, depois de ter falado com os outros, que era apenas uma questão de ajuste. O trabalho começou à distância e as divergências foram crescendo. Nelson achou melhor pedir logo uma reunião, que foi marcada em Zurique. Os primeiros esforços de trabalho conjunto resultaram num esboço entregue nos quartos à noite.

No dia seguinte, enquanto o especialista em mecânica dos fluidos apontava que o relatório estava ótimo e que não via razão ou tampouco tinha disposição física para mudar, o brasileiro foi na direção contrária: disse que não só o material tinha muitos pontos fracos, mas eram muito fracos. O suíço perdeu o controle, bateu na mesa e o Nelson manteve a calma. Optou pela ironia ao perguntar para os demais quem ali era o latino e quem era o anglo-saxão. Depois de mais um pouco de discussão, a decisão não salomônica: cada um trabalharia num capítulo com autoria identificada. O do Nelson se chamou "Prototype aerator measurements". O progresso do conhecimento sofre com as limitações e vaidades humanas!

Outro professor de Iowa estava envolvido no projeto. Já tinha se aposentado e passava parte do ano nos Estados Unidos, parte na Suécia, terra da esposa, e se envolvia cada vez mais com a edição de artigos técnicos sobre hidráulica. Nelson gostou dos pitacos que o homem deu no texto dele. Quando fez o relatório geral de um congresso internacional de barragens, contratou o ex-professor para deixar o inglês impecável, partindo da premissa de que um ótimo conteúdo numa forma mediana pode pôr muito a perder. Como já dito, ele sempre prezou muito pela qualidade da própria produção. O livro virou referência e os anais do congresso, também. Nelson definitivamente não brinca em serviço.

O Brasil voltou a crescer, mas faltou energia; no mundo, paz

No dia 1º de janeiro de 1995, o mineiro Itamar Franco passou a faixa presidencial para seu ex-ministro da Fazenda, Fernando Henrique Cardoso. A esperança de um novo Brasil era elevada, o real se mostrava forte, a inflação estava sob controle. Nas décadas seguintes atingiria dois dígitos apenas duas vezes: em 2002, na expectativa de como seria o governo de esquerda do PT (Partido dos Trabalhadores), e em 2015, quando o PT, no comando da economia, depois de manter a orientação anterior, resolveu fazer algumas experiências. Mas, se houve inflação, essa deixou de ser uma preocupação vital para os brasileiros. O país foi se integrando a um mundo cada vez mais globalizado e assistindo à ascensão da China e de alguns tigres asiáticos. A Coreia do Sul fez uma transformação educacional e colhe frutos. Uma consultoria criou o conceito dos Brics (Brasil, Rússia, Índia, China e, depois, África do Sul) para destacar que o eixo estava mudando. A Europa não imaginava que seria tão difícil caminhar unida e as diferenças religiosas foram mostrando seu perigo. O terrorismo foi capaz de gerar imagens impensáveis, de matar milhares de pessoas e deixar milhões delas assustadas. O mundo segue gastando bilhões em segurança e as pessoas continuam se sentindo inseguras.

Talvez a grande marca da última década do século XX e das duas primeiras do século XXI tenha sido o acirramento das diferenças religiosas por trás do terrorismo e a enorme democratização e mudança cultural trazidas pela internet — não à toa, completamente censurada na China, em teoria ainda comunista, embora cheia de bilionários e com a posição de maior economia do mundo assegurada, uma questão de tempo e critérios. O mundo ficou mais integrado; algo acontece num extremo e em segundos é visto no outro, espalhando-se por todos. A dependência humana de máquinas e de energia não para de aumentar. Nem todos os esforços por implantar fontes renováveis e a preocupação necessária com a preservação do planeta são capazes de equilibrar a demanda. Será necessário prover fontes de energia, cuidar delas.

No Brasil, grande parte das empresas do setor elétrico foi privatizada. É possível cada vez mais sentir a presença do capital chinês. Também no setor elétrico foi criada uma agência reguladora, a Aneel (Agência Nacional de Energia Elétrica), modelo que sofre se usado politicamente pelo governo de plantão. Sob a Aneel foi criado o órgão que de fato operacionaliza o setor e tenta impedir que o sistema sofra ou colapse — como aconteceu no governo FHC, já relatado aqui, e voltou a acontecer no governo Dilma, além de colocar vários governadores apelando para soluções nada técnicas, olhando para o céu esperando não apenas chuvas, e sim dilúvios, mas apenas sobre os reservatórios —, o ONS (Operador Nacional do Sistema Elétrico). O ONS é o principal órgão responsável pela coordenação e controle da operação das instalações de geração e transmissão de energia elétrica no Sistema Interligado Nacional (SIN) e pelo planejamento da operação dos sistemas isolados do país; praticamente interligou todo o território brasileiro. No site do operador é possível entender como era a matriz brasileira em 2017 e onde estão sendo feitos os maiores investimentos até 2022.

Grandes projetos hidrelétricos já não são discutidos. A bacia que ainda tem potencial a ser explorado é a Amazônica, mas questões ambientais colocadas aqui estão desestimulando o surgimento de novos grandes projetos e talvez não estimulando o surgimento de outros Nelson Pinto. Quando Nelson se formou e trocou o DER pela Copel, o Brasil gerava muito pouca energia elétrica. No Paraná, antes da construção da usina do Capivari-Cachoeira, a capacidade era de 150 MW por ano; só a usina nova acrescentou 260 MW. No Brasil todo, no ano de 1974, o primeiro contabilizado pelo Ministério das Minas e Energia, a capacidade de geração era de 18.133 MW. Nos últimos quarenta anos esse número cresceu para os mais de 155.000 MW da tabela abaixo, oferecendo oportunidades de crescimento para os profissionais do setor. Verdade que o Nelson soube utilizar essas oportunidades e outras descritas neste livro e tornou o mundo a sua área de atuação, como poucos brasileiros nos mais diversos setores.

Se o governo Fernando Henrique Cardosos empreendeu algumas reformas e estabilizou a economia, superando crises globais como as do México e da Rússia – num mundo globalizado, economistas usam o tal efeito borboleta, quando o simples bater de asas desse inseto pode originar até um tufão no outro lado do mundo – por outro lado não teve força política para realizar todas as transformações que adversários mais à esquerda insistiam em classificar como neoliberais. Seguiram pendentes três reformas fundamentais: tributária, da previdência e política.

Fonte	2017		2022			
	Capacidade instalada (em MW)	%	Capacidade instalada (em MW)	%	Aumento (em MW)	Var. %
Hidrelétrica	105.406	67,8	113.395	65,6	7.989	7,6
Biomassa	13.623	8,8	13.829	7,9	206	1,5
Térmica (Gás + GNL)	12.597	8,1	15.641	9,0	3.044	24,2
Eólica	12.309	7,9	15.373	8,8	3.064	24,9
Térmica (Óleo +Diesel)	4.732	3,0	5.018	2,9	286	6,0
Térmica (Carvão)	3.138	2,0	3.420	2,0	282	9,0
Nuclear	1.990	1,3	1.990	1,1	0	0
Solar	952	0,6	3.638	2,1	2.686	282,1
Outras	779	0,5	950	0,5	171	22,0
Total	155.526	100	174.254	100	18.728	12,0

Se na final da Copa da França em 1998 a equipe brasileira entrou estranha, com o atacante Ronaldo sofrendo convulsões pouco antes da partida e os jogadores abatidos em campo, frustrando a esperança do pentacampeonato em sequência, em 2002 a história foi diferente. Sem saber o que era empate, o ataque comandado por Ronaldinho, Rivaldo e Ronaldo marcou dezoito gols e a defesa tomou apenas quatro. A final foi contra a Alemanha, seleção que doze anos depois entraria para a história do futebol brasileiro e deslocaria o fracasso do Maracanã em 1950 para o segundo maior palco do esporte em Copas no país. Melhor nem lembrar o que ocorreu no Mineirão e parar de falar de futebol.

A eleição de 2002 apontou o desejo de renovação que colocou no Palácio do Planalto o ex-metalúrgico Luiz Inácio Lula da Silva. A carta aos brasileiros, sua intenção de acalmar os mercados e o início da gestão serviram como grande estímulo aos mercados. Lula soube utilizar alguns programas sociais de seu antecessor, ampliando-os, mantendo firmes as regras fiscais do governo anterior, e priorizou a inclusão de uma grande parte da população no mercado de consumo. Foi um *boom*: o Brasil voltou a ter altas taxas de crescimento e todo o país pôde sentir na pele como faltava investimento em infraestrutura e como faltavam condições políticas para que todos conseguissem priorizar os interesses gerais. Lula conseguiu eleger presidente sua ministra Dilma Rousseff em 2010, além de um número grande de aliados, deixando o governo em níveis elevadíssimos de popularidade.

Dilma Rousseff, que foi atrapalhada pelos escândalos de corrupção que começaram a aparecer e pela sua visão da economia, conseguiu se reeleger em 2014 à custa de muita falta de transparência, da situação econômica e da promessa de solução. As disputas políticas aumentaram, enquanto o Brasil se colocava na pior recessão desde a grande crise de 1929, com dois anos de PIB negativo em patamares superiores a 3%, deixando o governo de Dilma como o terceiro pior da história em termos de crescimento econômico. Um processo de impeachment foi aprovado, o segundo em menos de três décadas, e assumiu o vice-presidente Michel Temer. Novos escândalos de corrupção surgiram e a recuperação econômica ficou aquém da expectativa possível. Em 21 de março de 2018, 83 milhões de brasileiros ficaram no escuro. O problema foi uma sobrecarga no disjuntor numa linha de transmissão de Belo Monte, que, para evitar maiores problemas, foi desligado.

No Paraná, Roberto Requião, por três vezes, e Jaime Lerner, uma vez, ocuparam o Palácio Iguaçu. Em 2010 foi eleito Beto Richa, reeleito em 2014. Richa enfrenta uma série de denúncias e é filho de José Richa, também ex-governador e ex-diretor geral de Itaipu. Nenhum deles privatizou a Copel. Se o estado soube enfrentar algumas crises, entrou mesmo como destaque no cenário nacional pela 13ª Vara Federal Criminal de Curitiba. A operação Lava Jato já colocou pessoas que pareciam intocáveis, dos setores público e privado, atrás das grades. Teve um de seus alicerces no juiz Sérgio Moro, mas ainda há muito a ser esclarecido no Brasil.

No mundo, se Khomeini parecia uma experiência radical e isolada, o Afeganistão, no primeiro momento, ficava muito distante. Estados Unidos e União Soviética adoravam se enfrentar de forma velada, durante a Guerra Fria, sem pesar maiores consequências. A guerra em território afegão durou dez anos. Muitos dos radicais integrariam a base da Al-Qaeda, organização fundamentalista islâmica, a princípio aliada dos Estados Unidos, para expulsar os russos do território afegão, mas que depois se tornou inimiga e autora de vários atentados, o principal deles em Nova York, em 11 de setembro de 2001, quando, depois de sequestrarem aviões, derrubaram, diante das câmeras e dos olhos do mundo todo, as torres do World Trade Center. Uma série de atentados se espalhou pelo mundo. Osama Bin Laden virou o inimigo do Ocidente e conseguiu se esconder por quase dez anos dos principais serviços de inteligência das potências desenvolvidas. Outro ex-aliado americano que depois deu muitos problemas foi o ditador Saddam Hussein. Aliado contra Khomeini, colocou seu Iraque em guerra contra o Irã até 1988. Mas as ambições do iraquiano fugiram do controle e do interesse americano: ele invadiu o Kuwait depois de apenas dois anos de um período de paz. Então os Estados Unidos entraram efetivamente na batalha, com a rede CNN mostrando tudo ao vivo para o mundo. Terminada essa fase, Husseim virou inimigo do Ocidente e, à vista dos principais líderes, se armava quimicamente.

Em 2003, uma coalizão liderada pelos Estados Unidos bombardeou o Iraque, invadindo o país e permanecendo nele até a captura de Hussein, que foi preso, julgado, condenado e enforcado no final de 2006. O mundo foi se radicalizando. Conflitos sírios trouxeram à tona as barbaridades do Estado Islâmico. A União Europeia, que derrubou fronteiras comerciais e de trânsito de pessoas, implantando o euro como moeda para grande parte de seus então quinze membros, a partir de 1º de janeiro de 2002, atingiu 28 países e em 2018 negocia quando efetivamente o Reino Unido irá se retirar, marcando a primeira baixa. O mundo conectado digitalmente enfrenta barreiras culturais e religiosas.

Quem tinha medo de Saddam Hussein? Helicópteros confiáveis

Esse brevíssimo panorama do mundo nas últimas décadas sinaliza quanto o lado oriental, onde existe elevada concentração de grandes barragens e utilização de hidrelétricas, também costuma ter um ambiente político agitado, e isso há bastante tempo, fato que sempre acrescentou um componente de mistério e talvez insegurança às viagens para aquela região — para quem ia e para quem ficava. Ou seja, para o Nelson e para a Maria do Socorro e os filhos. China, Rússia, Paquistão, Tajiquistão, Turquia, Vietnã, Malásia, Irã, Egito e Mianmar, além de alguns países africanos, estão entre os países onde grandes projetos hidrelétricos foram construídos.

Nelson sempre soube conviver racionalmente com esses ambientes. Do Irã, a reclamação era sobre a cerveja, sem álcool e sem graça, não que fosse um grande bebedor. No Iraque, as restrições para os poucos momentos de tranquilidade no hotel eram menores, podia-se degustar uma dose de uísque.

"Minhas ideias são muito clássicas e antigas. Olhando para a minha vida, chego à conclusão de que a ação básica das coisas é o trabalho contínuo, o olhar no futuro e o aperfeiçoamento constante, a meta continuamente buscada, resolvendo alguns assuntos por dia, a constância."

Ele foi chamado ao Irã quando a barragem sobre a qual havia feito o relatório como perito apresentou um grande problema e quase sofreu uma ruptura total. Partes de mais de 20 metros se soltaram, causando estragos significativos. Ele fez parte do grupo que ajudou a conceber a solução.

Um dos primeiros Boards internacionais de que ele participou foi o da barragem de Baduch, no Iraque de Saddam Hussein. A estrutura da barragem de Mossul, a montante, tem uma espécie de doença crônica na fundação e um reservatório enorme. Caso algum problema viesse a acontecer, haveria risco real de considerável inundação em Bagdá. A solução era construir outra barragem a jusante da original, com um reservatório de igual tamanho, deixado vazio, para assimilar as águas caso um acidente ocorresse. Tudo ia bem até a invasão do Kuwait. O ambiente de guerra interrompeu as obras, que depois foram pilhadas pelos curdos. O risco hidráulico ficou esquecido diante de tanta confusão. Nelson, com o advento do Google Earth, pesquisou algumas vezes a região e certificou-se de que o problema ainda existe. A nova barragem não foi concluída. Esse trabalho do Iraque levou-o novamente à Rússia. Todos, na visão dele, foram derivados da atuação imparcial e firme como perito. É claro que também não relaxava nas reuniões do Icold e de outros congressos importantes, e na produção dos artigos, além dos esforços para que o Cehpar mantivesse sua influência nos projetos que lá eram testados. Aliás, num desses congressos, encontrou o Semenkov, que se desculpou, achou que os havia recebido mal, sem abrir todas as informações. Explicou que na verdade as informações e os objetivos da visita chegavam a ele truncados.

Numa das viagens à Rússia ele cismou que queria, em vez de uma matrioska, comprar um ábaco. Bem-humorado, começou perguntando numa espécie de loja de artesanato se eles vendiam *minicomputers*. Demorou, mas o vendedor entendeu e indicou onde ele poderia encontrar alguns modelos de ábacos. Queria mostrar em casa como era o instrumento com o qual ele fazia contas no escritório de projetos do tio Othon. Ao contar isso, ele destacou que sempre foi curioso em relação ao ábaco japonês, mas que este, por ter apenas cinco pedras, exigia mais do cérebro — como se isso faltasse para ele. Nenhum dos filhos me falou do ábaco na entrevista, possivelmente não morreram de amores pelo presente.

Um trabalho que o levou a questionar se valia a pena ter aceitado foi no norte do Paquistão. Chegar a Islamabad já não era a rota mais prazerosa do mundo, mas era apenas o começo. De lá, havia duas opções. A primeira durava duas horas e implicava se acomodar num helicóptero soviético, cujos dois últimos integrantes só subiam a bordo depois que os motores eram ligados e eles podiam deixar os extintores com os quais ficavam de sobreaviso, certos de que o fogo não seria uma ameaça. Sobrevoar aquela região montanhosa e inóspita fazia o Nelson pensar: "Se cairmos aqui, quanto tempo demorará para alguém encontrar os destroços?". Vale lembrar que as montanhas paquistanesas são famosas entre os aventureiros. O K2 é a segunda mais alta do mundo, só atrás do Monte Everest, com seus 8.614 metros e tido por alguns alpinistas como um dos maiores desafios desse esporte — "a montanha selvagem". A segunda opção demorava quase o dia todo, e racionalmente tampouco parecia segura: a Karakoram Highway, construída pelos chineses. Era entrar num carro e se deslocar por uma estrada rudimentar, com 5 metros de largura e cheia de curvas. Só posso concluir que o Nelson tinha um aventureiro dentro dele.

China, e eles queriam aprender

Em 1979, o 13º Congresso do Icold iria acontecer em Nova Délhi, na Índia, entre os dias 26 e 27 de outubro. Foi quando o governo do chinês Ye Jianying achou que seria uma ótima oportunidade para convidar alguns brasileiros a visitar o país e com eles trocar um pouco mais de ideias sobre barragens. Como dito, a China é o país com o maior número desses empreendimentos no mundo, nada menos do que 23.841, das 58.351 que estão registradas no website do Icold. E, afinal, são apenas 3.300 quilômetros que separam em linha reta a capital da Índia da capital da província de Hubei, Yichang, onde eles já esboçavam planos de explorar a região das Três Gargantas, parte do rio Yantzé, o mais extenso da Ásia, com seus 6.380 quilômetros.

Uma missão chinesa já tinha visitado o Cehpar pouco antes. Nelson ficara impressionado com a atenção que aqueles engenheiros dedicavam às conversas e o preparo com que tinham vindo, tendo lido artigos que ele publicara no detalhe, sendo capazes inclusive de questionar alguns números, além do conhecimento técnico sobre as barragens que estavam sendo construídas pela Copel, a ponto de poderem maximizar os benefícios da viagem. Aqui entra uma lembrança do tio Mário, que costumava dizer que, se você vai falar numa audiência, numa conferência, fale certo e direito; não fale como se todos não fossem compreender, é um erro imaginar que não será entendido ou então falar apenas para poucos; nunca subestime sua plateia.

O mesmo detalhamento e vontade de aproveitar os conhecimentos dos brasileiros foi sentido daquela vez. Convidaram alguns representantes de construtoras e de empresas de projetos. Antônio Carlos Holtz foi o representante da Eletrobras, e o professor Pinto era um tipo de convidado a ser mais uma vez questionado. Claro que as empreiteiras, empresas de projetos e fornecedoras tinham interesse em vender serviços e produtos; o Nelson estava ali para trocar conhecimento. Aliás, é um ótimo momento para colocar a opinião do Holtz sobre esse lado do Nelson: "Um homem culto, não apenas um engenheiro, alguém extremamente honesto, intelectual e financeiramente. Nunca imaginei ou poderia imaginar Nelson aceitando favores de empreiteiros, recebendo algum tipo de vantagem. É um camarada muito reto, assim tratava todo mundo, colegas e alunos. Alunos comiam fogo, não tinha isso de filho de não sei de quem, era duro com qualquer um. Alunos devem muito a ele no quesito formação de caráter".

Holtz também lembra que era outra China, bastante fechada ainda. Em Xangai, ficaram em hotel, mas em muitas cidades tornavam-se hóspedes de quartéis do Exército mesmo. Se ao longo do interior a percepção era de um país pobre e tranquilo, na proximidade com as fronteiras era comum ver modernos caças sobrevoando e em alerta, prontos para um ataque.

Se as belezas do rio Yantzé chamavam a atenção dos brasileiros, a atenção de muitos chineses e das chinesas locais se voltava para o cabelo das mulheres brasileiras. Holtz ainda ouviu de alguém que o tamanho do nariz também era estranho para os chineses. As esposas estavam junto porque costumavam participar dos encontros do Icold.

Em 1983 foi a vez de o Itamaraty levar alguns brasileiros para a China, em mais um esforço de abertura de mercado para as empresas do país por lá. Funcionou.

Claro que o Nelson sabe das diferenças entre China e Japão, mas o que aconteceu naquele pequeno país foi um pouco diferente do que se passou na China. Nelson foi numa missão da Eletrosul para avaliar barragens de concreto compactado a rolo. Sabia que a concepção japonesa era mais conservadora do que a adotada entre nós, mas se impressionou com a organização, o profissionalismo e a facilidade de acesso às informações solicitadas. A questão é que acontecia outro evento do Icold e o número de visitantes era grande. Nelson admite que se viu obrigado a forçar a barra. Ciente de que "não" não é a palavra que os japoneses mais gostam de falar, ele insistiu para realizar a visita no mesmo dia que outro grupo de participantes do congresso. Tentou ser incluído no grupo, não conseguiu, mas fez a visita e saiu impressionado com a disciplina dos japoneses e com a habilidade deles de realizar praticamente duas visitas simultâneas sem as duas partes se cruzarem. Ele tinha poucos dias, se ficassem bravos com ele, paciência, teriam de esquecer. Isso mostra um lado mais aguerrido do Nelson que não tinha aparecido, mantendo sempre a educação — quando ouve um "não" que não pode ouvir, não hesita em insistir.

Os congressos do Icold servem para o Nelson colocar para fora sua veia de turista. As programações sempre foram especiais e era um momento em que as mulheres podiam acompanhar os maridos. Maria do Socorro adorava. Para Nelson, era possível discutir aspectos técnicos, mas sem o estresse de algumas das viagens descritas aqui. Além de locais tradicionais, lembra que com a mulher pôde visitar a Lapônia, a Noruega, Bali, a Islândia, entre muitos outros. Mas chegou um momento em que decidiu que era melhor interromper a atividade nos congressos. Não foi assim tão simples conseguir uma espécie de "desfiliação", mas acreditava que já tinha cumprido a missão. Seguiria, como segue, com alguns projetos, mas num ritmo menos intenso.

Uma nota triste com relação aos congressos foi a associação com um na Noruega do qual ele já não participou, mas que foi o último do geólogo Sergio Brito, na opinião de Nelson, provavelmente o melhor profissional dessa área no Brasil. Brito sofreu uma crise de um problema de saúde já existente, conseguiu voltar ao País, foi operado, se recuperou, mas, em seguida, faleceu. Lamenta que ele se foi muito jovem, na casa dos 50 anos. Era produtivo e muito competente. Como também faz questão de destacar o Joaquim Pimenta e Ávila, mineiro como Brito, mas da área de Mecânica dos Solos. Os dois trabalharam em vários projetos juntos e foram colegas no Board de Belo Monte.

Se fôssemos descrever todas as viagens e consultorias do Nelson pelo mundo poderíamos ter algo próximo a um guia. Nesse guia, uma das curiosidades poderia ser Lesoto, pequeno país de pouco mais de 30.000 km² incrustrado em território sul-africano. Não faltariam histórias. O guia de barragens do Nelson Pinto mostra a exata dimensão do quanto ele já se dedicou academicamente para dominar o assunto. A humildade de, diante dos problemas, estudar e buscar a melhor solução sempre esteve na base de todas as viagens realizadas nas últimas décadas. Foram muitos vistos em passaportes, culturas e horas tentando sempre entender como a água iria se portar em cada circunstância.

SYSTEM 9093
PUMP FLOW

12 – Uma vida técnica — se não fosse em barragens, seria em outra área

Nas muitas horas de conversa com e sobre o Nelson Pinto, o que floresceu e procurei transmitir a você, leitor, foi o perfil de um homem que em nenhum momento se acomodou com as características inatas com as quais veio ao mundo. Alguém que, consciente de sua capacidade intelectual, aceitou e tirou proveito da disciplina do ambiente familiar em que foi criado. Que percebeu os benefícios da curiosidade e da busca pelo conhecimento e utilizou a combinação dessa conjunção para escolher e reforçar a decisão por um lado técnico. Alguém que entendeu que, para prescindir do lado político da vida, teria de ter, além de sorte e muita dedicação, bastante competência. Isso ele buscou sem preguiça, nos livros, nas salas de aula ou diante das imensas intervenções na natureza que as barragens representam, *in loco,* estivesse a poucos quilômetros de casa, no caso do Capivari, ou a muitos milhares de quilômetros, nem sempre com acesso fácil e cômodo.

Nelson tem um lado prático, fiel à matemática e à engenharia. Não sofreu com grandes questões da humanidade, não se preocupou em explicar o todo. É extremamente sábio ao reconhecer que ainda trabalha aos 86 anos porque "pensar em problemas de engenharia é a maneira como, para mim, o tempo passa mais rápido". Portanto, é dos que se alinham a Dante Alighieri, que, em seu Purgatório, declarou: "pois perder tempo desagrada mais a quem conhece o seu valor".

Possivelmente teria colhido mais se menos rígido fosse. Teria colhido mais sorrisos, palavras de admiração, brincadeiras e sentimentos positivos. De índole tímida, porque no fundo tem autoconhecimento privilegiado, preferiu a segurança de uma "casca protetora". Abriu mão de alguns momentos de leveza porque sabia assim economizar outros não tão leves, nos quais teria de deixar ainda mais claros seus valores, o que não se furtou de fazer quando necessário. Ainda prefere pensar nas questões de Oroville apresentadas no prólogo deste livro, ou nas da Colômbia, os dois projetos que ainda o colocam num avião para reuniões e busca de soluções, e sobre os quais prefere que eu não detalhe porque estão em andamento. Esse é o Nelson, alguém que quer fazer um jovem estudante de Engenharia acreditar que é possível contribuir com o desenvolvimento humano a partir das equações e conhecimentos técnicos. Que acredita que vale a pena estudar, se aprofundar, observar e, como fez com vários de seus alunos e membros da equipe, no Cehpar, na Copel ou nas várias associações, escrever e compartilhar o que foi pesquisado e analisado. Ele tende a ser discreto. Claro que gosta de ser reconhecido, tem sua vaidade, mas se esforça para não perder o controle sobre ela. Não sei se conhece a frase de La Rochefoucauld, mas tenta não exigir daqueles com quem convive a conclusão dele: "O que torna a vaidade alheia insuportável para nós é o fato de ela ferir a nossa". Mas teve sua contribuição reconhecida.

Academia de Engenharia, Ordem Nacional do Mérito Científico, Alumni de Iowa, Life Achievement do Icold e ABRH

Quando Maria Isabel e Fernando Nery resolveram incluir Washington como parada da viagem que faziam pelos Estados Unidos em 1995, pensaram que seria uma ótima oportunidade de representar a família, pois o pai dela, Mario de Abreu, estaria lá orgulhoso do sobrinho, ou então de reforçar os laços deles com o Nelson, naquele momento importante para ele. Fernando viu ali uma chance de reconhecer a ajuda que o Nelson havia dado a ele nos tempos em que trabalhava na Bunge. Não imaginavam que poderiam gostar tanto daquela cerimônia. Uma questão de agenda — Maria Isabel acredita que era alguma referente a Israel — impossibilitou o presidente Bill Clinton de comparecer. No fim, foi até mais significativo: quem fez o principal discurso para os novos membros da National Academy of Engineering foi o vice, Al Gore. Mais significativo porque Gore, depois de ter sido vice e perdido uma eleição de forma estranha para George W. Bush, tornou-se um defensor para questões ambientais e tecnológicas, alguém mais próximo da engenharia e das barragens do que Clinton. Quem também estava nos Estados Unidos e resolveu prestigiar foi o engenheiro da Copel Luís Dantas Bruel.

Se Nelson tivesse sido eleito no ano seguinte, teria Bill Gates como colega de entrada; no ano anterior, Craig Barrett, ex-CEO da Intel. A Academia tem a tradição de escolher profissionais que conseguiram feitos muito relevantes para a missão a que se propõe: promover o bem-estar da nação, estimulando uma engenharia vibrante e organizando o conhecimento e *insights* de eminentes engenheiros para fornecer aconselhamento de forma independente ao governo federal em questões que envolvem engenharia e tecnologia. Eu é que não sou capaz de reconhecer esses nomes mais técnicos. Além dos dois citados, reconheci Lee Iacocca, eleito em 1986 e que fez algumas transformações na indústria automobilística americana e mundial; Shoichiro Toyoda, também eleito em 1994 e que assumiu a empresa criada por seu pai e a ajudou a se desenvolver enormemente, causando muita dor de cabeça para Iacocca quando a Toyota invadiu os Estados Unidos; e Louis Gerstner, eleito em 1998 e responsável pela reinvenção da IBM. Por esses três nomes já dá para ter uma ideia da importância dos eleitos. No currículo do Nelson, na admissão, consta "consultor independente em Engenharia Civil e Hidráulica", e o mérito pela indicação se deve à solução do problema da cavitação e a outras contribuições para soluções hidrelétricas, como já foi citado neste livro. Valeu a pena ter ido à União Soviética — os vários *niets* foram transformados em uma solução que o Nelson insiste em dizer que foi mais conjunta do que a Academia Americana acredita.

Ele sempre soube da importância desse reconhecimento, mas na hora de receber o mérito, optou por estar apenas com Maria do Socorro. Depois do coquetel, servido numa sala de paredes de madeira escura, convidou Maria Isabel e Fernando para um jantar. Este lembra que o vinho era muito bom, igual ao papo e ao sentimento de felicidade que vertia do rosto do Nelson, e do de orgulho de Côde. Quem não gostou de não terem sido incluídos foram os filhos. Estariam lá se a personalidade do pai fosse mais exibicionista.

Em 15 de outubro de 1998, então das mãos do presidente da República, Fernando Henrique Cardoso, Nelson recebeu a Ordem Nacional do Mérito Científico, concedida a personalidades brasileiras e estrangeiras como um reconhecimento por contribuições científicas e técnicas para o desenvolvimento da ciência no Brasil. Tozzi, muito orgulhoso, foi quem o acompanhou na cerimônia. Nelson guarda o diploma na sala do escritório em casa, não se permite pendurar nenhum desses no escritório no centro de Curitiba — mesmo que não seja característica do seu negócio receber clientes, é como se não precisasse rever esses símbolos. Não é para eles que olha quando o filho Rodolfo liga com um problema tarde da noite, é nos livros que mergulha em busca de solução. Esse é o Nelson.

Em 7 de junho de 2002 ele foi eleito para o Hall da Fama Academia dos Ex-alunos Distintos da Escola de Engenharia da Universidade de Iowa, prêmio que o deixou tão contente quanto os dois anteriores. No fundo, Nelson lamenta que a vida acadêmica no Brasil tenha muito mais dificuldades do que a nos Estados Unidos. Foi apenas um ano em Iowa City, mas foi produtivo, estimulante, definidor. Ele não mediu esforços para manter os padrões que viu e aprendeu por lá nas décadas aqui no Brasil. Deu para a universidade muito mais do que as horas que estavam no contrato; coordenou uma equipe aguerrida que tampouco mediu esforços para responder ao estímulo e ao empurrão inicial do mestre Parigot. É hora de voltar ao atletismo: ele recebeu o bastão, treinou e estimulou os outros a treinarem a passagem desse bastão e a darem o máximo de si, inserindo como modelos as principais equipes do mundo. Nelson mirou o global e quis passar isso para os que estavam a sua volta.

Um pouco antes de Iowa, ele também já tinha sido lembrado no Icold ao receber o prêmio pelo Life Achievement. Por último, recebeu o prêmio da ABRHidro (o novo nome da associação de recursos hidricos) em 2017, já descrito aqui. Mas o que impressiona no caso do Nelson é a determinação em seguir, em pegar um problema do início e querer resolver. É a capacidade de se manter relevante mesmo com toda a transformação tecnológica que o mundo experimentou. Ele não é digital. Sabe consultar se as obras da barragem no Iraque foram retomadas, comunica-se por e-mail e WhatsApp, mas ainda defende que os modelos físicos são importantes, embora reconheça quanto as máquinas avançam no ambiente profissional. Nelson foi hidráulico, mas poderia ter sido digital se tivesse nascido alguns anos depois. Ele soube resolver os problemas que se colocaram diante dele, soube escolher as variáveis, soube dimensionar a necessidade e se especializou em um mercado durante o auge dele. Poderia colocar o mesmo entusiasmo em outra área da engenharia. É um tanto desse entusiasmo e capacidade de criar um mercado para si mesmo que ele acredita que todo engenheiro deve considerar. Ele achava que não era necessário transigir, e foi com essa premissa que levou a vida. Claro que em vários momentos contemporizou, mas, na maior parte do tempo esteve ali, duro, numa espécie de reserva de valor, de buscar o que é certo, de provar que a definição de engenharia pode e deve ser vivida na prática: a arte de aplicar os conhecimentos científicos à invenção, aperfeiçoamento ou utilização da técnica em todas as determinações.

Mas, se quando jovem se achava um corredor de 100 metros mediano, provou na vida que é de fato um fundista, um atleta de longas distâncias, de fôlego, daqueles capazes de encarar os muitos quilômetros de uma prova com determinação e rigor na estratégia. Colaborou com o desenvolvimento da sociedade a partir da Hidráulica, sempre quis incentivar a engenharia e os jovens engenheiros, sendo exigente como é consigo mesmo. Belo Monte é um dos principais projetos hidrelétricos do mundo, daqueles que os profissionais gostam de ter no currículo, independentemente da etapa da vida em que estiverem. Vale também para o caso do Nelson. Mas esse é um caso muito particular. Tendo conquistado possivelmente todas as posições que o seu caminho escolhido possibilitou alcançar, tendo regularmente sido aprovado e não aliviado na avaliação de seu mais intenso crítico, ele mesmo, Nelson, com mais de 80 anos, não hesitou em ir a reuniões em Belo Monte — segunda maior usina brasileira, situada na bacia do rio Xingu, entre os municípios de Altamira, Senador José Porfírio e Vitória do Xingu. O caminho e o tempo de deslocamento de Curitiba até lá, geralmente iniciado num domingo, são os testemunhos da dedicação dele à profissão, à causa, à engenharia. Ele parte de Curitiba, vai até Confins, ainda de avião até Altamira e de Altamira de carro até a usina, em plena Floresta Amazônica. Não é sem esforço. Nelson é daqueles que concorda com o escritor Isaac Asimov, um dos mestres da ficção científica, que parece ter também um lado pragmático: "A ciência pode nos divertir e fascinar, mas é a engenharia que muda o mundo". É essa mudança que ele gostaria de deixar clara aos jovens. Ele espera que a leitura deste livro mostre e inspire jovens engenheiros a buscar soluções construtivas como ele foi buscar para os túneis do Capivari —assim revela seu lado professor. Embora nunca tenha sido um astro das salas de aula, optando pelo rigor e seriedade, foi daqueles professores marcantes, que tentou e, na maioria das vezes, conseguiu, elevar o nível de exigência dos alunos, fazendo o mesmo nos projetos em que trabalhou, mesmo de forma não direta.

Nelson não transigiu. Estudou uma das mais poderosas forças da natureza para encontrar a melhor maneira de se aliar a ela. Reconheceu que era mais técnico do que empreendedor ou político e buscou seu espaço. E, aos 87 anos, Nelson Luiz de Sousa Pinto segue pensando nos problemas de engenharia para fazer o tempo passar. Não pode mais dividir tudo com a Maria do Socorro, como fez e imaginava que seguiria fazendo. Como sabe que a água é precisa e busca uma passagem, tem de colocar todo o conhecimento para estruturar da melhor forma possível uma barreira, e então utilizar a força da natureza e um tanto de tecnologia, de forma ordenada, para criar energia. Isso ele pode serenamente concluir que fez: contribuir de forma efetiva com a geração de energia no Brasil e no mundo, na divulgação da engenharia brasileira por todos os continentes. E segue viajando, em parte porque não planejou parar, mas principalmente porque se satisfaz sendo engenheiro.

Anexos:

dois textos e o currículo de
Nelson L. de S. Pinto

PÓS-GRADUAÇÃO – 30 ANOS
(2016)

O aniversário de 30 anos do Curso de Pós-Graduação de Hidráulica e Hidrologia, atual Engenharia de Recursos Hídricos e Ambiental, é uma data que merece comemoração e reflexão, principalmente sobre a história das iniciativas e esforços que nos permitiram chegar até aqui.

É o resultado da contribuição universitária de muitos. Coloco seu início em 1948, com a tese, apresentada pelo prof. Pedro Viriato Parigot de Souza, "Determinação da Vazão dos Rios", em concurso para a cátedra de Hidráulica Teórica e Aplicada, na então Faculdade de Engenharia da Universidade do Paraná.

Em 1959, com a Universidade já federalizada, o prof. Parigot, com a participação de seu assistente, prof. Isaac Milder, teve a iniciativa de criar o Centro de Estudos e Pesquisas de Hidráulica e Hidrologia (Cephh).

Instalado no Centro Politécnico, em construção, seus primeiros trabalhos incluíram um modelo em fundo móvel para a tomada de água da usina termelétrica de Figueira e a instalação de uma rede de pluviógrafos na região de Curitiba, para o estudo de chuvas de alta intensidade.

A tese de livre-docência, "Erosão ao Redor de Pilares de Ponte", que defendi em 1961, foi o resultado de um primeiro trabalho de investigação experimental, ainda realizado nos porões da antiga Escola de Engenharia, no centro da cidade, aproveitando o canal de paredes de plexiglass do pequeno laboratório didático de demonstração, adaptado com um fundo falso para a reprodução do fenômeno erosivo. A defesa de tese ocorreu no Centro Politécnico, recém-inaugurado.

O Cephh, uma instituição exclusivamente universitária, graças aos seus estatutos aprovados pelo Conselho Universitário, gozava de alguma liberdade administrativa, que lhe permitia a contratação direta de pessoal.

Constituiu assim um pequeno grupo de engenheiros, técnicos e artífices, que permitiu um rápido progresso na execução de modelos hidráulicos para clientes externos, "no início a Copel" (UHE Salto Grande do Iguaçu, UHE Capivari-Cachoeira, UHE Foz do Chopim), além de estudos hidrológicos vários, em consequência do rápido crescimento do setor elétrico a partir de 1963.

Entre 1967 e o início da década de 1970, com a execução dos modelos de Salto Ozório, para a Copel, e São Simão, para a Cemig, o aumento das atividades e da escala das operações chamou a atenção da Universidade, que exigia o cumprimento das regras burocráticas da administração federal. Apesar da viabilidade econômico-financeira demonstrada pelo Cephh, que cobrava suas despesas dos clientes com uma boa margem de lucro, a Universidade não encontrou solução administrativa aceitável no âmbito da própria Universidade.

A solução encontrada foi passar os funcionários do Centro para a Copel, sob a presidência do prof. Parigot desde 1963, e colocar o pessoal à disposição da Universidade por meio de um convênio.

A medida, inicialmente adotada para os funcionários de maior salário, que fugiam aos padrões da Universidade, foi em seguida estendida a todos, por isonomia. Alguns anos depois, as compras passaram também a ser efetuadas pela Copel, para facilitar os controles de almoxarifado.

Ganhava-se flexibilidade, não se contrariavam as normas administrativas da universidade federal e a direção do Centro mantinha-se com a Universidade.

Em 1967, o prof. Parigot havia proposto uma alteração do estatuto do Centro, para permitir que o diretor fosse outro professor da área de Hidráulica que não o catedrático, e fui designado para o cargo.

A denominação "Centro de Hidráulica e Hidrologia Prof. Parigot de Souza" (Cehpar), seguiu à sua morte em 1973, como governador do estado, em uma época em que o Centro ganhava uma escala maior de atividades e instalações, com a execução simultânea dos modelos hidráulicos de Itaipu, Salto Santiago e Foz do Areia.

A área de Hidrologia também se expandia, com os trabalhos de consolidação e análise da consistência de séries fluviométricas de interesse energético da Região Sul do Brasil, outras questões de hidrologia aplicada e o início dos estudos de hidrologia estocástica e de planejamento energético, já no início da década de 1980.

Em 1976, um novo convênio UFPR/Copel manteve o sistema de cooperação da Copel, que se comprometeu a continuar colocando à disposição do Cehpar o pessoal técnico e administrativo necessário à continuidade dos trabalhos universitários do Cehpar, e, pela primeira vez, mencionou a intenção de se desenvolver um Curso de Pós-Graduação em Engenharia Hidráulica. As atividades de formação, no período, limitaram-se ao incentivo e apoio aos planos individuais de pós-graduação do próprio pessoal do Centro.

Em 1986, o Cehpar deu início ao curso de mestrado com áreas de concentração em Obras Hidráulicas e Recursos Hídricos.

Em novembro de 1989, o Cehpar completou 30 anos, sempre sob a égide da Universidade, e promoveu um seminário para comemorar o evento, registrar sua história e os principais trabalhos e estudos realizados, e explorar as expectativas da evolução futura da pesquisa nos campos da Hidráulica e da Hidrologia, com a participação dos professores Maurice Bouvard, de Grenoble (França), e Vujica Yevjevich, do Colorado (EUA).

Os anais *Cehpar - 30 anos* registram as principais contribuições ao seminário, prestigiado pelo comparecimento de mais de cem hidráulicos e hidrólogos de todo o Brasil.

Apesar de uma experiência de formação pós-graduada curta de apenas quatro anos, na ocasião, pôde-se constatar a vocação universitária do Cehpar, que havia produzido, naqueles 30 anos, 38 publicações técnicas próprias, além de 186 trabalhos publicados pelo seu pessoal em outros locais, em um total de 224 publicações.

Em outubro de 1994, o Conselho Setorial do Setor de Tecnologia da UFPR aprovou o novo Estatuto do Cehpar, mantendo um diretor e um diretor adjunto indicados pelo diretor do setor, por períodos de dois anos, e criando um Conselho Consultivo.

Em 1995, deixei o cargo de diretor, substituído pelo prof. Marcos Tozzi. Como presidente do Conselho Consultivo, estive ligado formalmente ao Cehpar até 2000.

Neste meio-tempo, a Copel havia criado o LAC (Laboratório Central de Pesquisa e Desenvolvimento), na área elétrica, em 1982, e o Lame (Laboratório de Materiais e Estruturas), na área de construção civil, em 1994, ambos instalados no campus da UFPR e regulamentados por convênios com a Universidade.

Em 1997, foi criada, com o beneplácito da Copel, uma associação de direito privado que se denominou Lactec, que veio a incorporar o LAC em 1999.

No ano 2000, fruto das pressões vinculadas a um processo que aparentemente visava a privatização da Copel, o Lame e o Cehpar foram incorporados ao Lactec e se definiram os denominados "Institutos Lactec", que absorveram também o então recém-criado Leme (Laboratório de Mecânica e Emissões Veiculares).

O Cehpar se distinguia dos demais laboratórios, LAC, Lame e Leme, por ser, até então, administrado pela UFPR, com funcionários da Copel colocados à sua disposição, enquanto os três outros foram fruto da iniciativa da Copel, ligados à UFPR, principalmente por seu local de implantação no campus universitário. Essa distinção não foi levada em consideração no processo de incorporação.

Os Institutos Lactec são uma Oscip (Organização da Sociedade Civil de Interesse Público), cujos associados são: Copel, UFPR, Associação Comercial, Federação das Indústrias e Instituto de Engenharia do Paraná. A administração de fato cabe à Copel e à Universidade.

A partir de 2000, o diretor presidente tem sido escolhido pelo governo do estado: Alceni Guerra, que substituiu o inicial, Henrique Ternes, da Copel, seguido de Nelson de Marco, Aldino Beal, Aldair Rizzi, Luiz Malucelli Neto, Newton Pohl Ribas, Omar Sabbag Filho e o atual, Luiz Fernando Vianna.

O laboratório de hidráulica e as atividades de hidrologia passaram ao âmbito dos Institutos Lactec. A pós-graduação, como atividade essencialmente universitária, foi transferida ao DHS, onde vem completando os seus últimos 15 anos de existência.

Atuaram como diretores do Centro, a partir de 2000, os engenheiros Ralph Groszewicz, Maurício Muller e Ingrid Muller, até 2014, quando o Lactec designou o eng. Lauro Elias, substituído depois pela eng[a]. Tânia G. Miranda, ambos sem ligação anterior com o Cehpar.

O curso de pós-graduação evoluiu muito bem no âmbito do DHS. Hoje, com a denominação "Pós-Graduação em Engenharia de Recursos Hídricos e Ambiental", oferece cursos em nível de mestrado e doutorado nas opções:

Engenharia de Recursos Hídricos
- Hidráulica Experimental
- Hidráulica Computacional
- Hidrologia Estocástica e Estudos Energéticos
- Hidrologia Determinística

Engenharia Ambiental
- Monitoramento, Gerenciamento, Gestão e Modelagem de Sistemas
- Tecnologias para Sistemas Ambientais

O curso de pós-graduação conta com os laboratórios do Cehpar (Lactec) para suas aulas de laboratório, demonstrações experimentais e apoio para o desenvolvimento de teses e dissertações experimentais. A pouca vocação universitária do Lactec é uma preocupação com relação ao futuro.

O curso de pós-graduação é, por sua natureza, uma das principais prioridades da Universidade. O convênio com o Lactec tem a virtude de aumentar a liberdade administrativa e facilitar a operação dos laboratórios e a condução da investigação experimental, em termos gerais.

Os documentos "Termo de Cessão de Uso" e "Regimento de Uso Compartilhado", que detalham o acordo UFPR/Lactec, no que se refere ao Cehpar, especificam o comprometimento das partes na manutenção dos laboratórios de hidráulica, para a garantia da continuidade das atividades de pesquisa e do atendimento das necessidades do curso de pós-graduação.

Em sua próxima revisão periódica, prevista para 2017, haverá uma excelente oportunidade para definir com maior precisão cláusulas que garantam a continuidade das atividades de pesquisa do Cehpar e a cooperação mais íntima com o DHS, para benefício do curso de pós-graduação, que representa, em termos universitários, a culminação das realizações da Universidade e do próprio Cehpar.

Para concluir, deixo aqui a sugestão para que os temas de prospectiva desenvolvidos pelos professores Bouvard e Yevjevich em 1989 e registrados no documento *Cehpar – 30 anos* sejam confrontados com a evolução realmente constatada desde aquela época, em uma tese de pós-graduação, que certamente trará ensinamentos úteis para a orientação do curso nos próximos anos.

A ESTRUTURAÇÃO DO SETOR ELÉTRICO PARANAENSE - 1961-1970 (2010)

Em um volume inspirado na grandeza da obra de Itaipu, cabe sem dúvida esta tentativa de testemunho sobre o período inicial da grande arrancada do setor elétrico do estado do Paraná, na segunda metade do século passado, no aproveitamento de seu potencial hidrelétrico. Em um cenário pouco favorável, sem paradigmas de referência para orientá-los, mas com o necessário apoio político, alguns técnicos competentes, a partir da criação da Copel, tomaram as medidas que asseguraram o crescimento sustentado do mais alto padrão que se vê materializado no destaque que a companhia alcançou no cenário energético nacional e na sua contribuição para a modernização do Paraná. Registrar essa atuação sob a visão de quem teve a oportunidade de observá-la de perto e nela participar é a intenção primeira destas notas. São destacados alguns homens notáveis e suas ações que continuam, em nossos dias, em grande demanda para o enfrentamento efetivo de novos desafios, reconhecidamente de muito maior escala, mas na essência de natureza idêntica.

Até o início das atividades da Copel, em 1955, a exploração da energia hidrelétrica no estado estava na mão de algumas companhias particulares, em que se destacava a Companhia Força e Luz do Paraná, do grupo Bond and Share, responsável pelo fornecimento à região de Curitiba. Com 18 MW na usina de Chaminé, 22 MW em Guaricana, completada em 1957, e 10 MW de geradores diesel, o atendimento da CFLP à Curitiba correspondia a cerca de 75% da potência total instalada no estado, a exceção dos autoprodutores. A atuação governamental, por meio do Departamento de Águas e Energia Elétrica (Daee), era modesta, distribuída em uma centena de municípios na base principalmente de grupos diesel isolados de 200 a 1.000 kW. Complementavam o atendimento ao sistema paranaense companhias particulares como a Empresa Elétrica de Londrina, a Companhia Hidrelétrica Paranapanema, no norte velho, a Companhia Prada de Eletricidade, na região de Ponta Grossa, Alexandre Schlemm, em União da Vitória, e outras menores, servindo ao todo cerca de 50 municípios.

A Copel foi criada por decreto estadual de outubro de 1954, no final do governo Bento Munhoz da Rocha Neto, mas iniciou suas atividades em meados de 1955. A primeira diretoria incluía o ensaísta Themístocles Linhares como presidente, o advogado Heraldo Vidal Correa como diretor administrativo e o engenheiro Pedro Viriato Parigot de Souza como diretor técnico. Em consonância com o perfil da diretoria, coube naturalmente a Parigot, na época com 39 anos, a responsabilidade de dar à nova companhia sua configuração técnica e delinear suas ações iniciais. A Copel foi constituída como uma companhia mista, nos moldes da Cemig em Minas Gerais, no sentido de ganhar a agilidade das companhias por ações e se colocar favoravelmente diante dos órgãos financiadores pela responsabilidade clara dos diretores e pela facilidade de apresentar as garantias necessárias aos empréstimos.

Parigot era um autodidata, catedrático da cadeira de Hidráulica na UFPr, onde organizara um curso de reconhecido nível técnico, e engenheiro do então Departamento de Portos, Rios e Canais do governo federal. No horizonte modesto do Paraná de então, era reconhecido como um técnico competente que se destacara, no setor, na revisão do plano hidrelétrico do Paraná e pelos debates que se desenvolveram na década de 1950 em torno das dificuldades técnicas da usina hidrelétrica de Cotia, no rio Cachoeira, na Serra do Mar. Teria muito pouco tempo disponível porque o mandato do governo terminava em 1955. De fato, com a vitória de Moisés Lupion em outubro e sua posse em janeiro de 1956, Parigot dispôs de pouco mais de seis meses para sua ação inicial na Copel. Marcou-a com a seriedade e visão que o distinguiriam mais nitidamente no futuro. Encerrou as discussões sobre a viabilidade da obra de Cotia e iniciou formalmente, com contratos específicos, o projeto do Aproveitamento Capivari-Cachoeira, que com seus 240 MW, era a grande esperança do desenvolvimento industrial do estado. Sua ação de maior alcance foi o espírito que criou na empresa nos seus poucos meses de atuação e o legado de técnicos que selecionou ou inspirou, e que vieram a constituir o corpo técnico inicial da Copel, com influência decisiva para o sucesso da companhia na década de 1960.

No período 1956-1960, a Copel expandiu-se administrativamente, absorvendo os serviços de luz e força da maioria das cidades até então servidas pelo Daee, e ganhou uma conotação mais política do que técnica, em uma época em que a luz e a energia eram consideradas como favores políticos a serem ministrados aos apadrinhados conforme suas posições partidárias. Foi um período em que a energia no estado pouco cresceu e apenas pela adição de novos motores a diesel. Sob a chefia de Hiram Lamas, o Departamento de Engenharia da Copel, que contava com nomes como Mauricio Schulman, Péricles Tourinho, Herbert Leyser, Hugo Kremer, Milton Martins Carneiro e Clodoveu Holzman, não só participou do trabalho de absorção dos serviços de luz e força das cidades servidas pelo Daee, como completou o projeto Capivari-Cachoeira e iniciou a exploração dos potenciais do rio Tibagi e do alto rio Iguaçu. O maior mérito do grupo, entretanto, foi o de manter a unidade e garantir o seu próprio aprimoramento técnico em uma atmosfera que não favorecia particularmente a estrita seriedade no trato da coisa pública.

As grandes modificações na estrutura da Copel e em sua ação tiveram início em

1961, no primeiro governo Ney Braga. Ney convocou Parigot, que conhecera como técnico competente por sua atuação em projetos da prefeitura de Curitiba, agora para presidente da Copel, dando-lhe carta branca para resolver de forma definitiva a questão da energia elétrica no Paraná. A situação do estado era crítica. Seus índices de consumo de energia (240 kWh/hab./ano) não atingiam 80% da média nacional (310 kWh/hab./ano), em posição lamentável quando comparada a índices internacionais. Os centros consumidores encontravam-se isolados com suprimentos individualizados, na maior parte das vezes precários. Curitiba continuava com seu atendimento nas mãos da CFLP, sem planos de expansão em face da política tarifária de então. As companhias particulares, Empresas Elétricas de Londrina, Prada, Paranapanema e as demais, mantinham-se estacionárias pela falta de incentivo econômico-financeiro. As cidades atendidas pela Copel, com poucas exceções, eram todas dependentes de geradores a diesel, em alguns casos — como em Paranaguá, Apucarana e Maringá —, de inacreditáveis sistemas interligados de motores a diesel de procedências e potências as mais variáveis, cuja operação sincronizada só era alcançada graças às mágicas do engenheiro Pollati ou de outros operadores igualmente heroicos da época. A Copel fracassara e o codinome de "famigerada" era comumente repetido nos jornais da época.

A partir de 1961, a Copel agiu com rapidez. Rompeu o gargalo do fornecimento na região norte com a execução da linha de transmissão em 132 kV Londrina-Apucarana-Maringá, conectando a Usina de Salto Grande do Paranapanema do sistema da Uselpa, em São Paulo, ao norte de estado, e dando início ao sistema de transmissão em alta tensão que interligaria as usinas e os grandes centros consumidores do Paraná. No litoral, com uma linha de transmissão em 66 kV, ligou Paranaguá com a Usina do Marumbi, na Serra do Mar, que a RVPSC havia construído para um projeto depois abandonado de eletrificação da histórica ferrovia Curitiba-Paranaguá. Em Curitiba, providenciou-se, em 1962-1963, a instalação emergencial de 9 MW no Capanema em unidades a diesel modulares que, atestando o grau da emergência da cidade, chegaram a produzir 20% da energia consumida por Curitiba em 1963.

Da maior importância foi a análise objetiva das condições de geração, transmissão e distribuição da energia elétrica no estado e a sua localização desapaixonada no cenário nacional e mundial, com a finalidade de delinear com clareza o futuro a perseguir e estabelecer as metas de um programa realista que garantisse um enriquecimento gradual e seguro do Paraná. São significativas as metas aparentemente modestas do primeiro programa de energia elaborado no ano de 1963: aumentar a taxa de consumo do estado para 410 kWh/hab./ano em 1970. Isso significava, em face do crescimento rápido da população paranaense, aumentar a capacidade de geração em mais de 300 MW em oito anos. Foram avaliações frias e objetivas como essas que alimentaram a visão política de Ney Braga e o ajudaram a tomar as decisões que tornaram realidade não só o atendimento da quase totalidade das sedes municipais em 1965, como o estabelecimento das bases definitivas dos grandes empreendimentos hidrelétricos, a começar pelas usinas de Salto Grande do Iguaçu, Capivari-Cachoeira e Foz do Chopim.

Aquele posicionamento contrasta com o que vivenciamos no Brasil atual. A avaliação clara e objetiva do problema é substituída por impressões subjetivas de autoridades, expressas nos meios de comunicação, sobre a probabilidade ou não de racionamentos, que variam de ano a ano ao sabor de precipitações pluviais mais ou menos intensas ou de interesses políticos mais imediatos. Não se vê um registro claro da situação energética do Brasil (minguados 0,5 kW instalados por habitante) com respeito ao mundo, nem se definem com clareza as metas a perseguir, que sejam coerentes com o enriquecimento econômico almejado. O futuro do setor elétrico continua nebuloso, à procura de uma definição política.

Mas aquela pronta reação da Copel no governo Ney Braga só foi possível pela colaboração de seu quadro técnico, que se mantivera coeso e atualizado e pôde contribuir de imediato para a efetivação dos programas delineados. Não é coincidência que aquele núcleo básico de engenheiros assumisse posições de destaque desde as primeiras ações sob a liderança de Parigot de Souza. Hiram Lamas foi o primeiro diretor técnico no governo Ney Braga, para em 1963 assumir a posição de diretor superintendente da Eletrocap, subsidiária da Copel, a quem coube a execução do Aproveitamento Capivari-Cachoeira. Em seu lugar na Copel, assumiu Mauricio Schulman, que se destacou na organização técnica da empresa e no planejamento de sua ação. Péricles Tourinho foi o primeiro chefe do Departamento de Engenharia na nova administração. Clodoveu Holzmann, técnico de reconhecida competência, ajudou a estabelecer os padrões elétricos de referência que caracterizaram a alta qualidade dos sistemas de transmissão e distribuição. Milton Carneiro, na Diretoria de Operações, ajudou a estabelecer os padrões de qualidade que vieram a caracterizar os serviços da Copel.

Para o aumento do suprimento de energia ao estado, a Copel, além de assegurar o suprimento da Utelfa, mais tarde Cesp de São Paulo, e da usina do Marumbi da RVPSC, participou da construção da Usina Térmica de Figueira, 20 MW, 1963, e construiu as usinas de Salto Grande do Iguaçu, com 14 MW, concluída em 1967, e Foz do Chopim, com 44 MW, concluída em 1969. Mas a obra de geração que mais marcou esse período inicial foi a hidrelétrica Capivari-Cachoeira. O projeto com características alpinas aproveita o desnível de 750 metros entre o rio Capivari, da bacia do Ribeira, no planalto paranaense, e o rio Cachoeira, no litoral na região do Cacatu, nas faldas da Serra do Mar. Um complexo de túneis, em um total de cerca de 20 km, permite conduzir as águas do rio Capivari até uma central subterrânea e restituí-las ao rio Cachoeira para o aproveitamento de 240 MW.

Capivari-Cacheira era um projeto de dimensões e características inéditas para o país na época. A Copel colocou como meta não só a execução da obra como a realização de um verdadeiro laboratório experimental de formação de quadros técnicos. Apesar da falta de experiência, a Eletrocap, além da administração de todos os contratos de construção e fornecimentos, assumiu a função de detalhar o projeto executivo e definir as especificações técnicas do equipamento eletromecânico. Concluída em fins de 1970, Capivari-Cacheira, hoje com justiça, UHE Governador Parigot de Souza, foi um sucesso técnico incontestável, confirmado por uma operação contínua e segura sem incidentes já por mais de 35 anos. Não de menor importância foi sua contribuição para a formação de engenheiros e técnicos do setor que é sentida até hoje.

No setor de formação, cabe ainda uma menção ao Centro de Hidráulica e Hidrologia, criado por Parigot e Isaac Milder na UFPr em 1959, hoje denominado Cehpar – Centro de Hidráulica e Hidrologia Prof. Parigot de Souza. Sua atuação, colaborando para a realização de modelos hidráulicos de todas as hidrelétricas do Paraná, incluindo Itaipu, na segunda metade da década de 1970, e nos estudos hidrológicos de interesse energético, bem como no próprio planejamento energético, reflete outra vez mais a importância dada por Parigot à formação de *know-how* e ao papel da Universidade na base dos programas de desenvolvimento. Entretanto, os órgãos de pesquisa são hoje menos prestigiados e a Universidade, com algumas poucas exceções, se mantém como há 50 anos, ainda muito alheia e distante das grandes iniciativas e projetos nacionais.

Ao final da década de 1960, instalou-se em Curitiba, sob a égide da Copel, o Comitê Sul, com a tarefa de inventariar o potencial hidrelétrico da Região Sul do Brasil, nos moldes do executado anteriormente para a Região Centro-Sul, e estabelecer as prioridades dos projetos a serem construídos a seguir. Nessa análise, efetuada por uma equipe altamente qualificada, principalmente de engenheiros canadenses da Canambra, se distinguiu a riqueza energética do rio Iguaçu e se estabeleceram as prioridades de investimento nas obras de Salto Ozório, Salto Santiago, Foz do Areia, Segredo, que caracterizaram as décadas de 1970 e 1980. Outra vez foi possível unir à finalidade própria do estudo a função da formação de pessoal. O nível técnico dos trabalhos foi excelente e contribuiu de forma significativa na formação dos engenheiros brasileiros que deles participaram.

Estas recordações são o meu testemunho de uma época heroica, em que destaco a visão de estadista de Ney Braga, a competência e vocação profissional do grande engenheiro e professor Parigot de Souza, o entusiasmo e competência gerencial de Hiram Lamas e o trabalho de grupo de técnicos e administradores competentes que deixou claro o que se pode realizar quando se reúnem competência e clareza na definição de objetivos. Com o aumento de escala que o próprio progresso trouxe ao País, as questões se tornaram mais complexas, o planejamento mais difícil, e a competência mais do que nunca imprescindível. A formação de pessoal torna-se prioridade absoluta e uma definição clara de rumos obrigatória para um Brasil que abrigará daqui a 20 anos cerca de 230 milhões de habitantes.

Nelson L. de S. Pinto
25/03/1932
Curitiba, PR, Brasil

Endereço: R. Petit Carneiro, 979, apto 1701
80240-050 - Curitiba - PR - Brasil
55 41 3016-7765 (com.) 55 41 3243-2703 (res.)
e-mail: pinto.nelson@terra.com.br

Formação

Graduação – 1954	Engenharia Civil Universidade Federal do Paraná Paraná, Brasil
Mestrado – 1959	MState University of Iowa Iowa City, IA, United States
Doutorado/ Livre-Docência – 1961	Hidráulica Universidade Federal do Paraná Paraná, Brasil

Experiência profissional

1955–1987	Engenheiro, Diretor, Consultor Técnico Copel - Companhia Paranaense de Energia Paraná - Brasil
1963–1970	Diretor Técnico - Central Elétrica Capivari - Cachoeira S.A. Eletrocap
1967–1995	Diretor do Centro de Hidráulica e Hidrologia Prof. Parigot de Souza - Cehpar Universidade Federal do Paraná Paraná, Brasil
1956–2002	Professor da Universidade Federal do Paraná Curitiba, Paraná, Brasil

Atividades atuais

Engenheiro consultor, engenharia civil e hidráulica, barragens, energia hidrelétrica.

Principais atividades profissionais

Direção do projeto e construção da usina subterrânea de Capivari-Cachoeira (250 MW, 750 m de queda) – 1963–1970.

Engenheiro consultor da Copel para o projeto e construção da usina hidrelétrica de Foz do Areia, incluindo uma barragem de enrocamento de 160 m de altura e um vertedouro com aeração para uma vazão de 11.000 m³/s (comprimento: 400 m, queda: 120 m). 1974–1981.

Membro da junta de consultores para os seguintes projetos no Brasil:

oz do Areia	Rio Iguaçu	2.500 MW	1974–1981
orto Primavera	Rio Paraná	1.800 MW	1978–1980
egredo	Rio Iguaçu	1.200 MW	1980–1993
ha Grande	Rio Paraná	2.000 MW	1980–1982
orumbá	Rio Corumbá	500 MW	1982
ar. do R. das Velhas	Rio das Velhas	80 m de altura	1983
ova Ponte	Rio Araguari	940 MW	1983–1999
achoeira-Porteira	Rio Trombetas	1.500 MW	1984–1986
ocaina	Rio Paranaíba	165 MW	1988
iranda	Rio Araguari	390 MW	1987–1996
ormoso	Rio São Francisco	300 MW	1988–1989
garapava	Rio Grande	200 MW ud bulbo	1988–1990
ingó	Rio São Francisco	500 MW	1992 -1996
arra do Peixe	Rio Araguaia	127 MW	1985
apim Branco	Rio Araguari	400 MW	1989

ireção dos estudos em modelo hidráulico dos projetos:

Itaipu – 12.000 MW, Ilha Grande, 2.000 MW – Rio Paraná
Foz do Areia, Segredo, Salto Santiago, Salto Osório, Salto Caxias – Rio Iguaçu
São Simão, Emborcação, Nova Ponte, Miranda – Bacia do Alto Paraná
Itá, Campos Novos, Garabi – Rio Uruguai
Cachoeira Porteira, Samuel – Bacia Amazônica
Xingó, (vertedouro de 35.000 m³/s) – Rio São Francisco

onsultor para o projeto do vertedouro de Emborcação (9.000 m³/s com aeração) Comprimento: 300 n, queda: 85 m, Cemig, Brasil, 1979–1982.

onsultor para Endesa, Chile, para o projeto do vertedouro de Colbun (comprimento: 270 m, queda: o m) e Descarga de Fundo (carga: 100 m, vazão: 800 m³/s), ambas estruturas com fluxos de alta elocidade aerados. 1981–1984.

onsultor para ISA. Interconexiõn Eléctrica S.A. Ingetec, Colômbia, para o vertedouro em túnel do rojeto Canafisto, 1.800 MW, queda: 100 m, 15.000 m³/s, 1983–1985.

onsultor para as Centrais Elétricas do Norte do Brasil S.A., Eletronorte, Brasil

Tucuruí	vertedouro de 110.000 m³/s, 1983-1985
Manso	- 210 MW
Balbina	- 250 MW
Santa Isabel	- 2.000 MW
Samuel	

erito para o "Iran United States Claim Tribunal" – 1983–1984.

Consultor para o "Brazilian Consulting Engineer Group" - BEC, para o Projeto

Tianshengqíao I, Rio Nan Pan - China, 1984–1987.

Membro do Painel de Especialistas para avaliar a viabilidade do estudo da barragem de Basha, no Paquistão, Water & Power Development Authority, Wapda., 1988.

Membro do grupo de consultores especialistas para Hymalayan Power Consultants for Karnali River (Chisapani). Projeto de múltipla utilidade no Nepal, 1988.

Membro da Junta de Consultores para a barragem de Badush; Teco, Iraque, desde 1988.

Membro da Junta de Consultores para a barragem Al Bagdadi, Teco, desde 1989.

Membro do Painel de Consultores para o projeto de Casecnan, Napocor, Filipinas, 1990. Consultor para os estudos de viabilidade e projeto básico da UHE Cubatão, Engevix/Celesc, 1988–1991.Consultor para o vertedouro de Pangue, Endesa, Chile, 1990.

Membro do Painel de Consultores para o projeto Xiaolangdi, Rio Amarelo, China, 1990–1991.

Consultor para o projeto hidrelétrico de Bakun, Malásia, Cetenco Engenharia, 1991.

Membro do Editorial Board do Journal of Hydraulic Research, IAHR, 1991–2000.

Consultor para o projeto do vertedouro de Aguamilpa, Comisión Federal de Electricidad, México, 1991–1992.

Consultor para o projeto de aeração do vertedouro de Godar-e-Landar no Rio

Karun, Iran, H.R. Wallingford, Inglaterra, 1991–1992.

Consultor para o projeto hidrelétrico de Huites, México, Cia. Brasileira de Projetos e Obras – CBPO, 1992.

Consultor para o vertedouro de Sabaneta, Indrhi, República Dominicana, 1992.

Relator geral do tema "Design" no International Symposium on Dams and Extreme Floods, Spanish National Committee on Large Dams, Granada, Espanha, set. 1992.

Membro da Junta de Consultores para avaliação do comportamento do Projeto Hidrelétrico de Itaipu - 10 anos de operação, 1992.

Membro da Junta de Consultores para o projeto hidroelétrico de Irapé, barragem CFRD, 200 m de altura, Cemig, Brasil, desde 1992.

Consultor para o projeto de Karun III, Irã, Andrade Gutierrez, 1992–1993.

Relator geral para a Questão 31 - "Deterioration of Spillways and Outlet Works" 18º Congresso da Icold, Durban, 1994.

Consultor para o projeto Urrá I, Gomez Cajiao y Asociados, Bogotá, Colômbia, 1993. Membro da Junta de Consultores desde fevereiro de 1994.

Membro da Junta de Consultores para a barragem de Al Wahda, Direction des Amenagements Hydrauliques, Marrocos, 1993–1997.

Consultor para os trabalhos de reparação do vertedouro de Karun I, lrã, 1993.

Membro da Junta de Consultores do Projeto da U.H.E. Salto Caxias – 1.200 MW. Rio Iguaçu. Copel, 1993–2000.

Consultor para o vertedouro Evinos, Grécia, G.I.A.E.J.V., 1994, 1996.

Membro do Painel de Revisão de Segurança da barragem Jiangya, Hydro and Power Department, Hunan, China, desde 1994.

Consultor para o projeto hidrelétrico de Sogamoso, Ingetec, Colômbia, desde 1994.

Membro da Junta de Consultores para a barragem do Iraí, Sanepar, Brasil, 1994–1999.

Membro da Junta de Consultores para o projeto hidrelétrico de Porce II, Empresas Públicas de Medellín, Colômbia, 1994–2001.

Membro da Junta de Consultores para os projetos de Dchar-El-Oued e D'Aít Messaoud, Directions des Aménagements Hydrauliques, Marrocos, desde 1995.

Membro da Junta de Consultores para avaliação dos projetos de Akosombo (30 anos) Kpong (15 anos), Volta River Authority, Gana, 1995.

Membro do Painel de Segurança de Barragens do Prourb, Ceará, Brasil, desde 1995

Membro da Junta de Consultores para o projeto da barragem e vertedouro de La Miel I, Isagen, Colômbia, 1995–2002.

Consultor para o vertedouro da Central Hidrelétrica 15 de Septiembre, Com. Ejec. Rio Lempa, San Salvador, 1996.

Consultor para o projeto hidrelétrico de Guilman-Amorin, Consórcio Construtor, M.G., Brasil, 1996.

Consultor para a barragem de Jacarecica, Cehop, Sergipe, Brasil, 1996.

Membro do Painel de Consultores para o Highlands Water Project, Phase I 13- Mohale Dam, Mohale Tunnel, Matsoku Diversion - LHDA, Lesoto, desde 1996.

Membro da Junta de Consultores para o aproveitamento hidrelétrico Itá, Brasil, Engevix, 1996–2001.

Consultor para o projeto hidrelétrico do Bakun, Malásia, Intertechne, Harza-Hec, 1996–2000.

Membro da Junta de Consultores o aproveitamento hidrelétrico D. Francisca, Brasil, Copel, 1997–2001.

Consultor para os estudos da barragem de Shuibuya, na China, CFDR, 230 m de altura. Copel, 1997.

Membro Painel de Segurança aproveitamento hidrelétrico de Yacyreta, Argentina, Paraguai, desde 1997.

Consultor para os estudos sobre o Projeto Hidrelétrico Aimorés, Brasil, Promon Spec, 1997.

Membro da Junta de Consultores para o Aproveitamento Hidrelétrico Aimorés, Brasil, Cemig, desde 1997.

Membro da Junta de Consultores para o Aproveitamento Hidrelétrico de Porto Estrela, Brasil, Cemig, 1997–2002.

Membro da Junta de Consultores para o Aproveitamento Hidrelétrico de Machadinho, Rio Uruguai, Brasil, Geam, 1997–2001.

Membro do Grupo de Consultores para o projeto Paute Mazar, Sweco, Equador, 1997.

Membro da Junta de Consultores para a reconstrução da barragem de Santa Helena,

Embasa, Brasil, 1998–2002.

Consultor para projetos hidrelétricos de Itiquira, Cana Brava, Itapebi e Funil, Intertechne, 1998–2002.

Membro do Painel de Segurança de Barragens para o projeto múltiplo de Baise, YMP, Guanxi, China, desde 1999.

Consultor para o projeto hidroelétrico do Rio das Antas, Engevix, 1999.

Membro da Junta de Consultores para o projeto hidroelétrico de Dhauliganga, NHPC, Índia, desde 1999.

Membro da Junta de Consultores para a avaliação dos projetos de Akosombo (35 anos) e Kpong (20 anos), Volta River Authority, Gana, 2000.

Membro da Junta de Consultores para a barragem Ait Hammou, Direction des Amenagements Hydrauliques, Marrocos, desde 2000.

Membro da Junta de Consultores para os seguintes projetos hidrelétricos no Rio Uruguai:

1. Barra Grande, 700 MW, barragem CFRD, 185 m, Baesa, desde 2000.
2. Campos Novos, 880 MW, barragem CFRD, 196 m, Enercan, desde 2000.
3. Foz do Chapecó, vertedouro 60.000 m³/s, Consórcio Energético Foz do Chapecó, desde 2002.
4. Complexo Ceran, Três Usinas, barragem RCC, obras subterrâneas desde 2002.

Membro da Junta de Consultores para a barragem de Sabana Yegua, Indrhi, Rep. Dominicana, 2002.

Membro do Painel de Consultores para a barragem CFRD de Punilla, Ministério de Obras Públicas, Direção de Obras Hidráulicas, Chile, 2002.

Consultor para o projeto hidrelétrico de Porce III barragem RCC, 130 m, Ingetec, Colômbia, 2002.

Membro da Junta de Consultores da UHE Queimado, subterrânea, Cemig, 1998–2002.

Membro da Junta de Consultores para a UHE Funil, Cemig, desde 1999.

Consultor para o projeto hidrelétrico de São Salvador no Tocantins, InterTechne, 2002.

Membro da Junta de Consultores para o projeto da barragem Basha Diamer, Wapda, Paquistão, 2003.

Membro da Junta de Consultores para a Barragem Guaigui, Indrhi, República Dominicana, 2003.

Membro do Painel de Consultores para o Projeto de Alteamento da Barragem de Mangla, Wapda, Paquistão, 2003.

Membro do Painel de Consultores Independentes para avaliação das razões técnicas do comportamento do Dique Fusível da Barragem de Silver Lake, Michigan, Ferc, USA, 2003.

Membro da Junta de Consultores para suporte das Investigações de Deficiência da barragem de La Joie, BC Hydro, Canadá, 2003.

Membro da Junta de Consultores do Projeto Hidrelétrico de El Cajon – CFRD, 186 m de altura, CFE, México, desde maio 2004.

Membro da Junta de Consultores do Projeto Hidrelétrico de La Parota – CFRD, 186 m de altura, CFE, México, desde maio 2004.

Membro da Junta de Consultores para o Projeto Hidrelétrico La Yesca – CFRD, 208 m de altura, CFE, México, desde maio 2004.

Consultoria para os trabalhos da barragem Arcediano, CFRD, 110 m de altura, Cesa, Jalisco, México, 2004.

Consultoria para os trabalhos da barragem e túnel através dos Andes, Projeto Olmos, Odebrecht, CNO, Peru, 2004.

Consultoria para a barragem Paranã, Seplan, Goiás, Brasil, 2004.

Consultoria para o vertedouro de 32.000 m^3/s da UHE de Peixe – Angical, CCP, Tocantins, Brasil.

Membro da Junta de Consultores para avaliação sobre o tipo de barragem, para o Projeto Sogamoso, 190 m de altura, CFRD, Isagen, Colômbia, 2005.

Membro da Junta de Consultores para avaliação dos aproveitamentos de Akosombo (40 anos) e Kpong (25 anos), Volta River Authority, Gana, 2005.

– Membro da Junta de Consultores para o Projeto Hidrelétrico de Paute, Hidropaute, Equador, desde 2005.

– Serviços de consultoria para os projetos de Jirau e Santo Antonio no Rio Madeira, PCE, 2005.

– Membro da Junta de Consultores para avaliação das condições de segurança dos projetos hidrelétricos de S. Carlos, Calderas e Jaguas, Isagen, Colômbia, 2006.

– Serviços de consultoria do vertedouro do projeto múltiplo de Baba, Odebrecht, Equador, 2006.

– Serviços de consultoria para o Projeto Hidrelétrico de Mikihinui, Damwatch, Nova Zelândia, 2006.

– Membro da Junta DE Consultores para avaliação do desempenho do Projeto Hidrelétrico de Itaipu, 25 anos, Itaipu Binacional, 2006.

– Membro da Junta de Consultores para avaliação da segurança da barragem e do Aproveitamento Hidrelétrico de Miel I, Isagen, Colômbia, 2007.

– Consultoria para Palomino Hydroelectric Project, Intertechne, República Dominicana, 2008–2009.

– Membro do Board de Consultores para a barragem Martil, Water Administration DAH, Marrocos, 2008–2009.

– Membro da Junta de Consultores, Projeto Hidrelétrico de Estreito, 1.100 MW, Rio Tocantins (vertedouro 62.000 m^3/s). 2008–2015.

– Consultoria para a Eclusa de Navegação de Tucuruí, Rio Tocantins, Eletronorte, 2008–2009.

– Membro da Junta de Consultores para UHE Santa Isabel, Rio Araguaia, Gesai, 2008.

– Membro da Junta de Consultores da UHE Salto Mauá, Rio Tibagi, Paraná, Cecs. 2009–2014.

– Membro da Junta de Consultores da UHE Caçu – Barra dos Coqueiros, Gerdau, 2008–2010.

– Membro da Junta de Consultores da barragem de rejeitos El Llagal, Indrhi, República Dominicana, 2009–2011.

– Consultoria para o vertedouro da barragem de Picachos, Intertechne, México, 2009– 2010.

– Membro do Grupo de Consultores, UHE Santo Antonio, 3.500 MW, vertedouro 84.000 m^3/s, Intertechne-Odebrecht, desde 2008.

– Membro da Junta de Consultores, UHE Inambari, Engevix, Peru, 2008–2009.

– Consultoria para o desvio do Rio Caroni UHE Tocoma, Odebrecht, Venezuela, 2010.

– Membro da Junta de Consultores para PCHs Queixada e Portão, J. Malucelli, 2010-2012.

– Consultoria para o projeto da barragem do rio Rio Colônia, Geohidro, Bahia, 2010.

– Membro da Junta de Consultores do Projeto Hidrelétrico Aisén. Produção média anual: 18,4 TWh, Hidroaysén, Patagônia, Chile, 2010.

– Chairman da Junta de Consultores para avaliação do desempenho do Projeto Hidrelétrico de Itaipu, 29 anos, Itaipu Binacional, 2010.

– Consultoria para o alteamento da barragem de Cambambe, Engevix, Angola, 2010.

– Chairman da Junta de Consultores da UHE Belo Monte, 11.000 MW, Norte Energia, Brasil, desde 2010.

– Consultoria para o PHE Tumarin, CHN, Nicarágua, 2010.

Publicações principais

"Riprap Protection Against Scour Around Bridge Piers", M. Sc. thesis, State University of Iowa, USA, 1959.

"Análise de Chaminés de Equilíbrio em Modelo Reduzido" ("A Model Study of Surge Chambers"). Revista de Águas e Energia Elétrica de São Paulo, São Paulo, ano III, n. 8, 1968.

Aménagement Capivari-Cachoeira. Etude du Puits en Charge", jointly with Maurice

Bouvard. La Houille Blanche, n. 7, 1969.

"Nova Conceituação dos Papel do Revestimento nas Galerias em Pressão" ("A New Concept of the Role of Concrete Lining in Pressure Tunnels"), jointly with Maurice Bouvard. Proceedings of the IV Latin-American Congress of Hydraulics, México, 1970.

"Les Ouvrages en Charge de l'Aménagement Capivari-Cachoeira: Conclusions sur quelques aspects genéraux des souterrains à forte pression", jointly with Maurice Bouvard. La Houille Blanche, Grenoble, França, ano 26, n. 4, 1971.

"A Barragem do Aproveitamento Capivari-Cachoeira, Projeto e Construção ("The Dam of the Capivari-Cachoeira Development - Design and Construction"). Eletricidade, Lisboa, 1971.

"Evolução das Pressões Intersticiais na Barragem do Aproveitamento Capivari-Cachoeira" (Evolution of Pore-Pressures in Capivari-Cachoeira Dam"). VIII Seminar on Large Dams, São Paulo, 1972.

"Basic Data Requirements for Water Resources Optimization". General Report, XVI Congress of IAHR, São Paulo, 1975.

"Considerações sobre o Arrastamento de Ar a Jusante de Descargas de Fundo" ("Air Entrainment Downstream from Outlet Works"), jointly with José J. Ota, XI National Seminar on Large Dams, Fortaleza, CE, 1976.

"Modelos Físicos em Barragens e Estruturas Anexas – Modelos Hidráulicos e Estruturais" (Physical models – Dams and Appurtenant Structures Hydraulic and Structural Models"). General Report, XI National Seminar on Large Dams, Fortaleza, CE, 1976.

"Contribuição ao Estudo das Barragens de Enrocamento Construídas em Água Corrente" ("A Contribution to the Study of Rockfill Dams Built in Flowing Water"), thesis for the chair of full professor, Hydraulics and Sanitation-Department-Technical Sector of the Federal University of Paraná, Curitiba, 1977.

"Barragens de Enrocamento com Face de Concreto. Critério de Projeto" ("Concrete Face Rockfill Dams: Design Criteria"), Brazilian Association of Hydrology and Water Resources. Revista de Hidrologia e Recursos Hídricos, Rio de Janeiro, n. 1, 1978.

"Cavitação e Aeração em Fluxos de Alta Velocidade" ("Cavitation and Aeration in High Velocity Flow"), Cehpar, Publication n. 35, 1979.

"Prototype and Laboratory Experiments on Aeration at High Velocity Flows", jointly with Sinildo H. Neidert and José J. Ota, Water Power and Dam Construction, v. 34, n. 2, and. 3. Feb./March 1982, p. 34-38, 42-44.

"Design and Performance of the Foz do Areia Concrete Membrane as Related do Basalt Properties", jointly with Bayardo Materon and Pedro Lagos Marques Filho, Q. 55, R. 51, XIV International Congress on Large Dams, Rio de Janeiro, 1982.

"Model Prototype Conformity in Aerated Spillway Flow", jointly with Sinildo H. Neidert, presented at the International Conference on the Hydraulic Modelling of Civil Engineering Structures, Coventry, Inglaterra, 22-24 September 1982 - BHRA Fluid Engineering.

"Evaluating Entrained Air Flow Through Aerators", jointly with Sinildo H. Neidert, Water Power and Dam Construction, August, 1983.

"Air Entrainment Through Aerators - Mechanism and Air Flow Evaluation", jointly with Sinildo H. Neidert, XX Congress of the International Association for Hydraulic Research - IAHR, Moscou, September, 1983.

"Nociones Basicas sobre Cavitation y Aeration en Fluxos de Alta Velocidad" ("Basic Concepts on Cavitation and Aeration in High Velocity Flow"), class notes for a course on behavior of spillway and outlet works, Hydraulic Laboratory - Incyth, Argentina, August, 1982.

"Dissipação de Energia e Erosão a Jusante das Barragens" (Energy Dissipation and Erosion Downstream of Dams"), Symposium on Geotechnical Aspects of the Upper Paraná River Basin, ABMS/ABGE Brazilian Committee on Rock Mechanics, São Paulo, SP, Brazil, 28-30 September 1983.

"Safety of Dams - Hydrological and Hydraulic Aspects", Seminar on Water Utilization in Latin America, University of Padova-Cehpar, Curitiba, PR, Brazil, 21-31 November 1983.

"Model Evaluation of Aerators in Shooting Flow", Symposium on Scale Effects in Modelling Hydraulic Structures, Esslingen am Neckar, Alemanha, September 3-6, 1984.

"Foz do Areia Dam - Design, Construction and Behavior", jointly with Pedro Lagos Marques Filho and Edilberto Maurer. "Symposium on Concrete Face Rockfill Dams - Design, Construction, and Performance". Geotechnical Engineering Division, Asce, Detroit, EUA, October 21-22, 1985.

"Segredo Dam - Basic Design Aspects", jointly with Pedro Lagos Marques Filho and Edilberto Maurer, "Symposium on Concrete Face Rockfill Dams - Design Construction, and Performance". Geotechnical Engineering Division, Asce, Detroit, EUA, October, 21-22, 1985.

"The Iguaçu River Flood and its Effects on Flood Frequency Analyses", jointly with Heinz D.O,A . Fill and Martha R.V.B. Sugai, "International Symposium on Flood Frequency and Risk Analyses", Louisiana State University, Baton Rouge, LA, EUA, May 14-17, 1986.

"Basic Hydraulics of Shooting Flow Over Aerators", Symposium on Advancements in Aerodynamics, Fluid Mechanics, and Hydraulics", Specialty Conference, Asce, Aerospace Division, Engineering Mechanics Division, and Hydraulic Division, Minneapolis, EUA, June 3-6, 1986.

"Bulking Effects and Air Entraining Mechanism in Artificially Aerated Spillway Flow", Anales de la Universidade de Chile, in honor of Prof. Francisco Javier Domíngues, Quinta Serie, n. 8, agosto 1985.

"Modelling Aerator Devices - Dimensional Considerations", jointly with Sinildo H.

Neidert, XXII Congress IAHR, Lausanne, 31 ago./4 set. 1987.

"Design and Operation of the Colbun Spillway and Low Level Outlet", jointly with L. Alvarado and A. Mery, Water Power & Dam Construction, v. 40, n. 4, April 1988, p. 38-42.

"A New Concept of a Perimetric Joint for Concrete Face Rockfill Dams", jointly with Rui Mori, XVI Congress Icold, San Francisco, Califórnia, EUA, June 12.17, 1988, Q.61, R.3, p. 35-51.

"Analyses of Deformation in Concrete Face Rockfill Dams to Improve Face Movement Prediction". XVI Congress Icold, San Francisco, Califórnia, EUA, June 12-17, 1988, Q.61, R.2, p. 27-34, jointly with Rui Mori.

"Designing Aerators for High Velocity Flow", Water Power & Dam Construction, July 1989.

"General Report on Design, International Symposium on Dams and Extreme Floods", Spanish National Committee on Large Dams, Granada, Espanha, Sep. 1992.

"Foz do Areia and Segredo CFRD dams – 12 yrs evolution", jointly with Simão Blinder and Nelson B. Toniatti, Symposium on Rockfill Dams, Pequim, China, Oct. 1993.

General Report on Deterioration of Spillways and Outlet Works, Question 71, 18th Icold Congress, Durban, 1994.

Tampões em Tuneis de Desvio – Critérios de Projeto (Diversion Tunnel Plugs – Design Criteria), jointly with Kamal Kamel, XXII Seminário Nacional de Grandes Barragens, v. II, Bracold, São Paulo, 1997.

The Failure of the 25 m high Santa Helena Dam in Brazil in 1985, short contribution to the 19 th Icold Congress, v. 5, Florença, May 1997.

Estimating the Maximum Face Deflection in CFRD Dams, jointly with Pedro L. Marques Filho, for publication in the International Journal on Hydropower & Dams, Nov. 1998.

"Recent Experience on Design, Construction, and Performance of CRFD Dams" jointly with, A .Marulanda, J, Barry Cooke Volume, September 2000.

"Questions to Ponder on Designing Very High CFRDs", International Journal on Hydropower and Dams, v. 8, Issue 5, 2001.

"CFRD Dam Characteristics Learned from Experience", jointly with P. Marques Filho, International Journal on Hydropower & Dams, Issue 1, 2005.

"Designing Compression Vertical Joints in Very High CFRD Dams", contribution to the 22nd Icold Congress, Q-84, v. 5, Barcelona, 2006.

"A Challenge to Very High CFRD Dams: Very High Concrete Face Compressive Stresses". 5th International Conference on Dam Engineering, Lisboa, Feb. 2007.

Livros

Hidrologia Básica (Basic Hydrology), com Antonio Carlos Tatit Holtz, José Augusto Martins e Francisco Luiz Sibut Gomide. São Paulo: Editora Edgar Blücher, 1976.

Contribuição aos Capítulos 20 e 21 em Advanced Dam Engineering for Design, Construction and Rehabilitation, Ed. Robert Jansen, Van Nostrand Reinhold. Nova York, 1988.

Concrete Face Rockfill Dams, capítulo do livro Advances in Rockfill Structures, Ed. Nato ASI - Lnec, Lisboa, 1991.

Prototype aerator measurements, Capítulo 5 em Air Entrainment in Free -Surface Flows. Ed. Ian R. Wood, IAHR, A. A. Balkema, Roterdã, 1991.

Distinções

Primeiro presidente da Associação Brasileira de Recursos Hídricos, ABRH, 1977–1979.

Chairman da Comissão de Hidráulica, Comitê Brasileiro de Grandes Barragens, CBDB, 1978–1998.

Membro do Comitê de Hidráulica para Barragens, da Comissão Internacional de Grandes Barragens, Icold, 1984–1986; do Comitê da Cheia de Projeto, 1987–1992; do Comitê de Barragens e Enchentes, 1992–2006.

5° Prêmio Paranaense de Ciência e Tecnologia, Concitec, 1990.

Relator Geral do "International Symposium on Dams and Extreme Floods-Design", Spanish National Committee on Large Dams, Granada, Espanha, 1992.

Relator Geral para a Questão 71 – "Deterioration of Spillways and Outlet Works", 18th Congress, International Committee on Large Dams, Icold, Durban, 1994.

Foreign Member, National Academy of Engineering, NAE, EUA, 1995.

Ordem Nacional do Mérito Científico, Classe Comendador, Área de Engenharia, 1996.

Medalhas do Mérito Confea–Crea, 1997.

Member, Academy of Distinguished Engineering Alumni, University of Iowa, EUA, 2002.

Medalha Icold, Lifetime Achievement in Dam Engineering, 2006.

Prêmio Flávio Terra Barth – 2017. Associação Brasileira de Recursos Hídricos, ABRH.

Bibliografia

ALMEIDA, Nely Valente de. *História de Curitiba: ensaio sobre a sua evolução*. Curitiba: Ed. do Autor, 1978.

ANDREOLI, Arturo. *Pedro Viriato Parigot de Souza: lembranças*. Curitiba: Copel, 1994.

BRAGA, Ney Aminthas de Barros et al. *Memória da Curitiba urbana: depoimentos*. Curitiba: IPPUC, 1990.

CACHAPUZ, Paulo Brandi de Barros (Coord). *Panorama do setor de energia elétrica no Brasil*. Rio de Janeiro: Centro da Memória da Eletricidade no Brasil, 2006.

CARDOSO, Milena Woitovicz. José Fernandes Loureiro: um imigrante português em Curitiba (1860-1908). 2011. Monografia (Bacharelado em História)–Universidade Federal do Paraná, Curitiba, 2011.

CÔRREA, Maria Letícia (Coord.). *Dicionário biográfico do setor de energia elétrica brasileiro. Presidentes das empresas do sistema Eletrobrás e diretores de órgãos reguladores federais*. Rio de Janeiro: Centro de Memória da Eletricidade no Brasil, 2002. (v. 1).

FALCÃO, Alexandre. *Mário Bhering: memórias do setor elétrico brasileiro*. São Paulo: Insight Engenharia de Comunicação, 2006.

KELMAN, Jerson. *Desafios do regulador*. Rio de Janeiro: Synergia/CEE/FGV, 2009.

LEAHY, Anthony. *Curitiba – 317 anos de história, tradição e identidade*. Curitiba: Instituto Memória, 2010.

MAUÁ, Visconde de. Autobiografia: exposição aos credores. Rio de Janeiro: Topbooks, 1998.

MELLO, Flávio Miguez de (Coord.). *A história das barragens no Brasil, séculos XIX, XX e XXI: cinquenta anos do Comitê Brasileiro de Barragens*. Rio de Janeiro: CBDB, 2011.

MESTRE, Raquel Macedo. *A saga de um povo que nasce: história da fundação de Curitiba*. São Paulo: Paulinas, 2002.

NERY, Maria Isabel de Abreu; ABREU, Maria Cecília de; BONARDI, Maria Cristina de Abreu. *Mario Braga de Abreu: um médico adiante do seu tempo*. Curitiba: Vicentina, 2006.

PEREIRA, Osny Duarte. *Itaipu: prós e contras. Ensaio sobre a localização, no Brasil, da maior barragem do mundo e suas implicações em nossa política continental*. Rio de Janeiro: Paz e Terra, 1974.

PINTO, Ana Estela de Sousa. Desenvolvimento sustentável agora depende de engenheiros. Entrevista com Jeffrey Sachs. *Folha de S. Paulo*, edição de 21.11.2017.

PINTO, Nelson L. de Sousa; MATERON, Bayardo; MARQUES FILHO, Pedro Lago. *Barragem do Foz do Areia: projeto e desenvolvimento*. Curitiba: Copel, 1981.

PINTO, Nelson L. de Sousa; LAMAS, Hiram Rolim. Capivari-Cachoeira: marco de um novo surto industrial. *Revista Brasileira de Energia Elétrica,* Rio de Janeiro, v. 10.

SIQUEIRA, Márcia Dalledone (Coord.). *Um século de eletricidade no Paraná. Curitiba*: UFPR/Copel, 1994.

SCHWARCZ, Lilia; STARLING, Heloisa. *Brasil: uma biografia*. São Paulo: Companhia das Letras, 2015.

SUMMERHILL, William. *Trilhos do desenvolvimento*: as ferrovias no crescimento da economia brasileira (1854-1913). São Paulo: Afigitís, 2018.

TEIXEIRA, Hélio. *Copel em 40 histórias.* Curitiba: Copel, 1994.

URBAN, Raul Guilherme. *Lares & bares: viagem pelas histórias e estórias nos dias e noites dos bares e afins de Curitiba*. Curitiba: Univercidade, 2002.

USINAS DA COPEL – encarte institucional. Janeiro de 2018.

WACHOWICZ, Ruy Christovam. *História do Paraná.* Curitiba: Editora dos Professores, 1967.

Agradecimentos e entrevistados

Escrever sobre a vida de alguém é sempre um enorme desafio. A missão é colocar toda a minha trajetória, sensibilidade e aprendizado na montagem de uma história que faça sentido e seja justa com a personalidade e ações de quem retrato, sempre a encaixando no tempo e nas condições dos momentos vividos. Gosto bastante do resultado deste livro. Ele não seria possível sem as muitas conversas com o Nelson, com seus filhos, Valéria, Rodolfo e Flávia e essas outras pessoas que entrevistei, agradeço todo mundo.

Ana Estela Sousa Pinto, Antonio Carlos Holtz, Benedito Braga, Bernardo Fedalto, Brasil Pinheiro Machado, Carlos de Sousa Pinto, Cássio Baumgratz Viotti, Edilberto Maurer, Fernando Nery, Fernando Ribas Terabe, Francisco Gomide, Heinz Dieter Fill, Ilze Liane Souza Pinto Muradás, Ingrid Muller, Jerson Kelman, Joaquim Pimenta de Ávila, José Junji Ota, Julia Sousa Pinto, Marcos Tozzi, Maria Helena Neidert Loyola e Silva, Maria Isabel de Abreu Nery, Maria Victoria Silva Fontan, Mauricio Schulman, Mauro de Sousa Pinto, Renato Bonardi, Thadeu Castelo Branco e Silva, Walton Pacelli de Andrade.